समकालीन हिन्दी कविता की नयी सोच

(1960 से 2009 तक)

समकालीन हिन्दी कविता की नयी सोच
1960 से 2009 तक

डॉ. पद्मजा घोरपड़े

वाणी प्रकाशन

प्रकाशन के उत्कृष्टतम 62 वर्ष

सजिल्द पहला संस्करण : 2013
सजिल्द दूसरा संस्करण : 2025

vaniprakashan.com

वाणी प्रकाशन

4695, 21-ए, दरियागंज, नयी दिल्ली-110 002

फ़ोन : + 91 11 23273167, 23275710

शाखाएँ

अशोक राजपथ, पटना-800 004, बिहार

कॉफ़ी हाउस कैम्पस, महात्मा गांधी मार्ग, प्रयागराज-211 001, उत्तर प्रदेश

महात्मा गांधी अन्तरराष्ट्रीय हिन्दी विश्वविद्यालय, वर्धा-442 001, महाराष्ट्र

sales@vaniprakashan.in
vaniprakashan@gmail.com

Samkaleen Hindi Kavita Ki Nai Soch
by Dr. Padmaja Ghorpade

ISBN : 978-93-5072-581-8
Criticism

मूल्य : ₹ 650

जी.एस. ऑफ़सेट, दिल्ली-110 095 में मुद्रित

वाणी प्रकाशन का लोगो मक़बूल फ़िदा हुसैन की कूची से

समर्पण

बाबा नागार्जुन
डॉ. बलदेव वंशी
डॉ. दिविक रमेश
रामकुमार कृषक
हिन्दी के इन लेखकों को जिन्होंने
मुझे साहित्य जगत् में मार्गदर्शन किया।

पद्मजा

अनुक्रम

भूमिका

बीसवीं सदी के अन्तिम दशकों की कविता का अध्ययन करते समय जिन कठिनाइयों का सामना करना होता है उनमें सबसे प्रमुख कठिनाई सामग्री का संकलित रूप में उपलब्ध न होना है। इतिहास लेखन का अभाव या समग्र काल के कवियों के कविता की समीक्षा का अभाव इस कारण उपस्थित सामग्री संकलन में दिक्कतों का आना आम है। यह सोचते-सोचते इक्कीसवीं सदी का एक दशक भी बीत गया। हिन्दी प्रदेश से नजदीक होकर भी महाराष्ट्र में हिन्दी पत्रिकाओं का अकाल, और अधुनातन, हाल ही में प्रकाशित पुस्तकों का प्राप्त न होना कोई नयी बात नहीं है। ऐसे में समकालीन कवियों के नाम सुनना भी दुर्लभ होता है। उनकी लिखित सामग्री, कविता संग्रह प्राप्त करना तो और मुश्किल हो जाता है। जब बी.सी.यू.डी., पुणे विश्वविद्यालय ने MRP हेतु अनुदान दिया तो मुझे लगा कि मैं 1960 के बाद की कविता पर लिखने का प्रयास क्यों न करूँ? लेकिन मैं कालक्रमानुसार या नामावली या पुस्तकों की सूची स्वरूप नहीं लिखना चाहती थी। कुछ ऐसी काव्य प्रवृत्तियाँ, प्रासंगिक सन्दर्भों की झलक प्रस्तुत करते हुए हिन्दी कविता बीसवीं सदी के अन्तिम दशकों में और इक्कीसवीं सदी के आरम्भ के दशक में किस तरह अपना योगदान देती जा रही है इस पर प्रकाश डालना मेरा उद्देश्य रहा है। यह योगदान भविष्य के लिए निर्मिति और रसास्वादन के लिए कितनी दिशाएँ खोल रहा है इसका निर्देश करना मेरा उद्देश्य रहा है। काव्यम, अलाव, युगस्पंदन जैसी पत्रिकाओं ने मेरी बहुत सहायता की अतः यह काम आसान होता गया।

कुछ चिन्तन बिन्दु, कुछ परिदृश्य' में आद्यन्त कवियों के नाम या कविता संग्रहों की सूची नहीं मिलेगी लेकिन हिन्दी कविता के आलोच्य काल के कुछ परिदृश्य, कुछ चिन्तन बिन्दु जरूर मिलेंगे जिनसे इस समय की हिन्दी कविता को जानने हेतु प्रस्थान यात्रा निश्चित आरम्भ की जा सकती है। समीक्षा पद्धति पर कविता के समसामयिक सरोकारों पर चिनतन बिन्दुओं को अंकित करते हुए यह लेखन कविता प्रकृति की ओर अग्रसर हुआ है। 1960 से लेकर 2009 तक की हिन्दी कविता का यह परिदृश्य हिन्दी कविता के सरोकारों से होते हुए, महत्त्वपूर्ण मोड़ों पर प्राप्त होने वाली कविता प्रवृत्तियों की ओर निर्देश करते हुए, हर मोड़ पर कुछ रचनाओं के साथ समीक्षा का अनुप्रयोग कर रसास्वादन करते हुए इस लेखन में आगे बढ़ता गया दृष्टिगोचर होगा। सम्पादित

पुस्तकों एवं पत्रिकाओं की महत्त्वपूर्ण भूमिका को अधोरेखांकित करते हुए हिन्दी के मूर्धन्य कवियों की कविताओं द्वारा हिन्दी कविता के सच को समझने का मैंने प्रयास किया है। 1960 के पूर्व हिन्दी कविता के कुछ मील के पत्थर बने वादों, संपादित पुस्तकों, कवियों को भी इतिहास-साक्षी के रूप में यहाँ व्याख्यायित किया गया है।

पाँच खण्डों में विभाजित यह लेखन हिन्दी कविता के महासागरों में से कुछ लहरों के दर्शन, कुछ नज ारों के भावविभोर करा देनेवाले अस्तित्व, कुछ सागर सम्पत्ति से साक्षात्कार ज रूर कराएगा और हिन्दी कविता की उत्तर आधुनिक काल में की यात्रा के साथ पाठकों को ले जाएगा, यह मेरा विश्वास है।

पद्मजा घोरपड़े

समीक्षा : चिन्तन के कुछ बिन्दु

ईश्वर, उसकी सृष्टि और उनके आपसी सम्बन्ध को जानने-समझने-देखने की, उसके करीब पहुँचने की चाह मनुष्य में उतनी ही अनादि-अनन्त है जितने कि ये तत्त्व और उनके सम्बन्ध। सामान्य मनुष्य की बौद्धिक-भावात्मक क्षमता के परे ये तत्त्व जब सतत उसे चुनौती देते हैं तब किसी सक्षम माध्यम की उसे आवश्यकता पड़ती है। माध्यम की आवश्यकता ऋषि, मुनि, दार्शनिक, वैज्ञानिकों को नहीं पड़ती क्योंकि ईश्वर और उसकी रचना के साथ सीधा साक्षात्कार करने के साधन तथा सामर्थ्य उनके पास होती है। ध्यान देने योग्य बात यह भी है कि हर युग में, हर समाज में ऋषि, मुनि, वैज्ञानिक-दार्शनिकों की तुलना में सामान्य लोगों की संख्या अधिक रहती है। इसका अर्थ यह है कि ईश्वर तक पहुँचाने या उसके स्वरूप के दर्शन कराने का दावा करने वाला 'माध्यम' महत्त्वपूर्ण बन जाता है। 'माध्यम' पर विश्वास रखने का एक ख़तरा यह भी हो सकता है कि अपनी क्षमता के बल पर और सामान्यों के विश्वास के बल पर माध्यम अपनी आवश्यकता या सुविधा या अज्ञान के कारण ईश्वर स्वरूप को मनचाहे ढंग से तोड़-मरोड़ सकता है, उसके कुछ अंश काट सकता है, उसे सीमित कर सकता है, समय आने पर उसे विकृत भी कर सकता है।

समीक्षक ठीक इसी तरह का माध्यम होता है। सिद्धान्त, रचना और पाठक के बीच की कड़ी या पुल होता है। उसके पास साहित्यिक रचना को समझने के लिए काव्यशास्त्रीय आधार एवं सिद्धान्त होते हैं। अभ्यास से उसका दृष्टिकोण अधिकाधिक व्यापक बनता जाता है। अध्ययन के कारण वह तुलनात्मक दृष्टि से रचना को विविध आयामों से विश्लेषित कर सकता है। विविध ज्ञानशाखाओं, वादों, अद्यावत चिन्तन प्रणालियों से वह अवगत होता है अतः रचना के विविध तत्त्वों को, उसकी बनावट को, उसके सौन्दर्य को, रचना की कलात्मकता को, रचना की गुत्थियों को (complexity) वह पाठकों की संवेदन-परिधि में ला सकता है (कम से कम पाठक यह मानकर चलता है कि वह ऐसा करता है)।

प्रश्न यह है कि क्या समीक्षक इतनी लगन से यह कार्य करते हैं? क्या वे तटस्थ रूप से रचना का मूल्यांकन कर सकते हैं? रचना किन आयामों से आस्वाद्य है, क्या इस दृष्टि से वे पाठकों की आस्वादन-प्रक्रिया में सहायता कर सकते हैं? क्या सचमुच वे रचना में कलात्मक गुत्थियों से जूझकर उनमें छिपे सौन्दर्य का उद्‌घाटन कर सकते हैं?

क्या वे ज्ञात काव्यशास्त्रीय सौन्दर्य, शास्त्रीय, भाषा वैज्ञानिक सिद्धान्तों को अनुप्रयुक्त (applied) कर रचना आस्वाद्य बना सकते हैं? रचना किस तरह से पाठक को प्रभावित करना चाहती है, वे प्रभाव कैसे ग्रहण किए जाएँ आदि का मार्गदर्शन क्या समीक्षा के द्वारा प्राप्त हो सकता है?

कुछ समीक्षक ऐसा कर सकते हैं लेकिन 'कुछ' अपवादात्मक हैं। आज समीक्षकों की जो भारी भीड़ उमड़ पड़ी है क्या उनकी समीक्षा पाठकों को भारी संख्या में साहित्यिक रचनाओं से जोड़ रही है? और इसका उत्तर अधिकांश रूप में नकारात्मक है। आज समीक्षा में पांडित्य प्रदर्शन की प्रवृत्ति बढ़ गही है। अधिकांश समीक्षा-पुस्तकों के आरम्भ के अधिकांश पन्ने वादों-सिद्धान्तों के (आधे-अधूरे) स्वरूप को समझाने में खर्च किये जाते हैं। फिर अन्तिम हिस्से में आलोच्य पुस्तक की कहानी कही जाती है, बीच-बीच में समीक्षकों को समीक्षा कर्म याद आता है तो चर्चित सिद्धान्तों, वादों के आधार पर किसी पात्र के किसी कथन को या लेखक के उद्देश्य को कसा जाता है और रचना-रचयिता पर लेबल लगाया जाता है। कितने समीक्षक उस वाद को या सिद्धान्तों को मूल रूप में समझकर रचना में उसे ढूँढ़ने की चेष्टा करते हैं? शोध कार्य में भले ही यह बात चल जाती हो, लेकिन संकल्पनाओं को स्पष्ट रूप से, सही रूप से, समझे बिना उनपर आधारित, किसी रचना का मूल्यांकन करना पाठक को और स्वयं को गुमराह करना है। समीक्षा पर प्राध्यापकीय समीक्षा class room criticism आदि आरोप किये जाते हैं, उनमें तथ्य हैं। इतना निश्चित है कि समीक्षा यानी पांडित्य प्रदर्शन कभी नहीं हो सकता।

इस सन्दर्भ में और एक बात यह कि पूर्व ग्रह दूषित मन से अधिकांश समीक्षक समीक्षा कार्य सम्पन्न करते नज   र आते हैं। एक बार किसी पर मार्क्सवादी लेबल लगाया गया कि उसकी हर रचना समीक्षकों की नज   र में मार्क्सवादी होनी ही है। रचनाकार तो अपने स्वीकारने के बाद, विचारधाराएँ लाँघकर लगातार आगे बढ़ता है क्योंकि वह सृजनशील होता है और सृजनशील व्यक्तित्व गतिशील (dynamic) होता है, शैवाल जमने तक वह अपनी स्वीकृत विचारधारा में स्थिर नहीं रहता। वह स्वयं अपनी स्वीकृत विचारधारा की आलोचना करता है, कभी उसका त्याग भी करता है, कभी उसमें परिवर्तन करता है, लेकिन अधिकतर समीक्षक गांधारी की तरह आँखों पर पट्टी बाँधे वहीं स्थिर हो जाते हैं, जहाँ से वे चले थे। इस सन्दर्भ में सार्त्र का उद्धरण देखा जा सकता है। अस्तित्ववादी विचारधारा का सशक्त दार्शनिक, साहित्यकार अन्त में अस्तित्ववाद का त्याग करता है और मार्क्स और कम्युनिज्म को स्वीकारता है। इस आलोक में कितने समीक्षकों ने सार्त्र के साहित्य को देखा है? इसी से जुड़ी और एक प्रवृत्ति इन दिनों समीक्षा क्षेत्र में नज   र आ रही है वह यह कि समीक्षक रचना के गुण-दोष, गुण कम, दोष अधिक गिनाने बैठ जाते हैं। साहित्य में कुछ साहित्येतर बातें-प्रवृत्तियाँ लगातार दख़लअन्दाजी करती रहती हैं। दोषों को गिनाना और वह साहित्य कृति कितनी फूहड़ है, वह रचनाकार किस तरह द्वितीय-तृतीय-चतुर्थ श्रेणी का है यह सिद्ध करते रहते हैं। रचना वाद ism या विशिष्ट विचारधारा के परे भी बहुत कुछ होती है।

रागात्मक सम्बन्धों-संघर्षों, मानवीय जीवन की गुत्थियों की वह अभिव्यक्ति हो सकती है। भाषा के स्तर पर उसका कई आयामों से सौन्दर्य ग्रहण किया जा सकता है। अन्तःसलिला स्वरूप उसमें कई दृष्टिकोण, सन्दर्भ, दर्शन हो सकते हैं। किसी विशिष्ट 'वाद' का मुखपत्र लगनेवाली रचना यदि कलाभिव्यक्ति है तो वह कभी 'वाद' के, प्रचार-प्रचार का साधन, दस्तावेज नहीं हो सकती। समीक्षक को किसी रचना पर लेबल लगाते हुए इस ओर ध्यान देना चाहिए कि कहीं लेबल लगाकर रचना के अन्य अंगों के सौन्दर्य स्वाद से वह पाठकों को विमुख तो नहीं बना रहा है?

समीक्षा व्यापार से पाठकों को क्या लाभ पहुँचने वाला है? साहित्य क्षेत्र में चलनेवाली गुटबाजी हमेशा एक-दूसरे गुटवाले साहित्यकारों पर ऐसे क्षेपणास्त्र छोड़ती है कि सभी इसका शिकार होते हैं। अतः कई सुन्दर रचनाएँ उपेक्षित रह जाती हैं, पाठक उनके सौन्दर्य आस्वाद से वंचित रह जाते हैं या समीक्षकों के फैलाये हुए नकारात्मक मतों का शिकार होकर उस रचना में वह सब कुछ नहीं देख पाते जो कि देखना चाहिए होता है आनन्द प्राप्ति के लिए। इस कदर गुटबाजी, ईर्ष्या या अपने inferiority complex की जकड़न समूचे समीक्षा कार्य को, समीक्षा के उद्‌देश्य को हानि पहुँचाती है। समीक्षा को हमेशा दोयम स्वरूप का माना गया है। वह सृजनात्मक नहीं होती, समीक्षक लेखक से गौण होता है, क्या इन बातों के विद्रोह स्वरूप समीक्षक नकारात्मक समीक्षा तो नहीं करते? जब समीक्षक समीक्षा में दोषों की सूची देने लगता है कि इसमें यह नहीं है, यदि ऐसा होता तो, यह पात्र ऐसा होना चाहिए, तब उसकी इस अनधिकार चेष्टा में inferiority complex की गन्ध आने लगती है। समीक्षक लेखक से यह नहीं कह सकता कि लेखक को क्या करना चाहिए और क्या नहीं। वह मात्र उस रचना का मूल्यांकन कर सकता है जो उसके सामने है। वह वैसी क्यों है? पात्र वैसा क्यों है? इसके पीछे लेखक का क्या दृष्टिकोण है? इस की अपेक्षा, जो है वह साहित्यिक कसौटियों पर खरा उतरता है कि नहीं को वह परख सकता है। जब वह लेखक को रचना सम्बन्धी आदेश देने लगता है तब समीक्षक और रचनाकार के बीच की खाई अधिकाधिक गहरी हो जाती है। तब समीक्षकों की आवश्यकता क्यों है? यह प्रश्न बार-बार उठेगा। समीक्षकों के बगैर हमारा काम चल सकता है आदि। धारणाएँ पनपने के पीछे काफी हद तक समीक्षकों का समीक्षा कर्म उत्तरदाई होता है। जब जान-बूझकर रचना पर दुर्बोधता-दुरूहता का आरोप कर रचना को पाठकों से दूर रखा जाता है, पाठकों कें मन में अरुचि उत्पन्न की जाती है, कविता के सन्दर्भ में ऐसा हमेशा होता है तब समीक्षकों की मानसिकता पर प्रश्नचिह्न अंकित होने लगते हैं। इसका हल रचनाकारों ने यह ढूँढ़ा है कि वे स्वयं प्रस्तावनाएँ, टिप्पणियाँ, समीक्षाएँ लिखने लगे हैं। अपनी बात स्पष्ट करने लगे हैं। जब रचनाकार स्वयं रचना के सम्बन्ध में लिखेगा तब निश्चित ही वह सृजनात्मक स्तर की समीक्षा होगी। समीक्षकों की नीरस, बोझिल, कोरी सैद्धान्तिक समीक्षा की अपेक्षा पाठक लेखक की कलम से लिखा गया समीक्षात्मक लेखन, कथन पढ़ना अधिक पसन्द करेगा तथा समीक्षकों के अस्तित्व के लिए यह ख़तरा उनकी अपनी मनोवृत्ति की उपज होगी।

क्या समीक्षा की आवश्यकता है? इसका उत्तर निश्चित ही सकारात्मक है। समीक्षा का उद्‌देश्य क्या है? उसका महत्त्वपूर्ण, प्रधान उद्‌देश्य पाठक की रचना के आस्वादन में सहायता करना है। वह कला प्रक्रिया, रचना प्रक्रिया की सूक्ष्म पर्तों को खोलकर, भाषा, वर्णन, संवाद, पात्रों के अन्तःसम्बन्ध, रचना में व्यक्त मानवीय जीवन के विविध क्षेत्रों, विषयों, समस्याओं की कलात्मक अभिव्यक्ति की ओर संकेत कर, कविता के सन्दर्भ में बिम्ब, प्रतीकों को स्पष्ट करते हुए, अंतःसलिला स्वरूप जो-जो कुछ है उसका विश्लेषण, उद्‌घाटन, सौन्दर्य-शास्त्रीय, भाषा वैज्ञानिक आदि कई दृष्टिकोणों की सहायता से कर सकता है। उस रचना की व्याख्या, समीक्षा किस दृष्टिकोण से, किस विचारधारा के अन्तर्गत करनी चाहिए, यह वह रचना स्वयं उससे कहती है। अतः पूर्वाग्रह से रचना को समझने की कतई आवश्यकता नहीं होती। यदि उपलब्ध किसी विचारधारा के अन्तर्गत वह रचना नहीं समा सकती तो समीक्षक में इतनी सृजनात्मक क्षमता होनी चाहिए कि उस रचना के मूल्यांकन हेतु वह आवश्यक प्रतीत होनेवाली विचारधारा, वाद, ढाँचा, दृष्टिकोण, पद्धति तलाशे। नव निर्मिति के समीक्षक रचना में व्यक्त रचनाकार के व्यक्तित्व को रचना के आधार पर उद्‌घाटित कर सकता है। इसके लिए उसे रचना के बाहर जाने की आवश्यकता नहीं है। लेकिन यह एक आम पद्धति बन गयी है कि रचनाकार के व्यक्तित्व को रचना के द्वारा नहीं, उसके निजी भौतिक, बाह्य जीवन में ताक-झाँक कर तलाश किया जाता है। समीक्षक को क्या यह अनधिकार चेष्टा नहीं करनी चाहिए? निराला छायावादी हैं कि प्रगतिवादी हैं कि नये कवि हैं यह उनकी कविताएँ कहती हैं लेकिन यदि समीक्षक वे क्या खाते हैं, कैसे कपड़े पहनते हैं इसके आधार पर उन्हें रोमैंटिक या प्रगतिवादी कहने पर तुल जाएँ तो कहीं से भी इस समीक्षा कार्य को मूल्याधिष्ठित, सुसंस्कृत माना नहीं जा सकता। कभी यह स्वीकृत था कि रचना को जानने-समझने के लिए रचनाकार के चरित्र को समझा जाए। लेकिन यह पद्धति दूर तक साथ नहीं दे पाती, यह बात अब शतप्रतिशत सिद्ध हो चुकी है। जिन रचनाकारों के जीवन सम्बन्धी तथ्य उपलब्ध नहीं हैं उनकी रचनाओं की समीक्षा कैसे की जाएगी? फिर भी अधिकतर समीक्षकों में रचनाकार के जीवन की घटनाओं की चर्चा करने की मानसिकता क्यों नजर आती है? प्रबुद्ध पाठक इस मानसिकता का यदि मनोवैज्ञानिक अध्ययन विश्लेषण करें तो समीक्षक धर्मसंकट में आ सकता है। उत्तर आधुनिकतावाद तो पाठ की समीक्षा करते हुए प्रस्तावना में रचनाकार द्वारा कही गयी बातों को भी आधार स्वरूप स्वीकृत नहीं करता। यह योग्य भी है क्योंकि प्रस्तावना में, मन्तव्य में, रचना सम्बन्धी कुछ बातों पर प्रकाश डालनेवाला रचनाकार प्रत्यक्ष रचना निर्मित करते समय 'वह' रचनाकार नहीं रहता। हो सकता है कि प्रस्तावना में वह रचनाकार हम जैसा ही लौकिक (Actual Time and space) में रहा हो जबकि रचना की निर्मिति करते समय (Virtual Time and space) अलौकिक में। समीक्षा भले ही सृजन (creative) नहीं है, लेकिन समीक्षक भी रचनाकार की तरह Virtual Time and Space में कुछ देर के लिए चला जाए तब निश्चित रूप से वह रचना के प्रति

न्याय कर पायेगा। समीक्षक में भी लेखक की तरह परकाया प्रवेश करने की क्षमता होनी चाहिए। कहने का तात्पर्य यह है कि 'सहृदय पाठक' के ये सभी गुण समीक्षक में हों तो वह समीक्षा सृजनात्मक स्तर पर पहुँच सकती है। रचनाकार जिस तरह भावनाओं को आकारबद्ध करता है उसी तरह एक सृजनशील, संवेदनशील मस्तिकवाला समीक्षक भी उसी कलात्मकता से उन आकारबद्ध फिर भी अमूर्त भावनाओं को पर्त-दर-पर्त खोलकर पाठकों के लिए वह रचना आस्वाद्य बना सकता है। उन आकारों की व्यामिश्रता, मोन्टाजेस, आपसी सम्बन्ध आदि को खोलकर पाठकों की सौन्दर्यानुभूति में सहायता कर सकता है। इस स्तर पर यदि समीक्षक समीक्षा कार्य सम्पन्न करता है तब उसे ब्योरों में, नीरस तथ्यों में उलझने की या रचनाकार के जीवन के आधे-अधूरे ज्ञात 'रहस्यों' में डूबने की कोई आवश्यकता नहीं रहेगी। कलाकृति को समझने के लिए हमें इतिहास देखना होता है और इतिहास में हर किसी की रुचि होती है। लेकिन रचना की समीक्षा में रचनाकार के जीवन का इतिहास समीक्षक की मदद नहीं कर पाता। यदि समीक्षक परिवेश का, इतिहास, संस्कृति-सभ्यता का इतिहास, राजनीति का इतिहास देखें और उसके परिप्रेक्ष्य में रचना का मूल्यांकन करें तब समीक्षा को एक नया आयाम प्राप्त हो सकेगा। रचनाकार के निजी जीवन के किस्से-कहानियों को, उसके वैयक्तिक विचारों, मतों, आदतों को उसके लौकिक-भौतिक जीवन को उसकी रचना के साथ जोड़कर देखना एक तरह से सोफिस्टिकेटेड गॉसिपिंग है, फिल्मी गॉसिपिंग की अगली सीढ़ी। दूसरी बात यह है कि एक ओर हम यह मानकर चलते हैं कि रचना और व्यक्ति का मन हिमनग की तरह होता है उसका बहुत ही कम अंश ज्ञात हो सकता है हिमनग की तरह। और सारा साहित्य व्यापार, कला व्यापार मन के चेतन स्तर पर उतना घटित नहीं होता जितना कि अवचेतन, अचेतन स्तर पर घटित होता है। फिर हम यह भी मानते हैं कि रचनाकार का मन, उसके अनुभव जितने व्यामिश्र complexity होंगे उतनी वह रचना श्रेष्ठ होगी।

दूसरी ओर समीक्षक यह दावा करते है कि रचनाकार के जीवन का और रचना का सीधा-सीधा सम्बन्ध होता है। वे यह भी अपेक्षा रखते हैं कि उसकी रचना तो complex व्यामिश्र हो, लेकिन उसका जीवन सीधा-सरल आम आदमी की तरह one track। तो क्या ये दो परस्पर विरोधी, विसंगत बातें नहीं हैं? रचनाकार भी आम आदमी की तरह एक स्तरीय सोचे, जीवन यापन करे तो क्या वह श्रेष्ठ रचना दे पाएगा? जब कला तत्त्व आ जाता है तब किसी भी रचना में, आत्मकथात्मक, यथार्थवादी, जीवनीपरक साहित्य में भी रचनाकार कभी मात्र अपने भौतिक-बाह्य-लौकिक जीवन के साथ उपस्थित नहीं हो सकता। कलावस्तु रचनाकार की Inner अभिव्यक्ति होती है। वहाँ लौकिक का समूचा विश्व इस कदर परिवर्तित हो जाता है कि बाह्य को ढूँढ़ना निरर्थक, अनावश्यक हो जाता है। रचना हमेशा मोनालिसा की तरह होती है किसी की सुन्दर आँखें, किसी की सुन्दर नाक, किसी की मुसकान, किसी का चेहरा और वह सब इतनी सन्तुलित मात्रा में एकरूप हो जाते हैं कि जैसे किसी एक के ही रूप हों। अतः

किसी एक का identification उसके साथ करना उचित नहीं। इस सन्दर्भ में और एक बात यह कि रचनाकार के जीवन तथ्यों को रचना में ढूँढ़ा जाता है तब Twice removed from the reality तथा निर्वैयक्तीकरण, साधारणीकरण तथा कला की ट्रेन्सेन्डेनटॅल, अनुभवातीत पहुँचाने की क्षमता को आराम से नज रअन्दाज किया जाता है। रचना के उद्देश्य पर ही प्रहार किया जाता है। यह तो तय है कि जब तक रचनाकार का उस विशिष्ट अनुभव-अनुभूति के प्रति निर्वैयक्तिकरण नहीं हो जाता तब तक वह रचना जन्म ही नहीं ले सकती। यानी शराब पीनेवाले रचनाकार का मानसिक स्तर पर जब तक शराब के साथ निर्वैयक्तिकिरण नहीं हो जाता तब तक वह हमें रचना में शराब के द्वारा शराब के परे जानेवाले शराबी का, पाठकों की सहानुभूति प्राप्त करने योग्य शराबी का पात्र दे ही नहीं पाएगा। पाठकों के मन में शराब के प्रति घृणा पैदा करनेवाले दर्शन को, त्रासदी को अंतःसलिला रूप में वह रचना में उपस्थित नहीं कर पाएगा। और यह करने के लिए जरूरी नहीं कि शराब पिए हो। अतः समीक्षक को सोचना चाहिए कि क्या जिस शराबी लेखक को वह जानता है उसे रचना में ढूँढना उचित है? सूसान लैंगर ने एक बहुत ही सुन्दर उदाहरण दिया है जिससे यह बात और स्पष्ट हो जाएगी। जब हम नृत्य देखने थिएटर जाते हैं तब हमें कुर्सियाँ, दरवाज े, पर्दे, कुर्सियों पर बैठे लोग, स्टेज, स्टेज की रचना, लाइट्स आदि दिखता है, यानी हम यह सब देखते हैं। नृत्य आरम्भ होता है धीरे-धीरे हम कुर्सियों पर बैठे लोग, दरवाज े, पर्दे, स्टेज, लाइटस् सब कुछ भूलने लगते हैं और नृत्य में पूरी तरह से निमग्न हो जाते हैं। फिर उस नृत्य के भी परे जाते हैं।' अनुभवातीत जाना यानी इस स्थिति को प्राप्त करना होता है। समीक्षक को अन्त तक यदि कुर्सियाँ, पर्दे, दरवाज े ही दिखते रहेंगे तब रचना के आस्वादन की, उससे सौन्दर्य प्राप्ति की, अनुभवातीत जाने की यात्रा वह कब तय कर पाएगा? और इस यात्रा में पाठकों का साथ कहाँ तक दे पाएगा?

रचनाकार द्रष्टा होता है। वर्तमान में रहते हुए वह अतीत और भविष्य में सहजता से लीलया आवागमन करता है, भविष्य में जाकर आज के वर्तमान को देखता है। समीक्षक को रचनाकार की इस सामर्थ्य को कभी भूलना नहीं चाहिए। रचना पर दुर्बोधता जैसे आरोप जब किये जाते हैं या समकालीन परिप्रेक्ष्य में वह रचना 'फिट' नहीं दिखती इसलिए उसकी उपेक्षा की जाती है तो अक्सर रचनाकार की स्थल कालातीत पहुँचने की स्थल-काल निरपेक्ष होने की इस सामर्थ्य को नज रअन्दाज किया जाता है। इसीलिए तो भवभूति को कहना पड़ा पृथ्वी अनन्त है, काल अनन्त है कभी तो रचना को समानधर्मा मिलेगा। यह कथन इसी तथ्य पर प्रकाश डालता है कि रचनाकार सुदूर भविष्य की सोच सकता है। अतः वर्तमान में समझ के परे का रह जाता है। ज रूरी नहीं कि वह मात्र वर्तमान की सोचे। यदि रचना के साथ रचनाकार के जीवित काल में न्याय करना हो तो समीक्षक का द्रष्टा होना आवश्यक हो जाता है। इस सन्दर्भ में जेम्स जॉयस के यूलिसिस का सन्दर्भ दो मुद्दों के कारण देने योग्य है। यह रचना 1902 में लिखी गयी। 1922 में प्रकाशित हुई और 1945 के आस-पास लोगों की समझ में आने

लगी। तब वह पूजनीय रचना बनी। यह त्रासदी नहीं तो और क्या है? यह शायद हर श्रेष्ठ रचना के साथ होता है। दूसरी बात यह कि यूलिसिस के रचनाकार जेम्स जॉयस के सन्दर्भ में उसके समकालीन महान् समीक्षक ने यह बात फैलायी थी कि जेम्स जॉयस गुप्तरोग के शिकार हैं जबकि मेडिकल रिपोर्ट्स यह बता रहे थे कि वे बुरी तरह से यकृत के मरीज हैं। कम-अधिक मात्रा में समीक्षकों के षड्यन्त्रों का शिकार हर महान् रचनाकार होता रहता है।

वैश्विक साहित्य में जिनको समाविष्ट किया जाए ऐसे कितने रचनाकार हमारे पास हैं? और जो हैं उन्हें हम समीक्षा के द्वारा विश्व साहित्य तक पहुँचा रहे हैं क्या? फ्रांस, जर्मनी, इटली, एशिया, इंग्लैंड आदि कई देशों ने ऐसे कई महान् लेखक-कवि दिये हैं जिनकी तुलना में (तुलना मात्र संख्या को लेकर नहीं है।) हमारे पास ऐसे रचनाकारों का अभाव-सा दिखता है। इसका एक कारण समाज की खूँटे से बँधी मानसिकता जितना है उतना ही समीक्षकों की रचना समीक्षा के बहाने रचनाकार के जीवन में दखलअन्दाजी करने की भरसक चेष्टा यह भी है। क्या हमारे सुधी समीक्षक कभी रचनाकार को जीवन दहलानेवाले अनुभव लेने के लिए, intense, Complexity से भरा जीवन जीने के लिए थोड़ी-सी सहूलियत दे देंगे?

21वीं सदी में पदार्पण करने पर 20वीं सदी के साहित्य के योगदान की जोरों-शोरों से चर्चा आरम्भ हुई। हमारा 20वीं सदी का साहित्य विश्व साहित्य में यदि अन्य देशों के साहित्यकारों की बराबरी नहीं कर सकेगा तो इसकी अधिकांश जिम्मेदारी हमारे समीक्षकों की सीमित दायरों में कैद मानसिकता और 'अधजल गगरी-सी' बेवजह बरसने की, प्रहार करने की, तोड़ने-मरोड़ने की मानसिकता,...अपने गुटों में न आने वालों को डिलीट करने की प्रवृत्ति की होगी।'

प्रेमचन्द के साहित्य को जलाने की बात बीच में बवाल की तरह उठी थी। प्रेमचन्द के समूचे साहित्य में व्याप्त द्रष्टा रचनाकार को और कालातीत सोच को न देख-समझ पाने का इतना अज्ञान विश्व साहित्य में कभी न दिखा होगा, न दिखाई देगा। ऐसी फूहड़ हरकतों से समीक्षक कभी महान् नहीं बन सकता। पाठकों की सहायता कर पाना और रचना में छिपे सौन्दर्य का उद्घाटन कर पाना तो दूर की बात रही।

साहित्यकार की भूमिका

साहित्यकार और मूल्यों के सम्बन्ध में एक प्रारम्भिक प्रश्न यह उद्‌भवता है कि क्या साहित्यकार मूल्यों का निर्माण करता है? या कि वह मूल्यों का लोक-मानस तक केवल संवाहक होता है? कलाकार को केवल अपने मन के उद्वेलन को प्रकट करने वाले व्यक्ति के रूप में देखनेवाले आत्माभिव्यक्तिवाले सम्भवतः मूल्यों का इस प्रकार का कोई बोझ अपने ऊपर अनुभव नहीं करते। सामान्यतः यह माना जाता है कि मूल्यों का उद्‌भव और विकास व्यक्ति और समाज सन्तुलन के लिए सम्भावित सम्बन्धों को लेकर होता है। अतः साहित्य को सामाजिक जीवन के सन्दर्भ में देखनेवाले लेखक सामान्यतः मूल्यों के प्रति अधिक चिन्तित रहते हैं।

लेकिन यह किंचित अधूरी दृष्टि है। आत्माभिव्यक्तिवाली दृष्टि से यह भी माना जा सकता है कि साहित्य स्वयं अपने आप में एक मूल्य है और जब कलाकार आत्माभिव्यक्ति के लिए उद्यत रहता है तब अपने अनुभव को एक आकार ग्रहण करने देता है। आकार ग्रहण की यह प्रक्रिया कुछ-कुछ चेतन मन से और कुछ अवचेतन मन से चलती रहती है। परिणाम में आयी रचना केवल वैयक्तिक भावोन्मिलन का ऊफ ान न रहकर सौन्दर्य-मूल्यों से या रूपवादी मूल्यों से सम्पृक्त रचना होती है और मूल्य के सूक्ष्म विचार पर यह मानना कठिन होगा कि सौन्दर्य रूपाकार जो अनुभूति आकारित करते हैं अपने आप में मूल्य नहीं है। इसका अर्थ यह हुआ कि आत्माभिव्यक्तिवादी रचनाकार भी मूल्यों का सृजन एवं सम्प्रेषण करते ही हैं। दुर्भाग्य यह है कि हमारा मूल्य-विचार इतना स्थूल और व्यावहारिक उपयोगिता को सामने रखकर किया जाता है कि सौन्दर्य और रूप जैसी चीजों को मूल्य मानने नहीं देता। असल में जैसे-जैसे समाज में जीवन की प्राथमिक आवश्यकताओं से व्यक्ति विरत होता है और अच्छे एवं स्वस्थ समाज का लक्षण यह है कि अधिकाधिक संख्या में व्यक्ति जैविक आवश्यकताओं के प्रति निश्चिन्त होता जाये वैसे उसका ध्यान आत्मिक और मानसिक उपलब्धियों की ओर उन्मुख होता है। सौन्दर्यमूल्य इसी विकसित अवस्था में महत्त्वपूर्ण होने लगता है। अतः यह कहना कि साक्षात् सामाजिकता में सम्बद्ध व्यक्ति जो अपने एकान्त में रचनारत हो मूल्यों के प्रति चिन्तित, सजग नहीं होता, अधूरा विचार है। अगर साहित्य-रचना मनुष्य की प्राकृतिक अनुभव-राशि को एक सुचारु रूप देना है और इस

प्रक्रिया में कलाकार अपनी स्वतन्त्र चेतना से रचनारत रहता है तो यह मानना होगा कि छोटी-बड़ी रचना मानवीय जीवन का मूल्य ही है।

इसका अर्थ यह नहीं कि हम मूल्य-विचार को केवल सौन्दर्य और रूप तक सीमित रखना चाहते हैं। जैसे-जैसे साहित्यानुभव आशय, विस्तार और गहनता के आयामों को ग्रहण करने लगता है वैसे-वैसे व्यक्ति और समाज के जटिल अन्तः सम्बन्धों को अनेक रूपों में कलाकार को अभिव्यक्ति देनी पड़ती है। निश्चित रूप से यहाँ सौन्दर्यमूल्यों के साथ समाज जीवन के अनेक पक्ष समाविष्ट हो जाते हैं। जीवन को बारीकी से विश्लेषित करनेवाला दर्शन जीवन के विविध रूपों के मूल में वर्तमान स्थिति-गति से परिचित करनेवाले समाज ने किया है। जीवन की समस्याओं के भँवर में अच्छे-बुरे का निर्णय और विवेक करनेवाला नीति-विज्ञान और आज के समस्त जीवन को किसी प्रकार से छेदने और प्रभावित करनेवाली राजनीति से समस्त ज्ञान शाखाएँ उस विराटता को छूनेवाले जीवनानुभव में घुसकर उसको आकार देने लगती हैं क्योंकि अन्ततोगत्वा साहित्यकार को अपनी समुचित दृष्टि जीवनानुभव के रूपों, स्तरों और मूल द्रव्य पर केन्द्रित करनी पड़ती है। अतः इस अनुभव में जीवन के समस्त मूल्य अपनी भूमिका अदा करते हैं।

जिस प्रकार जीवन के व्यापक प्रवाह में नये और पुरानेपन का बोध सापेक्ष होता है उसी प्रकार साहित्यकार भी जीवन से जूझते समय समग्र दृष्टि अपनाता है। उसमें नये और पुराने का दृढ़ वर्गीकरण नहीं होना चाहिए। असल में देखा जाये तो समाज की विशिष्ट स्थिति में पुराने और नये का विचार करना पड़ता है। अमेरिका के समाज में जो नया है वह जरूरी नहीं कि भारतीय समाज में भी वह नया हो एवं स्वीकार्य समझा जाए। हो सकता है कि मूल्य के स्तर पर भारत की प्राचीन परम्परा में अर्जित मूल्य अमेरिका के प्रगत समाज में वांछनीय समझे जाएँ। आज ऐसा देखा भी जा रहा है कि गति से घबराकर या अपनी मानसिकता से बाह्य गति का सन्तुलन न कर पाने के कारण अमेरिका के विचार भारतीय समाज में प्रेम, गृहस्थ धर्म, काम और अर्थ का धर्म से संवरित संयत भोग इन मूल्यों की ओर आकर्षित हो रहे हैं। इसका अर्थ यह हुआ कि अन्ततोगत्वा मूल्यों का अन्वेषण और जीवन में उसका आचरण किसी बाह्य समाज के अनुकरण में औचित्यपूर्ण नहीं है। मूल्यों का अन्वेषण हमारी अपनी सामाजिक स्थिति में अपनी सांस्कृतिक जमीन पर करना आवश्यक है और इसलिए नये-पुराने शब्द भी बहुत दूर तक साथ नहीं देते। एक उदाहरण से बात स्पष्ट होगी। हमारे समाज में नारी का भयानक शोषण सर्व प्रकार से हो रहा है और उसकी स्वतन्त्रता पर अनेक प्रकार से आघात हो रहे हैं। यह सही है लेकिन इससे मुक्ति प्राप्त करने के लिए अगर हम उस नारी का आदर्श हमारी नारियों के सामने रखेंगे जो आदर्श विशिष्ट आर्थिक विकास के बाद और विशिष्ट नैतिक और सामाजिक वर्जनाओं को ठुकराने के बाद विदेशी स्त्री को प्राप्त हुआ है तो सम्भवतः इससे हमारी मानसिकता से वह इस प्रकार बेमेल खिचड़ी होगी कि न हमारे यहाँ की नारी मुक्त हो सकती है, न सुखी। क्योंकि आखिर मुक्ति,

स्वतन्त्रता और सुख भारतीय नारी की वर्तमान मानसिकता से ही उपजनेवाली चीज होगी। अतः यहाँ हमें नया, पुराना, परम्परागत, भारतीय, विदेशी इन सब शब्दों का मोह टालकर मूल्यों का अन्वेषण करना पड़ेगा जो हमारी अपनी जमीन के अनुरूप स्वास्थ्यप्रद हो।

साहित्यकार सौन्दर्यमूल्य को छोड़कर शायद नये नैतिक और सामाजिक मूल्यों का नये सिरे से सृजन तो नहीं कर सकता लेकिन मूल्यों का विवेक कराने में और मनुष्य की गहरी मानसिकता तक वह उस विवेक को अनुभूति के माध्यम से पहुँचाने में निश्चित रूप से सहायता करता है। इसलिए साहित्यकार को अपने ढंग से मूल्यों के प्रति विवेकपूर्ण रूप सदैव अपनाना पड़ेगा। साथ-साथ यह भी ध्यान में रखना होगा कि मूल्य-विवेक वह स्वयं अपने आप में और बाद में अपने साथ संवाद करनेवालों के साथ साझा कर सकता है। इससे अधिक कुछ करने की आकांक्षा सम्भवतः अनावश्यक महत्त्वाकांक्षा होगी।

हिन्दी कविता के समसामयिक सरोकार

बंग्ला के श्रेष्ठ साहित्यकार शरत्चन्द्र चटर्जी से किसी श्रोता ने प्रश्न पूछा था, 'आप अपने उपन्यासों में नायिकाओं को इतना रुलाते क्यों हैं?' और शरत् बाबू ने उत्तर दिया था, 'आप अपने-अपने घरों में नायिकाओं को रुलाना बन्द कर दें। मैं अपने साहित्य में उन्हें रुलाना बन्द कर दूँगा।' किसी भी भाषा के साहित्य के, कविता के सरोकारों का उत्तर शरत् बाबू के इस उत्तर में मिलता है। मनुष्य की जो-जो पीड़ाएँ, त्रासदियाँ, सुख-दुःखात्मक परिवेश हैं उन सबसे किसी भी युग के साहित्य के, कविता के सरोकार अनिवार्य रूप में होते ही हैं लेकिन प्रश्न यह है कि क्या इन्हीं सरोकारों पर ही कविता खत्म होती है? क्या ये सरोकार मात्र तात्कालीन-वर्तमान काल तक सीमित होते हैं? क्या इन सरोकारों के परे भी कुछ सरोकार होते हैं? होते हैं तो किस रूप में? कैसे?

साहित्य में सामाजिक, सांस्कृतिक, राजनीतिक, आर्थिक परिवेश, परिप्रेक्ष्य, सन्दर्भ, सम्बन्ध ढूँढ़े जाते हैं। इन सन्दर्भों के कई सूक्ष्म पहलुओं से साहित्य का सरोकार स्थापित किया जाता है। बल्कि जितने ये सरोकार स्पष्ट ठोस रूप में, साहित्य में चित्रित होते हैं उतना ही वह साहित्य 'जीवन के लिए' माना जाता है। जैसे प्रगतिवादी कविता। साहित्य की ओर देखने का यह भी नजरिया है कि साहित्य आम जनता के दुःखों को वाणी देता है। जब कविता में ये सारे सामाजिक, राजनीतिक, आर्थिक सरोकार नहीं प्राप्त होते तो 'वायवीय', 'यथार्थ से दूर गयी हुई', 'रुमानी' आदि विशेषणों से उसे उपेक्षित भी किया जाता है। छायावाद की कविता को ये विशेषण प्रदान किये गये थे। अक्सर साहित्य में कविता में भी यथार्थ ढूँढा जाता है। 'भोगा हुआ यथार्थ' काफी प्रचलित संकल्पना रही है। साहित्यकार के साथ इसे उपाधि की तरह चिपकाया भी जाता है। यह यथार्थ थोड़ा ज मीन से ऊपर उठने की चेष्टा करता है, अपनी ज मीन त्यागकर आदर्श की नयी ज मीन तलाशने लगता है तब इसे आदर्शोन्मुखी यथार्थ कहा जाता है। यानी स्थिति चाहे जो हो, रचनाकार चाहे जिस मानसिक धरातल पर हो उसमें यथार्थ का होना शर्त-सा बन गया है। अतः कविता में भी विशुद्ध आनन्द की अनुभूति तलाशने की अपेक्षा हमेशा समसामयिक सरोकार ढूँढ़े हैं। सांस्कृतिक मूल्य या पतन, सामाजिक समस्याएँ इनकी सूची प्रदीर्घ है, आर्थिक संघर्ष, आर्थिक समस्याएँ, राजनीतिक परिवेश-समस्याएँ आदि समसामयिक सरोकार कविता में ढूँढ़ना या कविता को समसामयिक सरोकारों में बद्ध करना क्या एक सुन्दर, संवेदनशील, असीम, अनुभूति देनेवाली कला

के पर काटने जैसा नहीं है? क्या रचनाकार रचना निर्मिति के चरम बिन्दु पर इन सरोकारों का ध्यान रखकर खानापूर्ति करते हुए रचना में उन्हें भर देता है? यदि ऐसा हो तो वह रचना बनिये की दूकान बन जायेगी। दूसरी बात, कविता स्थल-काल के बन्धनों के परे पहुँचने की क्षमता रखती है। फिर वह समसामयिकता की सीमा पर ही क्यों रुके? कविता में व्यक्त समसामयिकता मात्र अपने समय तक सीमित नहीं होती। सुदूर अतीत और सुदूर भविष्य भी उसके लिए समसामयिक ही होते हैं, जैसे किसी भी श्रेष्ठ रचना, कला के लिए होते हैं। यानी कविता का समसामयिक होना सृष्टि के अन्त तक का भी हो सकता है। प्रश्न यह है कि उसके सरोकार क्या हैं? किस पहलू से हम देखना चाहेंगे? कविता के सरोकार या सरोकार की कविता? कविता का प्रथम और अन्तिम सरोकार मनुष्य होता है। वह मनुष्य से आरम्भ होती है, मनुष्य पर केन्द्रित रहती है और मनुष्य पर ही समाप्त होती है और यह मनुष्य किसी भी देश-काल, जाति-भाषा में बद्ध मनुष्य नहीं होता। यह यूनिव्हर्सल मनुष्य होता है, कॉस्मिक मानव होता है। इसलिए रचना देश-काल, जाति-भाषा के तमाम बन्धन लाँघकर सीधे हृदय से संवाद करती है। अर्थात् कविता का सरोकार हृदय से होता है। ज्योंकि 'मनुष्य' कविता के सरोकार का प्रथम और अन्तिम आधार है, मनुष्य से सम्बन्धित तमाम विषय, क्षेत्र, परिवेश, परिप्रेक्ष्य, समस्याएँ, परिस्थितियाँ, मनुष्य की क्रिया-प्रतिक्रियाएँ कविता के सरोकार हैं लेकिन ये सारे सरोकार बाह्य हैं। कविता जब प्रत्यक्ष इन सरोकारों पर अपने आप को केन्द्रित करती है तब वह 'सरोकार की कविता' बन जाती है माँग और आपूर्ति Demand and Supply सिद्धान्त को समर्पित हो जाती है व्यावहारिक Piratical minded हो जाती है, लाभ-नुकसान के गणित देखने लगती है, लोकप्रियता पर नजरें टिकाने लगती है, यानी अपने केन्द्र से, लक्ष्य से भटक जाती है। उसमें बड़बोलापन आने लगता है, वह सतही बन जाती है। चीखने, आक्रोश करने लगती है अर्थात् स्वयं को अल्पजीवी बना देती है। ये सरोकार जब उसमें चिन्तन प्रक्रिया का अंग बनकर आते हैं तब वे 'कविता' बनते हैं। ये सारे सरोकार कविता में कहाँ रहते हैं? उनके स्थान के अनुसार कविता का texture तय होता है। यदि ये तमाम सरोकार कविता की लिखित पंक्तियों में स्थान ग्रहण करने लगते हैं तब कविता विज्ञापन बन जाती है, व्यावसायिक कला बन जाती है। क्रय-विक्रय की वस्तु बन जाती है। आक्रोश, नारेबाजी करने लगती है। सिद्धान्त, वादों से जिस कविता का सरोकार रहा है वह कविता ऐसी होती है। उस कविता को समसामयिक सरोकार की कविता कहा जा सकता है। जब ये तमाम सरोकार कविता की पंक्तियों के बीच के रिक्त स्थानों, दो पंक्तियों के बीच की जगहों पर स्थान ग्रहण करते हैं तब वह कविता कॉस्मिक सरोकारों की कविता बनने लगती है। ऐसी स्थिति में कविता की समसामयिकता, सुदूर भविष्य तक की हो सकती है, होती है। तब भाषा पारदर्शी, बिम्बवाही बन कलात्मकता के चरम उत्कर्ष पर पहुँच जाती है। 'सुखिया सब संसार/खावै और सोवै/दुखिया दास कबीर/रोवै और जागै' में तमाम सांस्कृतिक, सामाजिक सरोकार, मानवीय स्वभाव-विशेष पंक्तियों

के बीच की खाली जगह में स्थान पा चुके हैं। अतः हर काल में वे समसामयिक हैं। 'दही-सा शीतल चाँद था कल/न जाने स्याह चाँद कब होगा।' में राजनीतिक आपातकालीन सरोकार हैं लेकिन वे पंक्तियों में नहीं हैं। अतः ये पंक्तियाँ व्यक्तिगत प्रेमभंग की स्थितियों को भी वाणी दे सकती हैं, अन्धकार में खोये समाज की स्थिति को दर्शा सकती हैं, किसी भी प्रकार की असुरक्षा के संकेत, प्रतीक बन सकती हैं।

कविता का सरोकार कवि मन से होता है। और रचनाकार का मन फ्राइड के वर्णित मन से कई गुना अधिक गुफाओं भरा होता है। कविता का एकमात्र सरोकार यह जटिल, गुफाओं युक्त कवि-मानस होता है। यह कवि मानस एक जीवन में कई जीवन जीता है। एक क्षण में कई युग भोगता है, अतीतों के अतीत में, भविष्यों के भविष्य में अपने वर्तमान को लेकर लगातार आवागमन करता रहता है, किसी प्रश्न का उत्तर जानने के लिए शंकराचार्य की तरह परकाया प्रवेश करता है, किसी समस्या का हल पाने के लिए असंख्य बार समुद्र मन्थन करता है। अमृत और हलाहल दोनों को प्राशन करता है...'हेरी मैं तो प्रेम दीवानी...मेरा दरद ना जाने कोय...', 'सूली ऊपर सेज हमारी... मिलना कब तक होय...' वाला यह कवि मानस कविता का एकमात्र सरोकार विषय है। आदि कवि-सी अभिव्यक्ति सामर्थ्य होने के बावजूद 'सरोज स्मृति' में निराला जो कहते हैं, 'दुःख ही जीवन की व्यथा रही, क्या कहूँ जो कही नहीं गयी' तब वह मात्र निराला के निजी दुःख के सरोकार की कविता नहीं रहती, किसी भी पिता के हृदय की व्यथा से इसका सरोकार हो सकता है, किसी भी दो व्यक्तियों के बीच के किसी भी प्रकार के सम्बन्ध-सरोकार की यह कविता हो सकती है। क्योंकि कविता सृजन के समय कवि और कविता का सरोकार अपनी बेटी, अपने दुःख से नहीं था। भयावह दुःसहनीय दुःख में भी दुःख से कवि का जो निर्वैयक्तीकरण हो जाता है कविता का सरोकार उस निर्वैयक्तीकरण के साथ होता है। यह निर्वैयक्तीकरण ही कवि को, कविता को समसामयिकता के, निजी परिवेश के या सामाजिक-सांस्कृतिक जैसे दायरों से मुक्त कराकर 'विश्व वेदना' तक, 'विश्व संवेदना' तक पहुँचा देता है। यानी कविता का सरोकार विश्व वेदना और विश्व संवेदना से होता है।

अतः घोर प्रगतिवादी काल में भी 'थरथराता रहा जैसे बेंत/मेरा काय...कितनी देर तक/आपाद मस्तक/एक पीपल पात मैं थरथर'... (समशेर बहादुर सिंह) या 'एक पीली शाम/पतझर का जरा अटका हुआ पत्ता/शान्त/मेरी भावनाओं में तुम्हारा मुख-कमल... अब गिरा, अब गिरा वह अटका हुआ आँसू/सान्ध्य तारक-सा/अतल में' जैसी संवेदनशील प्रेम कविता लिखी जा सकती है। मुक्तिबोध जैसे घोषित प्रगतिवादी/मार्क्सवादी कवि ब्रह्मराक्षस, बावड़ी 'अँधेरे में' आदि फैंटसिज निर्माण कर सकते हैं। दलित कविता के हस्ताक्षर डॉ. सुखवीर सिंह 'बयान बाहर' में दलित वर्ग की पीड़ा, अत्याचारों का इतिहास ऐसी कलात्मकता से कह सकते हैं कि समूची कविता 'दलित कविता' के कवच फेंककर व्यापक सन्दर्भों-आयामों-सरोकारों की कविता बन जाती है। 'एक गाँव है/जो मेरे कन्धे पर बैठा है, गिद्ध की तरह/यहीं से पक्की सड़क शुरू होती है। जो

मुझे/रेल की पटरी तक ले जायेगी/कोल्हू के बैल की तरह घुमती हुई/रूढ़ियों के दायरे में/ठहर गयी तेरी ज ़िन्दगी से/छुटकारा दिलायेगी/...' इस कविता का सरोकार यदि कवि मानस-अन्तर्मन से न होता, मन की स्फूर्त सघन भावनाओं से न होता, उनके निर्वैयक्तिकरण से न होता तो कविता ऊँचाई तक, नवनवीन आयामों तक न पहुँच पाती। 'मेरी निगाह में/न कोई छोटा है/न कोई बड़ा है/मेरे लिए, हर आदमी एक जोड़ी जूता है/...पेशवर हाथों और फटे हुए जूतों के बीच/कहीं न कहीं एक अदद आदमी खड़ा होता है/...चोट जब पेशे पर पड़ती है/तो कहीं न कहीं एक चोट कील/दबी रह जाती है/भाषा पर आदमी का नहीं/किसी जाति का अधिकार है/भविष्य गढ़ने में 'चुप और चीख'/अपनी-अपनी जगह एक ही किस्म से/अपना-अपना फर्ज अदा करते हैं/' में धूमिल ने मोचीराम का जो चित्र खींचा है क्या वह मात्र मोचीराम का है? देखा जाए तो इस कविता का सरोकार मोचीराम से उतना नहीं है जितना उस व्यवस्था, उस समाज, उस तथाकथित सभ्य लोगों से है जो लाखों-करोड़ों मोचीराम बनाते हैं। कविता ऐसे करिश्मे कर सकती है क्योंकि कविता का सरोकार जिस कवि मानस से होता है वह कवि मानस कृष्ण के उस मुख-सा होता है जिसमें समूचा विश्व समाया रहता है। अर्थात् कविता का सरोकार 'विश्व' से रहता है। 'तुमको पीड़ा में ढूँढ़ा/तुम में ढूँढूँगी पीड़ा' की तरह कविता का सरोकार भी पीड़ा और धारण करनेवाले से अद्वैत रूप में होता है। पीड़ा की अनेक विध अभिव्यक्तियाँ उसके समसामयिक सरोकार हो सकती हैं।

चाहे उन्हें षड्रिपु कहें, चाहे स्थायीभाव कहें, मैकडुगल के शब्दों में चाहे एषणाएँ कहें कविता का सरोकार इनसे होता है। कविता के सरोकार ये होते हैं कि उन्हें उदात्तीकृत रूप में प्रस्तुत किया जाए और ये निरन्तर समसामयिक होते हैं। कभी अ-प्रासंगिक, अ-सामयिक नहीं होते। जिस कविता का सरोकार इन बुनियादी तत्त्वों से और इनकी कलात्मक अभिव्यक्ति से होता है वे कविताएँ अपने समय, तात्कालिक क्रिया-प्रतिक्रिया के दायरों से मुक्त होकर मनुष्य का, पाठक का प्रदीर्घ यात्रा में साथ देती हैं। कविता का मूल स्वभाव, प्रकृति छिपाने की होती है। अतः वह अपने सरोकार भी छिपाये रखती है। कविता जो कहना चाहती है वह कहती नहीं, कुछ और ही कहती है और संकेत देती है कि जो वह कहना चाहती है वह पाठक जान लें। अपने सरोकारों के प्रति भी उसका यही रवैया है। बाह्य सरोकारों में वह पाठकों को उलझाती रहती है और अपने आन्तरिक सरोकार ऐसे छिपाती है जैसे सीपी स्वाति बूँद को, मोती को। 'कीचड़ में खिलता है फूल/पानी उसे कमलत्व देता है/जनता में पलता है शब्द/कविता उसे सूर्यत्व देती है।' (श्री कृष्ण तिवारी) कविता के सरोकार इस सूर्यत्व से होते हैं, कमलत्व से होते हैं। सूर्य, कमल गोचर हैं अतः इन्द्रियों की कक्षा में समा जाते हैं। लेकिन इनमें स्थित सूर्यत्व कमलत्त्व की मानसिक स्तर पर अनुभूति ली जा सकती है। कविता में कविता के द्वारा ही कविता के सरोकारों की अनुभूति ली जा सकती है। अर्थात् कविता की तरह कविता के सरोकार भी अनुभूति का विषय होते हैं। स्थूल जगत् से अधिक सूक्ष्म जगत् के होते हैं। ऐसी स्थिति में फिर जब कविता पर असामयिक

दुरूह, दुर्बोध, अप्रासंगिक होने के आरोप किये जाते हैं तब पुनःविचार की आवश्यकता पड़ती है। 'महायुद्ध की विभीषिका से दूर रहकर छायावादी कवि अपने ही रूमानी, वायवीय, कल्पनालोक में निमग्न रहे' वाला आरोप इसी तथ्य की ओर संकेत करता है। दरअसल कोई छायावादी कवि यथार्थ की व्यामिश्रता, भयावता से दूर नहीं भागा था। उनकी कविता, समसामयिक सरोकार की ही कविता है। प्रसाद कामायनी में यन्त्र युग की आनेवाली वीभीषिकाएँ, स्त्री-पुरुषों के परिवर्तित होते जानेवाले सम्बन्ध, भावना बुद्धि की टकराहट, मूल्यहीन स्थितियों में स्वयं गिरकर फिर मूल्यों की ओर जाने का मनुष्य का प्रयास आदि कई समसामयिक विषयों की चर्चा कर रहे थे, उनपर चिन्तन कर रहे थे और द्रष्टा कवि के नाते अपनी 'कामायनी' का भविष्य के प्रति सरोकार स्थापित कर रहे थे क्योंकि वह भविष्य भी समसामयिक बनने वाला था। 'निराला' अपनी विशुद्ध छायावादी कविताओं में जितने समसामयिक समस्याओं-स्थितियों-परिस्थितियों, घटना-दुर्घटनाओं के चित्रकार, भाष्यकार, व्याख्याकार रहे हैं उतने ही 'नये पत्ते' में। और उतनी ही उनकी कविता आज भी समसामयिक सरोकार की कविता प्रतीत होती है। 'जुही की कली' में का वह हवा का झोंका स्त्री के शारीरिक-मानसिक-भावनिक शोषण करनेवाले किसी भी युग के पुरुष का प्रतिनिधित्व कर सकता है। 'राम की शक्तिपूजा' संहार, आतंकवाद निपटाने के लिए दिखाया गया प्रतीकात्मक दिशानिर्देशन हो सकता है। महादेवी वर्मा की वेदना क्या कभी अप्रासंगिक हो सकती है? यहाँ एक बात और स्पष्ट करनी चाहिए कि मानवीय जीवन अन्तर्गत रूप में सभी कालों में लगभग एक-सा ही रहता है, उससे सम्बन्धित विषय एक-से रहते हैं लेकिन दृष्टिकोण बदलता रहता है, प्रगति-विकास के क्षितिज बदलते रहते हैं, जीवन पर प्रभाव जमानेवाली वस्तुएँ बदलती हैं, अतः कविता की भाषा परिवर्तित होती रहती है। हिन्दी कविता की भाषा के समसामयिक सरोकार देखना भी बड़ा रोचक है। द्विवेदी युग में उपेक्षित नारियों को न्याय देने जैसा सामाजिक सुधार लक्ष्य था। तब मैथिलीशरण गुप्त की कविता की भाषा चित्रात्मकता, गेयता के बावजूद सपाटबयानी स्तर की रही। यह सामाजिक पक्ष जितना जटिल, व्यामिश्र, बहुस्तरीय, उलझा हुआ बना तब 'कामायनी', 'विधवा', 'जुही की कली', 'नये पत्ते', की कविताओं की भाषा बिम्बात्मक, तरल-पारदर्शी, बहु आयामी अर्थ प्रदान करनेवाली बनी। प्रगतिवाद में जब तक निश्चित ध्येय सामने रखा गया, क्रान्ति के नारे जीवन का अंग बने, तब बड़बोलापन आया और इसी प्रगतिवाद में मार्क्स की समूची विचारधारा पचाकर अन्तर्मन की गहराई को ऊपर लाने की चेष्टा की गयी तब केदारनाथ अग्रवाल जैसे कवि ने ताजा बिम्बों से भरी मन को छनेवाली प्रेम कविताएँ भी लिखीं। शमशेर बहादुर सिंह की 'थरथराता रहा जैसे बेंत/मेरा काय...कितनी देर तक/आपादमस्तक/एक पीपल पात मैं थरथर' या 'एक पीली शाम/पतझर का जरा अटका हुआ पत्ता/शान्त/मेरी भावनाओं में तुम्हारा मुख-कमल' ये पंक्तियाँ विषय और भाषा की दृष्टि से भी हर समय समसामयिक सरोकार की कविता है क्योंकि वाद, आन्दोलन, विशिष्ट दृष्टिकोण के स्वीकार के बाद भी कवि अन्तर्मन में मनुष्य को इन

कटघरों में कैद या टुकड़ों में बँटा देख नहीं पाता, सो चित्रित भी नहीं कर पाता। कवि मनुष्य को 'वैश्विक मानव' के रूप में ही देखता है। अतः यूनिव्हर्सल सत्य अनायास कविता में समसामयिक परिवेश, परिप्रेक्ष्य के साथ साकार होते रहते हैं। 'दही-सा शीतल चाँद था कल/न जाने स्याह चाँद कब होगा'/गिरिजाकुमार माथुर की इन पंक्तियों के पार्श्व में राजनीतिक उथल-पुथल, आपात् कालीन सन्दर्भ हैं लेकिन क्या ये पंक्तियाँ पढ़ते समय इसका तनिक भी आभास होता है? स्पर्श-दृश्य बिम्ब के आस्वाद के साथ-साथ सहृदय पाठक अटक जाता है, 'स्याह चाँद' के यहाँ। 'स्याह चाँद' यह वस्तु/संकल्पना ही नहीं है। चाँद होता है तो सफेद या होता ही नहीं लेकिन कवि निर्मित यह स्याह चाँद जैसे राजनीतिक भयावह दुर्घटना का संकेत है। वैसे हर पाठक के लिए उसके अपने जीवन सन्दर्भ में कई भयावह घटनाओं का यह प्रतीक हो सकता है। और अपने अनुभवों के साथ इस कविता से भिड़नेवाला पाठक कवि को अपेक्षित समसामायिक सरोकार को भले ही ग्रहण न करे लेकिन कविता तो इस समसामयिक सरोकार को धारण किये रहेगी। 'मुक्तिबोध' के रोटी वाले चाँद में और माथुर के 'स्याह चाँद' में समसामयिक सरोकार होते हुए भी समसामयिकता के आगे का भी कुछ इसमें है जो कविता को कविता बनाता है।

समसामयिक सरोकार समाचार पत्र में छपे समाचारों में, रिपोर्ट में, साक्षात्कार में, अधिक मात्रा में, ठोस रूप में होते हैं लेकिन उनका अल्पजीवी होना भी हम जानते हैं। समसामयिक सरोकार वाला कथन उन्हें अमरत्व नहीं देता। गरीबी, भ्रष्टाचार जैसी ढेर सारी सामाजिक समस्याएँ, स्त्री मुक्ति, दलित आन्दोलन जैसे कई आन्दोलन, विश्वयुद्धों जैसे कई युद्ध, भाषा बचाओ-भाषा हटाओ जैसे कई नारे, ढेर सारे राजनीतिक षड्यन्त्र, कुर्सी-चुनाव के किस्से, प्रेम-बलात्कार जैसे कई पहलू मनुष्य के समसामयिक सरोकार के विषय हैं लेकिन कविता में ये सारे विषय सुदूर अतीत भविष्य की यात्रा करते वर्तमान बनने का आभास दिलाते आते हैं। इसीलिए वे अमर हो जाते हैं, रद्दी में फेंके नहीं जाते। रघुवीर सहाय के 'मेरा घर' में जो सच है 'मेरी कविता में माँ/मेरी कविता में बीवी-बच्चे/मेरी कविता में गौरैया/वसन्त की/धूप और पानी के संस्मरण/सब वहीं रह गये/और मैं चल दिया/इनकी स्मृतियाँ रह गयी/वहीं मेरे घर/किसी भी कविता के समसामयिक सरोकार ऐसे होते हैं धूप और पानी के संस्मरण जैसे! वे वहीं रहते हैं और कवि आगे चल देता है अर्थात् कवि के साथ वे भी आगे चलते जाते हैं भविष्य की ओर। सक्षम कवि समसामयिक सरोकारों को भविष्य के सरोकार या भविष्य के सरोकारों को समसामयिक सरोकार बना देता है बड़ी सहजता से। यही उसका द्रष्टा होना होता है।

समसामयिक सरोकारों की यह आवाजाही, आवागमन दलित कविता में भी प्रखरता से दृष्टिगोचर होता है। डॉ. सुखवीर सिंह, डॉ. प्रेमशंकर, ओमप्रकाश वाल्मीकि, डॉ दयानन्द 'बटोही', मोहनदास नैमिशराय, डॉ. रामशिरोमणि, 'होरिल' की कविताएँ इन सन्दर्भ में देखी जा सकती हैं। डॉ. सुखवीर सिंह की 'बयान-बाहर' में का 'एक गाँव

है/जो मेरे कँधे पर बैठा है/गिद्ध की तरह...' गाँव का वर्णन, बचपन के दिन, इन सब में जो शोषण की वेदना है, अन्याय सहते-सहते बड़ा होने वाला बच्चा है, गाँव के किस्से हैं, दर्द हैं, सुन्दर क्षण हैं, टीस पैदा कर भविष्य पर छानेवाले अनुभव हैं, आजादी के बाद भी अछूत हिस्सा है...इस प्रदीर्घ कविता में गाँव के प्रति कवि मन का प्रेम, क्रान्ति, क्रोध, अपनत्व सब कुछ इस तरह व्यक्त हुआ है कि ये सभी दलितों का शोषण करनेवाले सन्दर्भ-सरोकार अतीत वर्तमान के प्रदीर्घ कैनवास को साकार करते हैं और 'यहीं से पक्की सड़क शुरू होती है/जो मुझे/रेल की पटरी तक ले जाएगी/कोल्हू के बैल की तरह घूमती हुई/रूढ़ियों के दायरे में/ठहर गयी तेरी जि न्दगी से/छुटकारा दिलायेगी...' कहते हुए कवि इन्हें भविष्यत् कालीन स्थितियों में परिवर्तित कर देता है

धूमिल का 'मोचीराम' इस सन्दर्भ में अलग कोण से कविता के समसामयिक सरोकार को रेखांकित करता है। निम्न श्रेणि का काम करने वाला, अनपढ़ मोचीराम दार्शनिक है, चिन्तक है, व्यवहार समझने वाला, उत्तम व्यवसाय करनेवाला है लेकिन सबसे ऊपर वह मनुष्य है इनसान है इसीलिए अपने पेशे, वेदना, शोषण से समसामयिक सरोकार रखते हुए काल के आगे चला जाता है। 'मेरी निगाह में/न कोई छोटा है/न कोई बड़ा है/मेरे लिए हर आदमी एक जोड़ी जूता है/कहने वाला मोचीराम जितना अपने व्यावसायिक रूप को दर्शाता है, सामाजिक स्थितियों पर भाष्य करता है उतना ही 'पेशेवर हाथों और फटे हुए जूतों के बीच कहीं न कहीं एक अदद आदमी है' मैं अपनी व्यावसायिक, परिभाषिक शब्दावली में मानवीय समाज की त्रासदी बयान करता है 'चकतियों की जगह आँख टाँकनेवाला मोचीराम' सत्य, दया का, मानवता का द्योतक है। 'चोट जब पेशे पर पड़ती है/ तो कहीं न कहीं एक चोट कील/दबी रह जाती है।' में वेदना, प्रतिकार, प्रतिशोध की मीमांसा करनेवाला मोचीराम जब कहता है 'भाषा पर/आदमी का नहीं, किसी जाति का अधिकार है' तब वह उग्र क्रान्तिकारी रूप में प्रस्तुत होता है और यही मोचीराम 'भविष्य गढ़ने में 'चुप और चीख'/अपने-अपनी जगह एक ही किस्म से/अपना-अपना फर्ज अदा करते हैं'/कहते हुए त्रिकालदर्शी के समान अपने काल से आगे चला जाता है। कवि का अपनी समसामयिक स्थितियों, परिवेशों के साथ मात्र उतना भर सम्बन्ध होता है जितना कि बीज का धरती से। बीज को अंकुरित होने भर के लिए जमीन में दबे रहने की आवश्यकता होती है। अंकुरित होते ही उसकी मात्र जड़ें ज मीन के भीतर होती हैं। बाकी सारा पल्लवन सौन्दर्य के नित नूतन प्रस्फुटन आकाश की ओर-आकाश और जमीन के बीच के वातावरण में, अवकाश में होते हैं। कविता भी समसामयिक विषय, प्रवृत्तियों से सरोकार रखती है मात्र खाद, पानी प्राप्त करने लेकिन उसे जो लौटाना होता है वह मात्र जमीन-वर्तमान की ओर नहीं उसे एक अवकाश-भविष्य व्याप्त करना होता है। जो वह करती है। अतः पाठक भी कविता के समसामयिक सरोकारों में पूर्णतः न उलझे तो उसे कविता में छिपे सौन्दर्य एवं कलात्मक आयामों के पल्लवन को देखने-अनुभूति लेने, आनन्द प्राप्त करने का अधिक अच्छा अवसर प्राप्त हो सकता है।

समसामयिक सरोकार के सन्दर्भ में एक महत्त्वपूर्ण अंश कवयित्रियों के भाव-अनुभूति-विचार विश्व का है। मीराबाई, महादेवी वर्मा, सुनिता जैन, कीर्ति चौधरी, इन्दु जैन, सुभद्राकुमारी चौहान, सरला भटनागर, गगन गिल, दिवा भट, सरोजनी प्रीतम, आदि कवयित्रियों में अपने परिवेश, पारिवारिक स्थितियों, भावात्मक विश्व, हृदय-बुद्धि के संघर्ष, कल्पनालोक, खुरदरे यथार्थ, भयावह अनुभव आदि का मोहक संसार व्यक्त हुआ है। अन्तर्मन में व्याप्त जंगल, विचारों के समुद्रमन्थन, भावनाओं के युद्ध, इच्छा-आकांक्षाओं की होली आदि यथार्थ वर्तमान सरोकारों के हृदयस्पर्शी चित्र प्रस्तुत करती हुई, हास्य व्यंग्य शैली को भी अपनाती हुई ये कवयित्रियाँ भविष्य की ओर उन्मुख अतः आशावादी रुप को अंकित करती हुई अपनी काव्य यात्रा के सोपान तय कर चुकी हैं।

दर असल कविता का सरोकार अन्तर से, अन्तर्मन से, अन्तर्मुखी चेतना से होता है। कवि मानस की अतल गुफाओं से वह सरोकार रखती है। वहीं पर वह रहती है इसलिए कवि प्रतिभा जब उन गुफाओं के अँधेरों में से बाहर-ऊपर आती है वह अपने आश्रय स्थान की विशेषताओं के साथ आती है प्रतीकों, बिम्बों के माध्यम से। उन गुफाओं से लेकर बाहूय की प्रदीर्घ यात्रा के बीच अनायास वह मनुष्य जीवन से सम्बन्धित विषयों कथ्यों-समस्याओं-दृश्यों से टकराती है। टकराती है सो अभिव्यक्ति के क्षणों में उन्हें भी स्पर्श कर जाती है। कविता का इन विषयों-कथ्यों समस्याओं को स्पर्श भर करना उसके समसामयिक सरोकार कहलाये जा सकते हैं। इन समसामयिक सरोकारों के लिए कविता नहीं लिखी जाती। कविता तो अपनी गुफाओं के सम्पूर्ण अनभिज्ञ अस्पर्श, अतल जगत् को अभिव्यक्ति के दायरे में बद्ध करना चाहती-जानती है। ऐसा करने में साइड प्रोडक्ट की तरह समसामयिक सरोकार अभिव्यक्ति पाते हैं। यह बात प्रगतिवादी कविता जैसी लक्ष्य तय कर पूर्व नियोजित रूप से लिखी जानेवाली कविता के साथ भी लागू हो सकती है। 'सुखिया सब संसार है/खावे और सोवे/दुखिया दास कबीर है/जागे और रौवे/' द्वारा कविता के सरोकार की बात और अधिक स्पष्ट हो जायेगी। समसामयिक प्रवृत्तियों, परिस्थितियों, सामाजिक, सांस्कृतिक कुप्रथाओं पर प्रहार कर समाज परिवर्तन का लक्ष्य लिए भक्ति काल की कविता ऊपरी तौर पर नितान्त समसामयिक सरोकार की कविता प्रतीत होते हुए भी वह वैसी नहीं है। यदि इतना भर होती तो आज उसकी प्रासंगिकता पर प्रश्न चिह्न लग जाता। उसके कविता होने पर ही प्रश्नचिह्न लग जाता। संसार को सुखी और स्वयं को दुःखी कहनेवाला कबीर भली-भाँति जानता था कि जो सुखी दिख रहा है वही दरअसल दुःखी है और वह खुद सुखी है। इन पंक्तियों में समसामयिक सरोकार से अधिक अन्तर्मन की वह वेदना, वह अकेलापन, वह टीस, वह भोगना व्यक्त हुआ है जो किसी भी कलाकार की त्रासदी होती है। कविता का सरोकार इस कलाकार की, कवि की यूनिव्हर्सल त्रासदी से होता है जो हर काल में समसामयिक प्रतीत होने की, भाषित होने की सामर्थ्य रखती है। आनुषांगिक रूप से कविता उस समय विशेष के विषयों को भी स्थान देती है जिससे पाठकों को

बहिर्जगत् में उलझा सके, अपने आन्तरिक जगत् से दूर रख सके। कविता की यही आदत होती है कि वह अत्यधिक छिपाना चाहती है। अपनी असलियत का अता-पता देना नहीं चाहती, जो कहना है वह कहती नहीं, जो नहीं कहना है वही कहती रहती है और चुनौती देती रहती है कि पाठक वह सारा अनकहा, छिपाया गया जाने, उद्घटित करे। पाठक को गुमराह करना चक्करदार राहों में उलझाना, अपने रूप-रंग से दूर रखना कविता का स्वभाव विशेष, प्रिय खेल होता है। अपने सरोकारों से भी पाठक को इस तरह अपरिचित दूर रखकर वह अपने स्वभावानुकूल यही प्रिय खेल खेलती रहती है और इसमें सफलता पाने के लिए आवश्यक हो जाता कि पाठक को दलित, स्त्री, साम्प्रदायिकता, मूल्यविघटन, उपभोक्ता संस्कृति, परिवार, आर्थिक विषमता, भ्रष्टाचार जैसे बाह्य सरोकारों के, जो कविता में स्थान पाते भी हैं, के प्रति चिन्तन में उलझाये रखे। और आनन्द प्राप्ति के लक्ष्य तक सहजता से पहुँचने न दे। लेकिन पाठक के पास भी 'सहृदयता' नामक ब्रह्मास्त्र होता है। जब पाठक इस ब्रह्मसास्त्र का प्रयोग करता है तब सारे अवरोध खण्डित कर अलौकिक आनन्द के सरोकार   जो कविता और पाठक का असली-अन्तिम सरोकार है   तक पहुँच ही जाता है।

समकालीन सृजनात्मकता में पूर्ववर्ती कविता की भूमिका

आठवें दशक के महत्त्वपूर्ण कवि उदय प्रकाश ने कहा है, 'दिनचर्या का एक दिन स्वयं में पृथक और निस्संग नहीं होता। वह अपने आस-पास के परिवेश, बल्कि संसार और सभ्यता के इतिहास का अनुषंग होता है और इतिहास का एक अनिवार्य अवयव होता है। इतिहास बोध की शून्यता की स्थिति में भटकने वाली वैयक्तिक और निरपेक्ष कविता वृहत्तर मानवीय सन्दर्भों में अपना कोई मूल्य नहीं रखती'। (अन्ततः मार्च, 1979) साठोत्तरी कविता में सातवें दशक तक भटकन, दिशाहीनता, आन्दोलन, आक्रोश, विघटन, आन्तरिक दबाव, अन्तर्विरोध, बेरोजगारी-भ्रष्टाचार-औद्योगिकीकरण परिणामस्वरूप भीषण समस्याएँ आदि के प्रति चीख, पुकार, यातना, विसंगतियाँ, आउटसाइडर होने का भाव, धर्म-दर्शन का तिरस्कार, समझौता से विरोध, बेचैनी, आक्रामकता, हर स्तर पर उग्र लड़ाई में ढली मानसिकता, आदि के दर्शन होते हैं। व्यक्ति और समाज के प्रति असामंजस्य, बेमेल प्रवृत्तियों की बढ़ती मात्रा मृत्युबोध, रुग्ण मानसिकता तथा रागात्मक प्रवृत्तियों से अधिक रस भंग के बाद के क्रोध, जुगुप्सा, विवशता से लगाव, संवेदना, प्रेम, अपनापन या स्वस्थ सम्बन्धों की जगह कुंठाग्रस्त मन, उखड़ी मानसिकता आदि चित्रों से छठें और सातवें दशक की कविता भरी हुई है। रघुवीर सहाय ('काठ की घंटियाँ', 'बाँस का पुल', और बाद में 'आत्महत्या के विरुद्ध', हँसो जल्दी हँसो') केदारनाथ सिंह, श्रीकान्त वर्मा, सर्वेश्वर दयाल सक्सेना आदि कई ऐसे कवि हैं जिनकी कविता में पहले स्निग्धता, आस्था, सहजता, आंचलिकता के प्रति प्यार, सौन्दर्यवादी दृष्टि एवं भोलापन था जो बाद में कुंठा, रोमांटिक आवेग, विक्षुब्धता, निराशा, अवसाद, यान्त्रिकता में परिवर्तित हो गया। भौतिकता के प्रभाव स्वरूप व्यक्तित्व की अद्वितीय का आग्रह समाप्त हुआ।

इस कविता में पूर्ववर्ती पीढ़ी के काव्य बोध से गुणात्मक अन्तर आने लगा। बाहर के यथार्थ में प्रवेश करते-करते वे अपने ही प्रतिबिम्ब देखने लगे। अब रचना धर्म गरिमामय कार्य न रहा। अस्तित्व टिकाने की वह एक आवश्यकता मात्र रह गया। साथ ही कुंठाग्रस्तों की भीड़ में 'हम भी हैं' वाला भाव प्रधान बना। निषेध ही मूल तत्त्व बना। पूर्ववर्ती कविता से यह सर्वथा भिन्न भावभूमि थी।

हाँ, यह बात उतनी ही सच है कि इस कविता का कवि मानस जिन विभीषिकाओं

को झेल रहा था, अन्याय के जिस माहौल में पिसता जा रहा था, रुपये के अवमूल्यन से लेकर मानवीय सम्बन्धों के अवमूल्यन के जिन आतंकों को ढो रहा था और यान्त्रिकीकरण की भीड़ में जिस तरह असहाय, अकेलेपन की पीड़ा भोग रहा था वैसा इसके पूर्व कभी नहीं हुआ था। कविता शोरोगुल में ढली अखबार या घोषणा पत्र बनने लगी थी इसके लिए ये बाहरी परिस्थितियाँ जितनी कारण बनीं उतनी ही कवि की मानसिकता भी। सांस्कृतिक शून्य में जीने का जो भाव मन में उत्पन्न हुआ था, प्रतिबद्धता को उसने जो कैंचुल के समान उतार रखा था, पूर्ववर्ती आचार-विचार जीवन दृष्टियाँ, मूल्य सब को अवरोध के तत्त्व मानकर उसने पार्श्व भूमि के बिना जो जीना, सहना, अभिव्यक्त होना चाहा था उसके परिणाम स्वरूप कविता बड़बोली, वाचाल, चौंकानेवाली, चमकदार, लड़ाकू वक्तव्यों की पूँजी, वैचारिक तर्क-वितर्कों में उलझी शब्दों के फर्राटे मात्र रह गयी। ये कवि केवल मन्तव्य देकर मुक्त होते थे। कविता मानो अखबार बन गयी थी। अनुभूति में गहनता, तनाव, स्वानुभव नहीं थे। नतीजा यह निकला कि भावुकता का विरोध करते-करते कवि स्वयं भावुक बने। पूर्ववती काव्यधारा का विरोध तो करते रहे मगर वर्तमान को संयोजित कर नहीं पाये। राजनीति से लेकर यौन जीवन तक सभी क्षेत्रों में क्रान्ति की धूम मचाने चले मगर नये मूल्य, नये संकल्प और समाज को देने के लिए नयी दिशा के अभाव में सिर्फ कविता में ध्वस्त करते रहे। नया कुछ स्थापित न कर पाये। भीड़ और शोरगुल के प्रति आक्रोश, असहमति व्यक्त करते-करते अपनी कविता को स्वयं भीड़ एवं शोरोगुल बनाते गये। विकसित पूर्ववर्ती काव्यधारा से उपयोगी परम्परा लेने से कतराने का भाव या पूर्ववर्ती परम्परा को युगानुरूप ढालने की क्षमता का अभाव उनकी कविता को केवल घोषणापत्र बनाता गया।

अ-कविता के एक छोर पर जगदीश चतुर्वेदी, श्याम परमार, सौमित्र मोहन, मोना गुलाटी, परेश जैसे कवि-जो देह के नग्न वर्णन करते-करते क्रान्ति लाना चाहते थे, नारी सम्मान, नारी स्वतन्त्रता चाह रहे थे, यौन क्रान्ति के शानदार लबादे की ओर से मन की भड़ास उगल रहे थे। दूसरे छोर पर धूमिल, राजीव सक्सेना, लीलाधर जगूड़ी, कुमार विकल, रमेश गौड़ जैसे कवि ये जो अमानवीयता के खिलाफ लड़ रहे थे। शोषितों का, मध्यवर्ग का चित्र आँक रहे थे। राजकमल चौधरी के साथ ही अ-कविता का यह दौर समाप्त-सा हुआ और आठवें दशक की कविता का दौर शुरू हुआ जिसने भारतीय मनुष्य के जातीय संस्कारों में जाकर उसकी जिजीविषा को पहचानने में सफलता पायी।

ध्यान देने योग्य बात है कि आठवें दशक में एक साथ तीन पीढ़ियों के कवि-व्यक्तित्व सृजन कर रहे थे। तीन पीढ़ियों की अपनी-अपनी परम्पराएँ, विचार धाराएँ और दृष्टिकोण लेकर सृजन करनेवाले इन कवियों में कहीं भी एक-दूसरे की पीढ़ी के प्रति शिकायत का स्वर नहीं उभरा था। अन्तर्विरोध पैदा न हुआ था। त्रिलोचन, नागार्जुन, शमशेर, केदारनाथ अग्रवाल, रघुवीर सहाय, केदारनाथ सिंह, सर्वेश्वरदयाल सक्सेना, कुँवरनारायण, देवेन्द्रकुमार विजेन्द्र, वेणु गोपाल, मणि मधुकर,

कुमार विकल, लीलाधर जगूड़ी, चन्द्रकान्त देवताले, मलयज, सौमित्र मोहन, विष्णु खरे, प्रयाग शुक्ल, विनोद कुमार शुक्ल, राजेश जोशी, उदय प्रकाश, अरुण कमल, विष्णु नागर, विनोद भारद्वाज, सोमदत्त, प्रभात कुमार त्रिपाठी, अक्षय उपाध्याय, विनय दुबे, नरेन्द्र जैन, अवधेश कुमार आदि। तीन पीढ़ियों की वैचारिक खाइयाँ, दृष्टिकोणों के अन्तर, प्रतिक्रिया देने की अलग पद्धतियाँ आदि के बावजूद भी कौन-सा वह तत्त्व था जिसने इन्हें एक सूत्र में बाँधकर रखा था और सृजन की प्रेरणा देता रहा था? जो संवाद चाहकर भी सातवें दशक के कवि कर नहीं पाये, आठवें दशक में वह सहज ही हो पाया। क्यों? इन कवियों ने केवल मन्तव्य नहीं दिये। उन्होंने निर्णय सुनाकर मुक्त होना नहीं चाहा। जन समूह की छटपटाहट इन्होंने स्वयं भोगी, अनुभव लिए। फिर उसे शब्दों में मूर्तिमान करने की चेष्टा की। कविता की प्रेरणा बाहर से प्राप्त नहीं थी बल्कि मौलिक थी। यथार्थ को स्वीकारते हुए भी काव्य सत्य को नजरअन्दाज नहीं किया गया। अब राजनीति धारणा नहीं, अनेक अनुभवों में का एक अनुभव रहा। और कविता कविता रही। इन्होंने कविता को नयी सम्भावनाओं के साथ जोड़ा। इनकी लड़ाई सिर्फ ऊपरी स्तर पर नहीं थी। उन्होंने मनुष्य के आदिम रूप को भी तलाशा। प्रकृति और मानव के संश्लिष्ट सम्बन्धों की पहचान से कविता को समृद्ध किया। कोमल संवेगों को काव्य में स्थान दिया। अमानवीयता को ही अन्तिम सत्य नहीं माना। मानव मन का स्नेह, करुणा, आर्द्रता, सहने की उसकी शक्ति भी उनके लिए सत्य रहे। यह केवल निषेध नहीं, केवल अकेलापन नहीं। इसके साथ-साथ कौतूहल, विस्मय, हर्ष, विषाद, अलगाव, लगाव, स्वीकार-अस्वीकार और अपने इर्द-गिर्द के तमाम सन्दर्भों की उपस्थिति का ज्ञान इनमें सन्तुलित है। वे सन्दर्भों तक पहुँचते हैं। केवल घोषणाएँ नहीं, ढिंढोरा नहीं, सतहीपन नहीं, ठोस जीवन, सहने का भाव और गहरी संवेदना इनमें है। मनुष्य के बुनियादी संवेगों को इन्होंने स्थान दिया। सातवें दशक की कविता चाहकर भी व्यवस्था के प्रति देखने के दृष्टिकोणों में परिवर्तन नहीं ला पाई, वस्तुओं को नये अर्थ देने में सफल न हो पायी, वह सब आठवें दशक की कविता ने शोरोगुल के बिना किया। इसका विचार करते हुए हम पूर्ववर्ती कवियों के योगदान को नकार नहीं सकते। त्रिलोचन, नागार्जुन, शमशेर, केदारनाथ अग्रवाल, रघुवीर सहाय, केदारनाथ सिंह, सर्वेश्वरदयाल सक्सेना जैसे पूर्ववर्ती पीढ़ी के कवियों का सक्रिय योगदान और चीजों को व्याख्यायित, परिभाषित, विश्लेषित करने की पद्धतियाँ इनसे लाभान्वित हुए बगैर यह कविता नहीं रही। और इस पीढ़ी के पास गहन अनुभव, स्वस्थ दृष्टि, संस्कृति के प्रति आस्था थी। नये परिवेश, नयी व्यवस्था और स्थितियों को समझकर, भोगकर जन समूह के साथ व्यक्त होते हुए नयी पीढ़ी के दुःख संकटों के साथ आत्मीय भाव रखते हुए और उन्हें अभिव्यक्ति देते हुए भी अपने युग की प्रतिबद्धता, जातीय संस्कार, सांस्कृतिक परिवेश आदि को लेकर नयी पीढ़ी के साथ कार्यरत रहना इन विशेषताओं के कारण आठवें दशक की कविता को बड़बोली कविता होने से काफी हद तक वे उबार सके। इससे कविता में

एक प्रकार का सन्तुलन आया। विद्रोह और रूमानियत की अतिशयता का अन्त हुआ। क्योंकि पूर्ववर्ती काव्य से प्राप्त सन्तुलित दृष्टि का लाभ इन्हें प्राप्त हुआ। इन पर मुक्तिबोध छाये रहे। उनकी जाने की उत्कटता, संश्लिष्टता, अनुभव, जन जीवन की ओर झुकाव और गहराई से बात को छूने की प्रवृत्ति की परम्परा का योगदान इन्हें मिला। अब कवि केवल रिपोर्टर या फोटोग्राफर नहीं रहा बल्कि भीतर तक अनुभवों को महसूस करता रहा। यह दृष्टि पूर्ववर्ती कविता की देन है। सातवें दशक में जब इस देन की उपेक्षा की गयी तब कविता केवल सूचना मात्र रही। वैचारिक तर्क-वितर्क में उलझी रही। जन मानस को संयुक्त कर नहीं पायी।

ये पंक्तियाँ देखिए 'कविता में जाने से पहले/मैं आपसे पूछता हूँ/जब इससे न चोली बन सकती है/न चोगा/तो आपे कहो/इस सुसरी कविता को/जंगल से जनता तक/ढोने से क्या होगा?' (धूमिल) तथा 'अनुशासन के/सारे देशी शरीर के भीतर/पता नहीं मुझसे क्या गलती हो गयी है/कि आजादी के बाद देश भक्ति/मेरे कन्धे से/सिर टिकाकर सो गयी है' (लीलाधर जगूड़ी) तथा 'मेरे हाथों में यह जो कलम है/कल की लड़ाई का नक्शा तैयार करने में लगी है' (पारसनाथ सिंह) तथा 'जब मैं अपनी कविताओं के बारे में सोचता हूँ/तो मुझे कई हथियारों के नाम याद आते हैं' (कुमार विकल)...चोली और चोला की व्यावहारिकता तक ही कविता को सीमित रखने की भाषा, अनुशासन के प्रति घृणा, कलम की लड़ाई का नक्शा बनाने के लिए प्रयोग में लाने की मानसिकता और कविता के बारे में सोचते-सोचते हथियारों के नाम पर सोचने की विवशता आदि सिर्फ बयान हैं। वे घटना बताकर चुप हो जाते हैं। ऊपरी तौर पर व्यंग्य कर चूक जाती है कविता।

और अब आठवें दशक की यह मानसिकता देखिए 'मैं समुद्र से बहुत दूर/ आदमियों के उस भूखण्ड पर जि न्दा हूँ / जहाँ लोगों ने समुद्र का चिंघाड़ना कभी नहीं जाना/...पत्थरों को तोड़ते हुए आदमी/ और कोयला बीनती हुई औरतें/ और नंगे पैर ठिठुरते हुए बच्चे/ मुझे इस पठार पर/ अपने मौजूदा मुकद्दर के खिलाफ/ हर रोज कुछ दे रहे हैं।' (चन्द्रकान्त देवताले) तथा 'जब लोग मर जाते हैं/तब उनकी कब्र के चारों ओर/ सिर झुकाकर/ खड़े हो जाते हैं लामा/ वे मन्त्र नहीं पढ़ते/ वे फुसफुसाते हैं तिब्बत, तिब्बत, तिब्बत/ और रोते रहते हैं रातभर'...(सुनो कारीगर)

इनमें व्यक्त कवि का अपना मुकद्दर और इर्दगिर्द के आतंकित दृश्य उसे जो अनुभव देते हैं इसका चित्र तथा कब्र के चारों ओर खड़े फुसफुसाने वाले लामाओं का मन्त्र की जगह तिब्बत तिब्बत-पुकारना पाठकों के हृदय के तार छेड़ जाता है। कविता में आक्रोश से अधिक कवि का आक्रोश झेलना अधिक उजागर हुआ है और वह पूरी तरह से पाठकों तक सम्प्रेषित हो जाता है। कवि अधिक बोलता नहीं है पर पाठक अधिक सोचता है। यह जादू कवि की प्रतिबद्धता के कारण साकार हो पाया है। पूर्ववर्ती काव्य की मानसिकता अपना प्रभाव दिखा गयी है। नग्न यौन चित्रण, उध्वस्त होते यौन सम्बन्धों का बीभत्स वर्णन इसके बीच कुमार विकल का प्रश्न-'कामना की चीख ही

निष्कर्ष है क्या/ दूरवासी रूप की आराधना का?'(ये अभंग अनुभव अमृत) खामोश रहकर वेदना पचशने की पूर्ववर्ती कवियों की परम्परा में एक अगली कड़ी जोड़ देता है। परम्पराओं के साथ जुड़ने के उद्देश्य से, फैशन से या जान-बूझकर उन्होंने स्वस्थ मानसिकता का अंकन किया हो ऐसी बात नहीं है। यह उस्फूर्त है। सप्रयास नहीं है। पूर्ववर्ती परम्परा जो कहीं मन में, अनुभवों में, जिन्दा है उसका अपने युग-सन्दर्भ में लिया गया यह अनुभव है।

राजकुमार कुभंज का 'कविता मनुष्य द्वारा, मनुष्य के लिए, मनुष्य का विवेचन है' वाला कथन और स्वदेश भारती का कहना कि 'जहाँ जितना बड़ा प्रेम होगा अपने प्रति प्रकृति और मानव के प्रति बड़ी आस्था होगी, दुःख और यातना का दायरा होगा, वहीं मैं कहूँगा' कविता के अतीत, वर्तमान और भविष्य पर प्रकाश डालता है। कवि की प्रतिबद्धता का महत्त्व पूर्ववर्ती काव्य का योगदान और संस्कारों का महत्त्व और आवश्यकता को उजागर करता है। परम्परा की गरिमामय विरासत जिसके पास है वह कभी दिशाहीन, उच्छृंखल, कटा हुआ, यन्त्रनुमा नहीं बन सकता। पूर्ववर्ती धाराओं से द्वीप-सा अलग कर के स्वयं का मूल्य आँकनेवाले के पास फिर अभिशापों का सिलसिला ही रह जाता है। साठोत्तरी कविता में ये दो चित्र एक जिसने पूर्ववर्तियों से स्वयं को अलग कर के देखा दूसरा जिसने पूर्ववर्तियों के योगदान को स्वीकार कर उसमें अगली कड़ियाँ जोड़ीं इस बात के साक्षी हैं।

समकालीन कविता के भाव पक्ष को लेकर पूर्ववर्ती साहित्य के महत्त्व को देखा वैसे ही भाषा को लेकर विचार करना भी आवश्यक है। भावों को मूर्त बनाने, में संप्रेषित करने में भाषा कितनी आवश्यक है यह सर्वविदित है। 'काव्य सब से पहले शब्द है, सब से अन्त में भी यही बात बन जाती है कि काव्य शब्द है।' (तार सप्तक) भाषा की महत्ता पर प्रकाश डालता है। अनुभव का स्वरूप शब्द के भीतर ही बनता है, शब्दों के माध्यम से ही अनुभव को जान लिया जाता है। सातवें दशक की सौन्दर्याभिरुचि से रहित भाषा पूरे-पूरे भाव सम्प्रेषित करने में कई बार चुक गयी। हृदय के तार झंकृत करने के लिए आवश्यक संवेदना, कोमलता, प्रभाव उसके पास नहीं था क्योंकि उसे प्रयोग में लानेवाले मानस काव्य संस्कारों से स्वयं को अलग कर के देख रहे थे। वे आन्दोलन चाहते थे, चमत्कार चाहते थे। अतः शब्दों को पूर्ववर्ती गरिमा को खोना पड़ा। लेकिन जब अपने भावों के, अनुभवों के साथ पाठकों के तादात्य की बात जो पूर्ववर्ती साहित्य परम्परा रही मन में उठी तो आठवें दशक की कविता में सम्प्रेषण के जादू को हम देख सके। शब्द वही, ढाँचा वैसा ही, लेकिन उन्हें प्रस्तुत करने वाले कवि जब कवि-कविता-पाठक इनके रिश्ते के प्रति और कविता कर्म के प्रति सचेत बने तब शब्दों के सम्प्रेषण की सफलता की ऊँचाइयाँ हमारे सामने खुल गयीं।

नन्ददुलारे वाजपेयी का कहना है कि 'अ-कविता का जन्म नकेनवादी कविता के पेट से हुआ है। (धर्मयुग 1967) इस अभिमत में पूर्ववर्ती साहित्य की प्रभाव स्वरूप

भूमिका को हम देख सकते हैं। राजकमल चौधरी ने अन्तिम दिनों में श्रीराम शुक्ल को पत्र लिखा था। उसमें लिखा था 'अब कविता के लिए हमारी राजनीतिक, आर्थिक, सामाजिक परतन्त्रताएँ अधिक आवश्यक विषय हैं। मैं श्लील-अश्लील नहीं मानता मगर हम कवि हैं, हमें न तो नपुंसक यौन स्त्री अंगों का वकील बनना चाहिए।' (लहर, अंक-68) रीतिकाल के देह के वर्णनों के प्रति द्विवेदी युग की जो प्रतिक्रिया हुई थी उसकी पुनारावृत्ति हम यहाँ देख सकते हैं। वूर्ववर्ती युगों की प्रतिक्रियाएँ भी नयी पद्धति से फिर-फिर साकार होती रहती हैं और समकालीन साहित्य को नये आयाम देती हैं। इस सन्दर्भ में पूर्ववर्ती साहित्य के दृष्टिकोण कैसे बदल-बदल कर प्रेरित करते हैं इसे अच्छी तरह देखा जा सकता है। आठवें दशक में कविता फिर सोद्देश्यता की तरफ मुड़ी। पूर्ववर्ती काव्य की धाराएँ सदृष्यता को ही मुख्य मानती रही हैं। सातवें दशक में भाषा जो अनुभवों के सभी तनावों को सार्थक ढंग से सम्प्रेषित नहीं कर पा रही थी और शब्दों की एक निष्कारण परम्परा मात्र बनी रही थी (अशोक वाजपेयी) आठवें दशक में फिर कलात्मक गरिमा को अपनाने लगी।

पूर्ववर्ती साहित्य के अभिजात्य गुण बाहरी प्रभावों के कारण यद्यपि कुछ समय के लिए उपेक्षित, दुर्लक्षित रहे भी तो उसकी महत्ता को अधिक देर तक कवि नजरअन्दाज नहीं कर सके। लड़ाकू वक्तव्य, सपाट बयानी मानवीय संप्रेषण के शाश्वत गुण नहीं हैं। अतः फैशन की तरह ही वे शीघ्र समाप्त हुए। सम्वेदनक्षम अभिव्यक्ति और सांकेतिक कथन की ओर कवियों का मुड़ना पूर्ववर्ती कविता प्रदीर्घ परम्परा में स्वीकारे गये इन शाश्वत गुणों को ही पुष्टि देते हैं। शून्यता की स्थितियों में भटकने वाली कविता मानवीय सन्दर्भों में मूल्यहीन लगती है। ऐसी शून्यता की स्थिति इससे पूर्व कभी इतनी नुकीली नहीं बनी थी। मानवीय सन्दर्भों में उनका मुख्य जो बीच में महत्त्वपूर्ण न लगा शीघ्र ही उसने कवियों को सचेत किया।

टी.एस.इलियट के निबन्ध में विचार करते अज्ञेय जी ने कहा है, 'रूढ़ि की याधना साहित्यकार के लिए वांछनीय ही नहीं, साहित्यिक प्रौढ़ता प्राप्त करने के लिए अनिवार्य भी है। रूढ़ि के, परम्परा के विरुद्ध हमारा कोई विद्रोह हो सकता है तो यही कि हम अपने को परम्परा के आगे जोड़ दें' (त्रिशंकु) प्रौढ़ता की दृष्टि से साठोत्तरी कविता के दो दशकों की कविता का अवलोकन करने पर साहित्यकार के लिए रूढ़ि की साधना की महत्ता स्पष्ट होती है। एक सामान्य व्यक्ति के जीवन में और एक साहित्यकार के जीवन में रूढ़ि उसके लिए बाधक, व्यवधान बन जाने का खतरा है लेकिन साहित्यकार रूढ़ि के कारण प्रौढ़ बन सकता है, समय आने पर वह रूढ़ि को अधिक परिमार्जित, परिनिष्ठित बना सकता है। मराठी के आलोचक गो. वि. करन्दीकर ने अपने निबन्ध में लिखा है, परम्परा के साथ ही नूतनता जन्म लेती है, नूतनता के स्वीकार के बाद जो पीछे छूट जाती है वही परम्परा होती है।' साहित्यकार के लिए परम्परा एक साथ प्रेरणा और चुनौती बनकर आती है। उससे टकराते हुए साहित्यकार जो निर्माण करता है वह नूतनता है। साठोत्तरी कविता के सन्दर्भ में यह

बात शतप्रतिशत खरी उतरती है। परम्परा को प्रेरणा और चुनौती दोनों रूपों में इन्होंने झेला। जब चुनौती रूप में ही केवल परम्परा की ओर देखा गया तब लड़ने के सारे सामान उन्हें जुटाने पड़े। कविता घोषणा पत्र बनी। जब प्रेरणास्वरूप उसने परम्परा को स्वीकारा तब भावाभिव्यक्ति एवं भाषाभिव्यक्ति की सुन्दर और मार्मिक कड़ियाँ तो जुड़ती गयीं साथ ही में नयी भाषाभिव्यक्तियों की नयी-नयी सम्भावनाएँ भी उभरने लगीं।

भविष्य की कविता का अन्तरंग

जितने अधिक हम मूल्यों से कटते जा रहे हैं, व्यावसायिक और व्यावहारिक बनते जा रहे हैं, वैज्ञानिक, प्रौद्योगिकी युग के गुलाम बनते जा रहे हैं, संवेदनाओं से अधिक मशीनी प्रवृत्तियों को महत्त्व देने लगे हैं, अनन्त काल में जीने की अपेक्षा क्षण में जीने लगे हैं, दार्शनिकता रहस्यात्मकता, रूमानियत से नाता तोड़ खुरदरे, उज्जड़, अ-सुन्दर सतही यथार्थ से गले मिलने लगे हैं, संसार, विश्व, मानव जाति आदि व्यापक अवकाश से दृष्टि हटाकर स्व-कल्याण के बाह्य उपचारों में निमग्न होने लगे हैं, मृत्यु पर विजय पाने का विकल्प त्यागकर कई बार मृत होकर जीना पसन्द करने लगे हैं। उतना अधिक कविता के लिए सिफ ॅ कविता के लिए ही नहीं कलाओं के लिए हम सुरक्षित अवकाश निर्माण करते जा रहे हैं।

विज्ञान, तकनीकी के आरम्भ काल में जब कि मनुष्य में आश्चर्य की प्रवृत्ति शेष थी और विज्ञान की ओर सृष्टि के रहस्य उदघाटित करने की शक्ति के रूप में आदर भाव से देखा जाता था तब वैज्ञानिक कहानियों, उपन्यासों का जन्म हुआ। जगन्त नारलीकरजी की 'कृष्ण विवर' जैसी कई कहानियाँ आश्चर्य, रहस्योद्घाटन की साक्षी हैं। विज्ञान, तकनीकी की अतिशयता, बाज ार ने मनुष्य को मनुष्य बनाये रखनेवाले आश्चर्य, भय, उल्लास, आनन्द जैसे भावों का गला घोटना आरम्भ कर दिया। इन सहज-सुन्दर भावों-संवेदनाओं को खोकर, दबाकर या भूलकर मनुष्य कब तक और कैसे जीवित रह पायेगा? एक ओर उसकी सहज प्रवृत्तियाँ, संवेदनाओं का अस्तित्व, भावविश्व, भावविश्व के ताने-बाने, जटिलताएँ मानवीय सम्बन्धों के नित-नूतन विविधांगि तकाज े, कल्पनाशक्ति की स्वाभाविक उड़ान, स्वप्न जगत् की सच्चाइयाँ, अन्तर्मन-अन्तर्विश्व का प्रखर अस्तित्व और दूसरी ओर उसके बाह्य जगत् को, भौतिक अस्तित्व को गति, प्रगति, सभ्यता के नये-नये आयामों से परिचित करानेवाला विज्ञान-प्रोद्यौगिकी का 'खुल जा सिमसिम'-सा मोहक, चकाचौंध से युक्त मायाजाल; इन अन्तर्विरोधों में यानी 'दो पाटन के बीच' मनुष्य कब तक पिसता जाएगा? एक निर्णायक क्षण ऐसा आयेगा कि उसे इन दोनों में से, दो जीवन पद्धतियों में से एक का चुनाव करना पड़ेगा! और मनुष्य की प्रकृति संवेदनात्मक, भावविश्व का चुनाव करने के लिए इसे बाध्य करेगी क्योंकि एक सीमा के परे उसका मष्तिष्क-हृदय, विज्ञान-टेक्नालॉजी के तनावों को, गति को झेल नहीं पाएगा। उस सीमा के परे के तनाव, मशीनकृत चिन्तन-जीवन पद्धति समाज में कई

ग्रन्थियों-विकृतियों को जन्म दे सकती हैं। स्प्लिट पर्सनालिटी जैसी बीमारियाँ फैला सकती हैं। मनुष्य उस सीमा को छूकर लौटना चाहेगा जैसा कि कई सन्दर्भों में उसने अपने अतीत में किया है। इस लौटने की यात्रा में अपने संवेदना-भावात्मक जगत् में पुनः झाँकने-पहुँचने में साहित्य एवं कलाएँ और कविता उसकी बैसाखी, पथ प्रदर्शक, सम्बल बन सकती हैं। और इतना बड़ा उत्तरदायित्व निभानेवाले भविष्य को उस कविता का अन्तरंग कैसा होगा? उसकी कल्पना करना सचमुच कठिन किन्तु रोचक कार्य है। हमारे पास कविता का प्रदीर्घ इतिहास है जिसके आधार पर भविष्य के कविता के अन्तरंग की तार्किक कल्पना की जा सकती है।

हिन्दी साहित्येतिहास के विभिन्न काल-खण्ड़ों को देखने के उपरान्त एक बात प्रमुख रूप से ध्यान में आती है कि मनुष्य चिन्तन की दिशा एवं चिन्तन के स्तर जो कि अधिकतः सामाजिक-आर्थिक-राजनीतिक युग बोध पर आश्रित होते हैं युगीन परिस्थितियों, परिवेशों के अनुसार लगातार परिवर्तित हुए हैं। यही कारण है कि कविता का केन्द्र भी परिवर्तित होता रहा। कविता के केन्द्र में कभी ईश्वर, ईश्वरीय सत्ता रही लेकिन विशुद्ध रूप में ईश्वर-ईश्वरीय सत्ता अधिक देर तक नहीं रह पायी। बहुत शीघ्र कविता के केन्द्र में मनुष्य आया। भक्तिकाल की समूची कविता मानव कल्याण को कविता के केन्द्र में रखकर निर्मित हुई है। ईश्वरीय सत्ता के प्रति समर्पण, एक रूपता की भावना के पार्श्व में अलौकिक संसार प्राप्ति की अपेक्षा लौकिक संसार को अलौकिक बनाने की प्रबल इच्छा रही है। भक्तिकालीन परिस्थितियों के पार्श्व में इस कविता को देखें तो दृष्टिगोचर होता है कि परिस्थितियों पर विजय पाने की दृष्टि से, परिस्थितियों की प्रतिक्रिया स्वरूप भक्ति काव्य के अन्तरंग का ताना-बाना बुना गया है। एक बात स्पष्ट है कि विपरीत परिस्थितियों से जितना अधिक संघर्ष, जिजीविषा जितनी अधिक, साध्यपूर्ति की इच्छा जितनी तीव्र उतना ही अन्तरंग गहरा, व्यापक, बहुआयामी, सर्वसमावेशक बना और वह अन्तरंग, बहिरंग अर्थात् शिल्प को अपने अनुरूप ले आया। अतः इन कवियों को बहिरंग गढ़ना नहीं पड़ा वह अन्तरंग का अभिन्न अंग गनकर आया। रीतिकालीन परिस्थितियाँ भी मानव कल्याण के विपरीत थीं लेकिन उन परिस्थितियों में जन्मी कविता विद्रोह, क्रान्ति की अपेक्षा परिस्थितियों की शरण गयी, परिस्थितियों से उसने समझौता कर लिया इस तरह से परिस्थितियों की ओर से उसने आँखें मूँद लीं। ये दो युग इस बात के साक्षी हैं कि कविता या तो परिस्थितियों से विद्रोह करती रही है, उन्हें झुकाती रही है या परिस्थितियों की शरण जाती रही है, परिस्थितियाँ उसे झुकाती रही हैं। वर्तमान कविता के सन्दर्भ में भले ही यह दिखता हो कि विज्ञान-टेक्नालॉजी-संगणक, वैश्वीकरण के दबाव में कविता के अस्तित्व को लेकर ही प्रश्नचिह्न खड़े हैं। कविता की आवश्यकता ही खतरे में है तब क्या कविता के भविष्य का अन्तरंग इन युगीन परिस्थितियों की शरणागति स्वीकारेगा? यानी जिन मूल्यों-विचारों का बाजार गर्म हैं उन्हीं का प्रचार-प्रसार कविता करेगी? यानी आज के परिवर्तित 'दरबार' के आश्रय में जाएगी? आधुनिक दरबारों की 'दरबारी कविता' बनेगी या

भक्तिकालीन, द्विवेदी युगीन, छायावादी कविता की तरह धारा के विपरीत बहकर अपनी गरिमा, अपने अस्तित्व में और निखार लाएगी? अपने को माँजेगी? मुझे ऐसा लगता है कि कविता में जो एक दुर्दान्त जिजीविषा, साहस और अपनी ही राख से पुनः जीवित होने की फिनिक्स पंछी-सी ताकत या बरगद की जटाओं से पुनः-पुनः वृक्ष बनने की, अपने में ही जीवित रहने की, विस्तारित-पल्लवित होने की इच्छाशक्ति होती है उसके कारण भविष्य के कविता अन्तरंग युगीन परिस्थितियों से विषय, कथ्य, दृष्टिकोण, भाव-विचार पाकर अपने आपको अपनी समूची गरिमा के साथ जीवित रखेगा। वह भक्तिकाल की तरह, छायावाद की तरह (पन्त की प्रवृत्ति छोड़कर), प्रेमचन्द की तरह युग पर हावी होगी, युग को बाध्य करेगी अपने को पढ़ने-समझने चिन्तन करने हेतु! और भविष्य जितना अधिक यान्त्रिक होगा, मनुष्य प्रकृति के विरोध में जितना अधिक स्वयं को सृष्टि निर्माता के रूप में स्थापित करने के लिए कृत्रिम के प्रति सृष्टि निर्माण में जुट जाएगा उतना अधिक वह कविता के लिए भाव-संवेदनाओं का अवकाश प्रदान करता जाएगा। नूतन वस्तुएँ विचार, दृष्टिकोण, विचारधाराएँ जब-जब आयी हैं हर युग में उनके प्रति सतही आकर्षण की शिकार कविता हुई है। जैसे प्रगतिवाद, प्रयोगवाद में हुआ। निराला-सा दिखने की चेष्टा भी कुछ कवियों ने की थी लेकिन अनुकरण की यह सतही प्रवृत्ति, यह क्रेज़ बाढ़ के पानी-सी तुरन्त वह भी जाती है और इस मलवे में सृजनशील रचनाकार अंकुर की तरह पल्लवित होता रहता है। जैसे मुक्तिबोध, दुष्यन्त कुमार, धूमिल जो वाद, सिद्धान्त के भी ऊपर उठ गये हैं। भविष्य में भी यही होता रहेगा। आज के युग की तमाम वस्तुएँ, विचारधाराएँ झुण्ड में कविता को आकर्षित करेंगी। कविता के अन्तरंग में संगणकीय विश्व, वैश्वीकरण के चमत्कार, मेडिकल साइंस के तमाम कारनामे-करिश्मे वाणी पाएँगे। धीरे-धीरे भीड़ छँटेगी और जिन रचनाकारों ने इन सब बाह्य परिवर्तनों को, उनसे निर्मित समस्याओं को पचाया है, चिन्तन की आग में तपाकर 'रसायन' बनाया है, संवेदना के स्तर पर उसको परखा है, अन्तर्मन के एकान्त में ले जाकर उसे आर-पार देखा है वे और उनकी रचनाएँ विश्व के अब तक के महान् रचनाकारों की तरह स्थल-काल के थपेड़ों को झेलकर जीवित रहेगी, नवनवीन अर्थ देती रहेगी, पाठकों से अपना पुनर्मूल्यांकन करवाती रहेगी। हो सकता है भविष्य का कोई प्रेमचन्द संगणक के शोषण से किसी होरी को मुक्ति दिलाना चाहेगा, कोई मुक्तिबोध मेडिकल साइंस के निर्मित कृत्रिम शिष्यों में सही शिष्य-मानवीय संवेदनाओं से भरपूर शिष्य ढूँढ़ता हुआ किसी 'ब्रह्मराक्षस शिष्य' की निर्मिति करेगा, कोई हजारी प्रसाद द्विवेदी 'नाखून क्यों बढ़ते हैं?' की तर्ज पर 'संगणक, ई मेल, टी. व्ही की आवारा भीड़ क्यों बढ़ती है' की रचना करेगा। कोई मुक्तिबोध 'अँधेरे में' इस युग के अँधेरे की त्रासदी व्यक्त करेगा। कहने का तात्पर्य यह है कि युगानुरूप कविता का अन्तरंग बदलेगा लेकिन केन्द्र में मानव कल्याण, मानवीय भाव-संवेदना का विश्व ही रहेगा। कल्याण न होने के कारण पीड़ा, टीस, वेदना का संसार व्यक्त होता रहेगा। आनेवाले युग चाहे जितने तकनीकी हों वाल्मीकि की काव्य प्रेरणा अर्थात् 'शोक' ही कविता की

प्रेरणा रहेगी। 'शोक' के कारण परिवर्तित होते रहेंगे, स्वरूप-अभिव्यक्ति परिवर्तित होती रहेगी लेकिन 'शोक' की अन्तरात्मा वही रहेगी। जब प्रेरणा ही अपरिवर्तनशील होगी तब उससे प्रेरित-निर्मित कविता का अन्तरंग भी आज की कविता की तरह मानव संवेदनाओं के विश्व से समृद्ध रहेगा। दूसरी बात यह कि आनेवाले विज्ञान-तकनीकी की अति से युक्त सदियों में भी कविता का विषय, कथ्य चाहे युगानुरूप हो, भविष्य के रचनाकार को भी उन्हें अन्तर्मन की भट्टी में तपाना होगा। शिवराम कारंथ की 'मुक्कजी' होता है हर रचनाकार चाहे वह किसी भी युग का हो। शिवराम कारंथ की मुक्कजी किसी से बात नहीं करती, अकेली बैठकर अपने भावविश्व में, अतीत में खोयी रहती है, उसका इस कदर अन्तर्विश्व में खोना उसमें अतीन्द्रिय शक्तियाँ जागृत करता है। वह किसी पत्थर को छूती है तो उस पत्थर के साथ जुड़ा इतिहास, पत्थर से जुड़ी सारी घटनाएँ उसे साक्षात् दिख जाती हैं, अतीन्द्रिय शक्तियों को प्राप्त कर सुदूर भविष्य में झाँक सकता है। यह भविष्य में भी होता रहेगा और भविष्य के कवि को भी अपनी रचना को स्थल-काल के परे पहुँचाने के लिए अन्तर्मन के एकान्त में वह सारा 'रॉ मटेरियल-' 'कच्चा माल' पकाना पड़ेगा।

भयावह संक्रमण के आगामी युगों में हो सकता है रामायण-महाभारत-सी रचनाएँ न हों, कालीदास, तुलसीदास-से महाकवि न हों, आपाधापी, तनाव, अस्थिरता के कारण महाकाव्यीय प्रतिभा होने के बावजूद कोई महाकाव्य, महाउपन्यास न लिख सके लेकिन 'राम की शक्तिपूजा' या मुक्तिबोध, सर्वेश्वर की दीर्घ कविताओं का मूल्याकन करते समय क्या हम उनकी प्रतिभा को नजर अन्दाज कर सकते हैं? भविष्य के रचनाकारों की रचनाओं में ऐसी प्रतिभा के बीज वे पीढ़ियाँ भी देख सकेंगी। दो रचनाकारों के सन्दर्भों के आधारा पर भविष्य के कविता के अन्तरंग की कल्पना करने की इच्छा हो रही है। वे दो रचनाकार हैं निराला और मुक्तिबोध। व्यक्ति का सच दोनों की रचनाओं का केन्द्र है। निराला की कविताओं में व्यक्ति का सच उसके परिवार, समाज के साथ आता है इसलिए इन रचनाओं का व्यक्ति अपने एकान्त में भी अपने समाज के साथ उपस्थित होता है। एक सहृदय पाठक के नाते मुझे निराला की रचनाओं में के इन समाज से घिरे, परिवार से घिरे पात्रों के साथ रहना अच्छा लगता है क्योंकि मुझमें मनुष्य होने के नाते जो सामाजिक संवदेनाएँ, प्रवृत्तियाँ हैं, समाज से जुड़ने के कारण जिस सुरक्षा कवच का आभास मुझे होता है, उस सब के साथ कलात्मक रूप में होने की अनुभूति उनकी रचनाएँ मुझे देती हैं जो मेरी मानसिक-भावात्मक आवश्यकता होती है। मुक्तिबोध की रचनाओं में व्यक्त व्यक्ति का सच भयावह गुफाओं के अकेलेपन को, घुटन को, अन्तर्मन की दमघोंटू कहानियों को, रोंगटे खड़े करनेवाले एकान्त को मेरी संवेदनाओं पर लादता है। इस एकान्त में जीना बर्फ की ठिठुरन को भोगना होता है। सहृदय पाठक की भूमिका से मुझे उस भयावह अचेतन-अन्तर्मन के साथ रहना कुछ समय के लिए अच्छा लगता है। निराला और मुक्तिबोध की रचनाओं के सच किसी भी व्यक्ति के सच हो सकते हैं और दोनों को मिलाकर व्यक्ति का सम्पूर्ण सच हो सकता

है। ये दोनों रचनाकार पाठक की विभिन्न मनःस्थितियों के साक्षी हैं। पाठक के लिए दोनों की आवश्यकता है पाठक अपनी मनःस्थिति के अनुसार तय करता है कि उसे किस विशिष्ट के साथ होना है। मनुष्य की-पाठक की इस मानसिकता में जब तक परिवर्तन नहीं होगा, उसके भावविश्व-संवेदना-समवेदना, विश्व की बुनियाद, बुनावट जब तक नहीं बदलेगी, उसकी स्वाभाविकताएँ नहीं बदलेंगी तब तक ये दोनों अन्तरंग भविष्य के कविता के भी अन्तरंग बने रहेंगे। भविष्य के सहृदय पाठक को इन दोनों अन्तरंगों की आवश्यकता प्रतीत होगी। वह अपने मूड, अपनी भावस्थिति के अनुसार तय करेगा कि इन दो अन्तरंगों में से किसके साथ उसे रहना चाहिए। जीवन भर उसे भी हमारी तरह इन दो अन्तरंगों की आवश्यकता प्रतीत होगी। और उसकी इस आवश्यकता से भविष्य के रचनाकार भली-भाँति परिचित होंगे।

उपर्युक्त सारा विवेचन-कथन भविष्य के उसी मानव के प्रति, रचनाकारों के प्रति लागू होगा जो हम जैसे सृष्टि-रचयिता की रचना होंगे। आज के मनुष्य द्वारा जीनोम निर्मित कृत्रिम मानव नहीं। यदि भविष्य में हमारी प्राकृतिक सन्तान रहेगी तो भविष्य की कविता उपर्युक्त अन्तरंगों से युक्त होगी। यदि भविष्य में हमारी प्राकृतिक सन्तान के साथ-साथ कृत्रिम मनुष्य भी होगा और उसका मस्तिष्क-हृदय-बुद्धि भावविश्व हमसे अधिक प्रगल्भ होगा तो हो सकता है वह अपनी आवश्यकता नुसार कविता निर्मित करेगा और अपनी समस्याओं, भाव-विचार संघर्षों को (?) वाणी देगा। यदि वह फैक्टरी-प्राडक्ट रूप में रहेगा तो न तो उसमें किसी बात का संघर्ष होगा न ही कोई आशा-आकांक्षाएँ। तब तो उसे कविता विश्व की आवश्यकता ही न रहेगी। हाँ, हमारी प्राकृतिक सन्तान यदि 'उसकी' आवश्यकताएँ जानकर उसके लिए कविता रचना चाहेगी तो हो सकता है कि उस कृत्रिम पीढ़ी के उपयुक्त उसकी कृत्रिम भाषा में कविता रची जाएगी। ऐसा भी हो सकता है, प्राकृतिक सन्तानों की पीढ़ी ही तब न रहे। तब तो आज के मनुष्य द्वारा रचे गये कृत्रिम मनुष्य का 'वह' संसार न जाने कब उत्क्रान्त होकर मन-मस्तिष्क-हृदय के स्तर पर कुछ चाहने लगेगा। चाहेगा भी या नहीं? चाहेगा तो किस रूप में? हाँ, लेकिन यदि वह हम-सा होता जाएगा तो विकास के हर स्तर पर कविता-कला-साहित्य की अपेक्षा जरूर करता रहेगा! और सृजन भी करता रहेगा। तब वह अपनी आवश्यकता-अपेक्षा नुसार अपनी कविता का अन्तरंग भी गढ़ता जाएगा जो उसके भावविश्व, मानसिक संसार की समृद्धि का और सन्तोष का प्रतिरूप होगा, उसकी जिजीविषा का वह प्रतीक होगा।

चाहे जो हो, हम जैसा प्राकृतिक उत्क्रान्त मनुष्य हो या कृत्रिम मनुष्य हो कविता जिजीविषा का प्रतीक है। और जहाँ-जहाँ जिजीविषा होगी वहाँ-वहाँ कविता का होना स्वाभाविक है। और अन्तरंग अपनी जीजिविषा के अनुरूप ही तो होता है। जीजिविषा का उन्नत रूप सत्य, शिव, कल्याणकारी ही होता है। यही कविता के अन्तरंग का सच है। भविष्य की कविता के अन्तरंग का भी सच।

'सप्तकों' की ऐतिहासिक भूमिका एवं हिन्दी कविता का विकास

(i) सप्तकों' में प्रस्तावनाएँ

'सप्तकों' के सम्पादन, प्रकाशन, आवश्यकता, कवियों का चुनाव आदि मुद्दों को लेकर हिन्दी साहित्य जगत् में पक्ष-विपक्ष के रूप में काफी चर्चा हुई। विवाद चाहे जो हों 'सप्तकों' का हिन्दी कविता जगत् में जो स्थान है उसे नकारकर कोई समीक्षक या रचनाकार आगे बढ़ नहीं पाया, यह सच्चाई है। कविता के परवर्ती युगों का योगदान देखते हुए या स्वतन्त्रता पूर्व हिन्दी कविता को देखते हुए 'सप्तकों' को हर किसी ने मील के पत्थर स्वरूप देखा और प्रयुक्त भी किया। 'सप्तकों' की इन्हीं विशेषताओं को अधोरेखित करने का यह प्रयास हिन्दी कविता को समझने में दिशा निर्देशन कर सकता है।

1. तार सप्तक 1943 गजानन माधव मुक्तिबोध, नेमिचन्द्र जैन, भारत भूषण अग्रवाल, प्रभाकर माचवे, गिरिजा कुमार माथुर, रामविलास शर्मा, अज्ञेय
2. दूसरा सप्तक 1951 भवानी प्रसाद मिश्र, शकुन्त माथुर, हरिनारायण व्यास, शमशेर बहादुर सिंह, नरेश मेहता, रघुवीर सहाय, धर्मवीर भारती
3. तीसरा सप्तक 1959 प्रयाग नारायण त्रिपाठी, कीर्ति चौधरी, मदन वात्स्यायन, केदारनाथ सिंह, कुँवर नारायण, विजयदेव नारायण साही, सर्वेश्वर दयाल सक्सेना
4. चौथा सप्तक 1979 अवधेश कुमार, रामकुमार कुम्भज, स्वदेश भारती, नन्दकिशोर आचार्य, सुमन राजे, श्रीराम शर्मा, राजेन्द्र किशोर

इन कवियों ने कविता के साथ 'सप्तकों' में प्रस्तावना के माध्यम से कविता भाषा, रचना प्रक्रिया के सन्दर्भ में अपने जो मन्तव्य प्रस्तुत किये हैं वे महत्त्वपूर्ण हैं क्योंकि वे कवियों की सैद्धान्तिक भूमिकाएँ हैं। सैद्धान्तिक भूमिका किसी भी रचना प्रक्रिया को समझने के लिए आवश्यक होती है। इन सैद्धान्तिक भूमिकाओं में किस तरह परिवर्तन होता गया, कविता और सैद्धान्तिक भूमिकाओं में विरोध की स्थितियाँ कैसे रहीं यह भी देखना इनकी कविता को समझने के लिए आवश्यक है।

1. 'तार सप्तक' (द्वितीय संस्करण)

जो कवि 1943 के प्रयोगी थे वे आज सन्दर्भ बन गये हैं। 'तार सप्तक' ने जिन विविध नयी प्रवृत्तियों को संकेतित किया था उनमें एक यह थी कि कवि का युग-कविता भी अपने आप में इष्ट या साध्य नहीं है। अतः हमें प्रयोगवादी कहना उतना ही सार्थक या निरर्थक है जितना हमें कवितावादी कहना।' '...प्रयोग साधन है, दोहरा साधन। एक, उस सत्य को जानने का साधन है जिसे कवि प्रेषित करता है। दो, उस प्रेषण की क्रिया को और उसके साधनों को।...वस्तु और शिल्प दोनों के क्षेत्र में प्रयोग फलप्रद होता है। ...आज का प्रयोग कल परम्परा बन जाएगा।...प्रयोगों के द्वारा ही कविता या कोई भी कला का रचनात्मक कार्य आगे बढ़ सकता है...महत्त्व उस सत्य का है जो हमें प्रयोग द्वारा प्राप्त हो।...पारखी मोती परखता है, गोताखोर के असफल उद्योग नहीं...तब भाषा एक मुहावरा था   विशेष ज्ञानों के इस युग में भाषा रहते हुए भी उसके मुहावरे अनेक हो गये हैं   भाषा आज भी प्रेषण का माध्यम है, लेकिन अब वह प्रवृत्ति है, तथ्य नहीं।... शब्दों का चमत्कारिक अर्थ अभिधेय बनता रहता है यानी कविता की भाषा निरन्तर गद्य की भाषा होती जाती है और कवि के सामने हमेशा चमत्कार की सृष्टि की समस्या बनी रहती है। वह शब्दों को निरन्तर नया संस्कार देता चलता है। वे संस्कार जन मानस में पैठकर अभिधार्थ बन जाते हैं   तब उस शब्द की रागोत्तेजक शक्ति भी क्षीण हो जाती है। कवि उसमें पुनः राग का संचार हो, रागात्मक सम्बन्ध स्थापित हो इस हेतु प्रयत्न करता है।

ये कवि भी विराम स्थल पर नहीं पहुँचे हैं लेकिन इनके आगे प्रशस्त पथ हैं और एक आलोकित क्षितिज रेखा। **भवानी प्रसाद मिश्र**   जिस तरह हम बोलते हैं/ उस तरह तू लिख/ और उसके बाद भी/ हमसे बड़ा तू दिख।'...'शब्द टप-टप टपकते हैं फूल-से/ सही हो जाते हैं मेरी भूल से।' **हरिनारायण व्यास**   'तार सप्तक' का व्यक्तिवाद वस्तुतः शेखर की वैयक्तिकता का ही कलात्मक रूप था। हिन्दी का व्यक्तिवाद हमारे मन की प्रगति का मेरुदण्ड बनकर सामने आया। ये सातों कवि अपनी विचार-सरणि के द्वारा जीवन को उसकी यथार्थता के साथ समझना चाहते थे।...उसे अपनी वास्तविकता से परिचित होना है। किन्तु यह तो तभी हो सकता है जबकि व्यक्ति-बिन्दु अपनी सामाजिक चेतना से जागरूक होकर आत्म-संघर्ष में न पड़े किन्तु समाज की प्रगतिशील शक्तियों के रुख को समझकर उनसे जूझने के लिए अपनी आत्मीयता का रक्त दें और उन्हें सबल बनाएँ। वह अपनी वैयक्तिकता को इतना विशाल बनाये कि समाज की सारी आवश्यकताएँ उसमें आ समाएँ और सम्बन्ध सदा के लिए बदल गया था...वे अपने को अपने समय के साथ नये ढंग से बाँध रहे थे...समान धर्मा का अर्थ उनके लिए 'कवि-धर्मा' से पहले 'मानव-धर्मा' था। कुछ के लिए 'आधुनिक धर्मा' होने का आग्रह पहले था। 'तब की सम्भावनाएँ अब की उपलब्धियों में परिणत हो गयी हैं, सभी बोधिसत्त्व अब बुद्ध हो गये हैं, उनमें मतैक्य नहीं है' कहने वाले प्रथम संस्करण में कह

रहे थे 'सप्तक के कवियों के एकत्र होने का कारण यही है कि वे किसी स्कूल के नहीं हैं, किसी मंजिल पर पहुँचे हुए नहीं हैं। अभी राही भी नहीं, राहों के अन्वेषी हैं। काव्य के प्रति एक अन्वेषी का दृष्टिकोण उन्हें समानता के सूत्र में बाँधता है।'

'तार सप्तक' के इन कवियों की प्रस्तावनाओं में व्यक्त ये भूमिकाएँ देखिए

नेमिचन्द्र जैन संक्रान्ति काल के कवि की कठिनाइयाँ बहुत हैं अपना मार्ग पहचानने के लिए और उसी पर बने रहने के लिए इस मध्यमवर्गीय प्राणी को निरन्तर बुद्धि का ही मुँह ताकना पड़ता है। शायद इसलिए इस युग में श्रेष्ठ कविता अभी हिन्दी के लिए सम्भव नहीं है तार सप्तक किसी भी रूप में, अर्थ में किसी साहित्यिक आन्दोलन या प्रवृति से प्रेरित न था। उसके कवि प्रयोगवादी न थे। उनकी अनुभूति और अभिव्यक्ति दोनों तत्कालीन सामाजिक और साहित्यिक परिस्थितियों की स्वाभाविक और लगभग अनिवार्य परिणति थीं।

भारत भूषण अग्रवाल जो विद्वान नये कवि से व्यापक दृष्टि, गहन अनुभूति और समर्थ अभिव्यक्ति की माँग करते नहीं थकते वे इस बात पर एक क्षण भी विचार नहीं करते कि आज की जीवन पद्धति कवि को अपनी कला के माँजने-सँवारने और पालने-पोसने का कोई अवसर नहीं देती।...यथार्थ की भूमि पर जो काव्य खड़ा है इसका माध्यम यथार्थ भाषा ही हो सकती है, शब्द-कोश की भाषा नहीं।

अज्ञेय कवि कर्म की मौलिक समस्या है साधारणीकरण की, कम्यूनिकेशन-सम्प्रेषण की। यही कवि को प्रयोगशीलता की ओर प्रेरित करनेवाली शक्ति है। व्यक्ति का अनुभूत है उसे समष्टि तक कैसे उसकी सम्पूर्णता में पहुँचाया जाए यही समस्या प्रयोगशीलता को ललकारती है।

2. 'दूसरा सप्तक'

'प्रयोग का कोई वाद नहीं है। हम वादी नहीं रहे, नहीं हैं। न प्रयोग अपने आप में इष्ट या साध्य है। ठीक इसी तरह कविता का भी कोई वाद नहीं है। उसकी वाणी समाज के उस वर्ग की गीतिका बन सके जो सच्चा समाज है। जब व्यक्तित्व इतना विस्तृत हो जाता है तो उसमें फिर से साहित्यिक नवीनता को प्रोत्साहन मिलता है, नये अर्थोंवाले नये शब्द और नयी भावनाओं वाले नये छन्द आत्माभिव्यक्ति के आभूषण बन जाते हैं। कविता अपनी विशाल अमूर्तता के कारण समाज की व्यापक अनुभूतियों को स्पर्श करने की, प्रेरित करने की क्षमता रखती है। इसी से कविता में चिरस्थायित्व और सर्वदेशीयता, सर्वलोकप्रियता होती है। सामाजिक विकास अथवा वातावरण का अन्तर भी उसको नया रूप देने का प्रधान कारण बन जाता है। समाज के विकास से मन की अनुभूतियों को भी विस्तार मिलता है। मन का विस्तार अपनी अभिव्यक्ति के लिए भाषा में तथा अभिव्यक्ति-शैली में भी नयापन जोड़ता है। नये शब्द, नये छन्द, अभिव्यक्ति के लिए नये प्रयोग, कवि के लिए लाचारी हो जाती है।...नयी कविता के लिए नये छन्द उसके बन्धन नहीं बल्कि उसकी सुविधा होती है, अनुभूति को आकार देने का एक सरल और

स्वाभाविक मार्ग। इसलिए नये शब्द, पुराने शब्दों के नये अर्थ, नयी अनुभूतियों की नयी मूर्तियाँ होती हैं जिनका जन्म सामाजिक व्यक्तित्व से होता है।...मैं अपनी सामाजिक स्थिति के वर्तमान से पूर्णतया परिचित हूँ और मैंने उसके प्रति ईमानदार रहना चाहा है।'

'तार सप्तक' कविता के नये रूप का सौन्दर्य है...'तार सप्तक' के कवि की सामाजिक स्थिति और उसके बुद्धिवाद ने उसको अन्तःसंघर्ष दिया और उस बुद्धिवादिता से मुझे बाह्य संघर्ष के लिए प्रेरणा मिली। तार सप्तक के कवि की जिस विचारधारा ने अपनी ही आलोचना सिखायी, जिससे वह नकारात्मक बन गया, मुझे उस विचारधारा ने प्रगतिशील शक्तियों से सामंजस्य करने के लिए उन्मुख किया। तार सप्तक के कवि के लिए निसर्ग एक आत्मभर्त्सना का स्थान बना, मेरे लिए प्रेरणा-भूमि। अतएव उस निसर्ग को केवल दूर से देखकर उस से हासोन्मुख भावनाएँ मैंने नहीं पायीं। इस कारण मेरी कविताओं में प्राकृतिक उपादानों की झलक मिलती है। मेरी प्रतीक-व्यंजनाओं के प्रकृति प्रदत्त होने का भी यही कारण है कि मेरी मान्यताएँ इस प्रकार हैं

1. कविता के प्रतीक यथासाध्य जीवन के सान्निध्य से लिए जाने चाहिए। प्रकृति स्वयं सौन्दर्य की प्रतिमा है। भारतीय कृषक के लिए वह एक वरदान है जो कविता के अन्तर्बाध्य स्वरूप के निखार में योग दे सकता है।
2. भाषा जीवन और समाज का एक प्रबल शस्त्र है, किन्तु उसे जीवन से अलग होकर नहीं, जीवन में ही रहना है। यदि कविता की भाषा दुर्बोध रही तो उसका कर्म अर्थात् लड़ने में मनुष्य का सहायक होना अधूरा ही रह जाता है। इसलिए ग्राम गीतों के शब्द और लय मुझे प्रिय है।
3. पुरानी मान्यताओं, पुराने शब्दों, पुरानी कहावतों को नये अर्थ से विभूषित कर कविता में प्रयोग करने से पाठक की अनुभूतियों को छूने में सहायता मिलती है।

कविता एक सपनों का संसार है और यह संसार यदि नये जीवन के क्रीड़ा स्थल, नये जगत् की रंगीनी से सिक्त हो तो कवि का कर्म और उसका सामाजिक दायित्व सार्थक हो जाते हैं।'

हरिनारायण व्यास जी की मान्यताएँ उनकी कविता पर भी लागू होती दिखाई देती हैं।

शमशेर बहादुर सिंह 'नयी कविता में पाँच बातों का होना आवश्यक है 1. सच्चाई का अपना खास रूप 2. ललित कलाएँ एक-दूसरे में समायी हुई 3. कवि की जाती दिलचस्पियाँ 4. दूसरी भाषाओं का ज्ञान 5. भाषा और कला के रूपों का कोई पार नहीं है अपनी चारों ओर की जिन्दगी को वैज्ञानिक आधार पर समझना, अनुभूति और अपने अनुभव को इस आधार पर स्पष्ट-पुष्ट कर अपनी कला को जगाना, कला में सजीव से सजीव रूप देते जाना 'साधना' है। इसी में कलाकार का संघर्ष छिपा है।

रघुवीर सहाय जरूरी है कि हम अपनी अनुभूति को उसी प्रकार सुधारें ताकि कविता भी वैसी ही जानदार हो सके जैसी कि वे वास्तविकताएँ, जिनसे हम कविता की प्रेरणा लेते हैं। विचार वस्तु का कविता में खून की तरह दौड़ते रहना कविता को जीवन और शक्ति देता है और यह तभी सम्भव है जब हमारी कविता की जड़ें यथार्थ में हों सामाजिक यथार्थ के प्रति अधिक से अधिक जाकरूक रहा जाए और वैज्ञानिक तरीके से समाज को समझा जाए। वास्तविकताओं की ओर ऐसा ही दृष्टिकोण रहना चाहिए और यही जीवन को स्वस्थ बनाये रखता है 'पतझर के बिखरे पत्तों पर चल आया मधुमास...जितनी बूँदें/ उतने जौ के दाने होंगे/ इस आशा में चुपचाप गाँव यह भीग रहा है...' का सच यानी वास्तविकता आवश्यक है।

3. 'तीसरा सप्तक'

नयी कविता की प्रयोगशीलता का पहला आयाम भाषा से सम्बन्ध रखता है। जिसे अब नयी कविता की संज्ञा दी जाती है वह भाषा सम्बन्धी प्रयोगशीलता को वाद की सीमा तक नहीं ले गयी है बल्कि ऐसा करने को अनुचित भी मानती है। यह मार्ग प्रपद्यवादियों ने अपनाया जिसने यह घोषणा की कि 'चीजों का एक मात्र सही नाम होता है और प्रतिवृत्ति प्रयुक्त प्रत्येक शब्द और छन्द का स्वयं निर्माता है। ...शब्द अपने आप में सम्पूर्ण या आत्यन्तिक नहीं है, किसी शब्द का कोई स्वयंभूत अर्थ नहीं है अर्थ उसे दिया गया है। वह संकेत है जिसमें अर्थ की प्रतिपत्ति की गयी है...प्रत्येक शब्द का प्रत्येक समर्थ उपभोक्ता उसे नया संस्कार देता है।...प्रयोक्ता के सम्मुख दूसरी समस्या सम्प्रेष्य वस्तु की है। काव्य का विषय और काव्य की वस्तु (कंटेंट) अलग-अलग चीजें हैं। विषय नये हो सकते हैं, मौलिक नहीं मौलिकता वस्तु से सम्बन्ध रखती है। विषय सम्प्रेष्य नहीं है, वस्तु सम्प्रेष्य है। नये-पुराने विषय की, कवि की संवेदना पर प्रतिक्रिया, उससे उत्पन्न प्रभाव (पाठक पर), प्रभावों को सम्प्रेष्य बनाने में कवि का योग मौलिकता की कसौटी का क्षेत्र है यही कवि की शक्ति और प्रतिभा का भी क्षेत्र है। नया कवि, नयी वस्तु को ग्रहण, प्रेषित करता हुआ शिल्प के प्रति कभी उदासीन नहीं रहा क्योंकि वह उसे प्रेषण से काटकर अलग नहीं करता है।'
Poetry is one way of suffering and co-operating with reality. It creates reality only in th sense that it rearrenges it's deta into new pattern.
ये मुद्दे उत्तर आधुनिकता में अपनाये गये नजरिये के करीब लगते हैं। इन दृष्टिकोणों का अनुप्रयोग लेकिन तब अधिक हो नहीं पाया।

'सेसिल डे लुइस' के कथनानुसार कविता यथार्थ को सम्वेदना और सहयोग प्रदान करने का मार्ग है। कविता यथार्थ का सृजन केवल इसी अर्थ में करती है कि वह अपनी उपलब्धियों को नये रूपों में पुनः संयोजित करती है। **केदारनाथ सिंह** 'कला का संघर्ष एक तरह का आत्मसंघर्ष होता है।' **सर्वेश्वर दयाल सक्सेना** 'सभी अकथित सत्य विषैले हो जाते हैं'।

'सप्तकों' की प्रस्तावनाओं में के ये मन्तव्य कविता के परिवर्तित होने जा रहे कथ्य, शिल्प, भाषा यानी कवि की अनुभूतियों की नवीनता के आगामी दूत या सन्देशवाहक ही थे जो उत्तरआधुनिकता में दृष्टिगोचर होनेवाली कविता के स्वरूप और भाषा के भी आगमन की सूचनाएँ देते गये हैं। इस सन्दर्भ में प्रपद्यवादियों की भूमिका भी पुष्टि देनेवाली थी। प्रपद्यवाद का संकलन 'पसपशा' नकेनवादी कवि नलिन विलोचन शर्मा, केसरी कुमार, नरेश के कथनानुसार, 'प्रपद्यवाद अनुभूति को शब्द से अलग नहीं मानता। प्रत्येक अनुभव को संश्लेष रूप में देखता है। सम्पूर्ण और निश्चित अभिव्यक्ति की चेष्टा को धर्म मानता है।'

प्रयोगवादी, प्रयोगशील और नयी कविता के सन्दर्भ में दृष्टिगोचर होनेवाली ये तथ्य पूववर्ती युगों की एवं परवर्ती युगों की हिन्दी कविता के अन्तर को इन मुद्दों के आधार पर अलगाते हुए नजर आते हैं 1. पार्श्वभूमि और प्रयोग की आवश्यकता। 2. प्रयोग के स्तर, दिशाएँ दृष्टिकोण विषय, वस्तु, भाव, विचार, परम्परा, वैज्ञानिकता, यथार्थ, वर्तमान, व्यक्ति का परिवेश सामाजिक, सांस्कृतिक, आर्थिक, राजनैतिक, शिल्प, कला, रूप, फार्म, भाषा अभिधा से लेकर लक्षणा, व्यंजना तक, प्रतीक, बिम्ब, रस, के नये सन्दर्भ, व्यक्तिसत्य साधारणीकरण की समस्याएँ, युगीन संदर्भों की व्यापकता, व्यामिश्रता, दृष्टिकोणों की अनन्तता, अंतर्विरोध, कलाकार का बाहृय, आत्मिक, भौतिक आध्यात्मिक संघर्ष; सम्प्रेषण के स्तर पर प्रयोग धर्मिता को चुनौती देने की प्रवृत्ति। 3. प्रयोगशीलता के सन्दर्भ में विषय, भाव, विचार, वर्णनात्मकता, शहर, गाँव, प्रकृति, राजनीतिक, सांस्कृतिक, सामाजिक सन्दर्भ, परिप्रेक्ष्य में नवीन विचार। 4. भाषा अभिव्यक्ति, संघर्ष के खतरे। 5. सम्प्रेषण-कलाकार का आत्मसंघर्ष शब्द और अर्थ रस साधारणीकरण के स्तर पर पूर्ववर्तियों से विरोध। 6. प्रतीक-बिम्ब की प्रधानता और नवीनता। कथ्य या वस्तु को लेकर विवाद। अभिधा या बोलचाल की भाषा में कविता का आग्रह लेकिन प्रस्तुति-अभिव्यक्ति में नयेपन की माँग और प्रस्तुति-अभिव्यक्ति में संघर्ष, प्रयोग की अहमियत। 7. अनुभूति-अभिव्यक्ति, अनुभूत सत्य, व्यष्टि का समष्टि तक कम्यूनिकेशन। जीवन पद्धति, यथार्थ भाषा और कला-यथार्थ भूमि भाषा में के संघर्ष की अभिव्यक्ति। 8. प्रयोग को दोहरा साधन मानने की प्रवृत्ति। 9. ईमानदारी-जीवन सान्निध्य, भाषा, जीवन, समाज, भाषा-कला के अनन्त रूपों की वास्तविकताओं की तरह अनुभूतियों में वास्तविकता का आग्रह। 10. शब्द के प्रयोक्ता और शब्द के उपभोक्ता में के संघर्ष के प्रति सजगता। 11. यथार्थ की संवेदना-सहयोग से कविता के मार्ग पर प्रस्थान। 12. भाव-कल्याण-चिन्तन के सम्यक समवाय, यथार्थ युगबोध के प्रत्यय कारी चित्रणों की प्रधानता। 13. सन्तुलित दृष्टिकोण, व्यक्ति वेद्य-सर्वजन वेद्य, अनुभवविश्व-लोक चेतना-लोक जीवन में सामंजस्य, व्यक्ति चेतना-लोक मंगल का आग्रह। 14. सामूहिक भावबोध-वस्तु, घटनाएँ, स्थितियाँ; सामूहिक चेतना सामूहिक प्रेम चेतना; सामूहिक पीड़ा बोध-सामूहिक मुक्ति; अस्तित्व रक्षा के लिए अविराम संघर्ष अर्थात् कवि कर्म के इस रूप के दर्शन। 15. जीवन राग अर्थात् पलायन नहीं यद्यपि त्रासदी

मोहभंग से पीड़ित होने पर भी पलायन नहीं का भाव। 16. महानगरीय जीवन, उपभोक्ता संस्कृति की विकृतियाँ, ग्रामीण संस्कार निष्ठा, आस्था, ऊर्ध्वमूलक चेतना, जीवन-निष्ठा को कविता की शक्ति बनाया। 17. एकान्तिक साधना नहीं, सार्थक जीवन की आराधना को कविता साधना बनाने पर बल। 18. ऐतिहासिक-मिथकीय-सांस्कृतिक संदर्भों को नये परिप्रेक्ष्य में प्रस्तुत करने की प्रवृत्ति। 19. वैज्ञानिक दृष्टिकोण का आग्रह और वैज्ञानिक प्रतीकों का प्रयोग। 20. मध्यवर्ग की दैनन्दिन जीवन की कठिनाइयों से, संस्कारों की शुचिता, मर्यादाशीलता में कुचलनेवाले व्यक्तित्व का सुगन्धमय आर्त अनुभव विश्व। 21. दर्द वैयक्तिक सीमाओं में घिरा नहीं है न ही वह आत्मपीड़क, आत्महन्तावादी है न ही नये अध्यात्म में खोने का उत्सुक। उसका रेशनालाइजेशन नहीं है। 22. कवि की सर्वसाधारण के सुख-दुःख के साथ सहअनुभव, सहअनुभूति। उसमें पुनः प्रतिक्रियावादी प्राचीन व्यवस्था की ओर भागने का आग्रह या आध्यात्मिकता की ओर का पलायनवाद नहीं है। 23. अ-कवियों की निराशा, विकृतियों से अलगाव। संयम के साथ आत्ममन्थन, संकेत के साथ गहन युगीन व्यथा का चित्रण। आक्रोश, चीख, विकृति के प्रति आसक्ति नही है। 24. सौन्दर्य बोध शब्द अर्थ को स्नेह सीमाओं में बाँधने की ललक। 25. टूटे आदमी की अनन्त सीमाओं में समर्पित होने की इच्छा की अभिव्यक्ति। 26. कविता निजी और अकेले के प्रोटेस्ट की नहीं, सामाजिक, सम्मिलित विरोध की कविता है। 27. कवि का कविता का अनुभव संसार जद्दोजहद करते हुए औसत मध्यमवर्गीय आदमी के अहसासों और प्रतिक्रियाओं का संसार है।

इन विशेषताओं से युक्त सप्तकों की प्रस्तावनाएँ, कविता सचमुच आनेवाले यगु की, उत्तरआधुनिकतावाद तक की हिन्दी कविता और कविता स्वरूप को दृष्टा के नजरिये से सूचित करती हुई दृष्टिगोचर होती हैं।

(*ii*) 'सप्तकों' में संघर्ष के बिन्दु

'सप्तकों' का प्रकाशन हिन्दी साहित्य जगत् में बड़े पैमाने पर विचार मन्थन बनाम आत्म मन्थन की प्रक्रिया का आरम्भ बिन्दु है। कई कारणों से 'सप्तक' विवादों के चक्रव्यूह में फँस गये और उनमें संकलित कवि भी। इन विवादों को आलोचकों, 'सप्तक' बाह्य कवियों, कवि प्रेमियों ने जितना जन्म दिया उतना ही सप्तक के सम्पादक अज्ञेय की टिप्पणियों, सप्तक में संकलित कवियों के आपसी मतभेदों, मतमतान्तरों तथा उनके कविता के विषय, वस्तु, रूप, भाषा आदि अंगों सम्बन्धी विभिन्न दृष्टिकोणों, स्वीकृत विभिन्न विचार-धाराओं, जीवन दर्शनों ने भी।

'तार सप्तक' के प्रथम (1943) तथा द्वितीय संस्करण की भूमिका (1963) में अज्ञेय ने लिखा था, 'सातों कवि एक-दूसरे के परिचित हैं, बिना इसके इस ढंग का सहयोग कैसे होता? किन्तु इससे यह परिणाम न निकाला जाए कि वे कविता के किसी एक स्कूल के कवि हैं, या कि साहित्य जगत् के किसी गुट अथवा दल के सदस्य या

समर्थक हैं। बल्कि उनके तो एकत्र होने का कारण ही यही है कि वे किसी एक स्कूल के नहीं है, किसी मंजि   ल पर पहुँचे हुए नहीं हैं, अभी राही हैं   राही नहीं, राहों के अन्वेषी। उनमें मतैक्य नहीं है, सभी महत्त्वपूर्ण विषयों पर उनकी राय अलग-अलग है। जीवन के विषय में, समाज और धर्म और राजनीति के विषय में, काव्य वस्तु और शैली के, छन्द और तुक के, कवि के दायित्वों के   प्रत्येक विषय में उनका आपस में मतभेद है।...वे सब परस्पर एक दूसरे पर, एक दूसरे की रुचियों, कृतियों और आशा-विश्वासों पर, एक-दूसरे की जीवन परिपाटी पर यहाँ तक कि एक-दूसरे के मित्रों और कुत्तों पर भी हँसते हैं।' दूसरे संस्करण में उपर्युक्त पंक्तियों के आगे कोष्ठक में वाक्य हैं   'सिवा इसके कि इन पंक्तियों को लिखते समय सम्पादक को जहाँ तक ज्ञान है कुत्ता किसी कवि के पास नहीं है और हँसी की पहले की सहजता में कभी कुछ व्यंग्य या विद्रूप का भाव भी आ जाता होगा।'

'तार सप्तक' में नेमिचन्द्र ने 'पुनश्च' में लिखा है 'महत्त्वपूर्ण बात यह नहीं कि 'तार सप्तक' के प्रायः सभी कवि एक-दूसरों के कुत्तों या मित्रों पर हँसते थे बल्कि यह कि उनका कोई दल नहीं था, कोई गुट नहीं था और आज भी नहीं है। उनकी उपलब्धि चाहे जो हो, पर वे स्वतन्त्र रूप में ही अपने काव्य का पथ खोजते और बनाते रहे हैं।' (द्वितीय संस्करण, 1900, पृष्ठ 34)

प्रस्तावना में अज्ञेय में 'तार सप्तक' के प्रकाशन की योजना, सम्पादन भार का उनपर आना, पाण्डुलिपि बनाने में आये व्यवधान, पाण्डुलिपि का मुद्रक से खो जाना, उसका कागज   जमा करना, पुनश्च पाण्डुलिपि बनाना आदि व्यावहारिक कठिनाइयों का विस्तृत विवेचन किया गया।...'उस समय कुछ उत्साही बन्धुओं ने विचार किया कि छोटे-छोटे फुटकर संग्रह छापने की बजाय एक संयुक्त संग्रह छापा जाए क्योंकि छोटे-छोटे संग्रहों की पहले तो छपाई एक समस्या होती है, फिर छपकर भी वे सागर में एक बूँद-से खो जाते हैं। इन पंक्तियों का लेखक 'योजना विश्वासी' के नाम से पहले ही बदनाम था, अतः यह नयी योजना तत्काल उसके पास पहुँची और उसने अपने नाम (बदनाम होंगे तो क्या नाम न होगा!) के अनुसार उसे स्वीकार कर लिया। हर सप्तक की प्रस्तावना में अज्ञेय ने सप्तक सम्पादन में आयी हुई कठिनाइयों का उल्लेख किया है और प्यार भरे शब्दों में यह शिकायत की है कि कैसे उन्हें सम्पादकत्व का भार ढोना पड़ा। शब्द अलग-अलग हैं, कठिनाईयाँ भिन्न-भिन्न हैं लेकिन अण्डर टोन इसी शिकायत से भरा है। 'चौथा सप्तक' के सम्पादन में कठिनाइयाँ कुछ और प्रकार की थीं।...सैकड़ों कवियों में से केवल सात चुनना और फिर उनकी रचनाओं में से चयन करना केवल इसलिए कठिन नहीं है कि कवियों की बहुत बड़ी संख्या में से सात कवि चुनने हैं, कठिनाई जितनी बाहर प्रस्तुत सामग्री में है उतनी ही चयन करनेवाले के अभ्यन्तर परिवर्तनों में और उनके कारण कवियों के बदले हुए सम्बन्धों में भी है।... "'चौथा सप्तक' एक सम्पादक की काव्य-दृष्टि, साहित्यिक रूचि और सहित्यिक विवेक का प्रतिफलन है।...पहले तीन सप्तकों का सम्पादन करते हुए मैं यह अनुभव

करता रहा था कि मैं काव्य में कुछ ऐसी प्रवृत्तियों का व्याख्याता और वकील हूँ, जिनके साथ मेरी पूरी सहानुभूति है। अर्थात् पहले तीन सप्तक मेरी दृष्टि में एक तरह के साहित्यिक आन्दोलन और युग-परिवर्तन का अंग थे। 'तीसरा सप्तक' के बाद मुझे ऐसा जान पड़ा कि वे नयी प्रवृत्तियाँ काव्य प्रेमी समाज में पूरी तरह स्वीकृति पा गईं हैं। ऐसी स्थिति में उनके लिए और आन्दोलन अथवा वकालत की कोई आवश्यकता नहीं रही और मन ही मन में इस परिणाम पर भी पहुँच चुका था कि सप्तकों के क्रम में और कोई संकलन जोड़ना अनावश्यक हो गया।" (प्रथम संस्करण-1997, पृष्ठ 7, 8) कठिनाइयों की चर्चा में अज्ञेय ने दूरी, संवेदन का अन्तर आदि कई मुद्दों को गिनाया है। प्रश्न यह है कि सप्तक की अनावश्यकता, समकालीन कवियों का विरोध तथा ढेर सारी कठिनाइयों कि प्रति सजग होते हुए भी अज्ञेय सप्तकों के सम्पादन का भार क्यों निभाते रहे? विवादों में घिरे रहना, विवाद उत्पन्न करना अज्ञेय जैसे कवि के लिए आवश्यक हो गया था?

'सप्तक' के सम्पादक की इस भूमिका के पार्श्व में 'तार सप्तक' के कवि नेमीचन्द का कथन इसलिए देखना आवश्यक प्रतीत होता है कि सत्य कभी एकांगी नहीं होता। कई पहलुओं में बिख़रा रहता है। उन्हें बटोरकर एक साथ रखने से हो सकता है घटित घटना के सारे परिणाम-दुष्परिणामों का, घटना का, सन्दर्भों का नये आलोक में मूल्यांकन सम्भव हो सके।

"दुर्भाग्यवश 'तार सप्तक' एक अन्य भ्रम का भी शिकार हुआ। साधारणतः यही माना और समझा जाता है कि 'तार सप्तक' किसी सुनिश्चित काव्य-आन्दोलन का अग्रदल था जिसके झंडा बरदार और नेता उसके सम्पादक महोदय थे। फलस्वरूप सम्पादक महोदय से सम्बन्धित विभिन्न साहित्यिक और व्यक्तिगत पूर्वग्रहों की तीखी आलोचना का बेशुमार बोझ भी तार सप्तक के कवियों और उनके निमित्त से मोड़ लेती हुई नयी काव्य-चेतना को उठाना पड़ा...वास्तव में 'तार सप्तक' के सम्पादक महोदय का हाथ उसके प्रकाशन में चाहे जितना रहा हो, पर उसकी परिकल्पना उनकी नहीं थी और न उसमें संग्रहीत कवि ही मूलतः उनकी पसन्द के कारण एकत्र हुए थे। बल्कि सम्पादक महोदय स्वयं ही उस संग्रह में शायद इस कारण अधिक थे कि वह उसके प्रकाशन में प्रमुख रूप में सहायक हो रहे थे। साथ ही संग्रहीत कवि स्वयं भी किसी सामान्य सहित्यिक या अन्य मान्यताओं के कारण नहीं, बल्कि नितान्त व्यक्तिगत कारणों से, विशुद्ध परिस्थिति और संयोगवश, एक साथ थे। 'तार सप्तक' किसी भी रूप या अर्थ में, किसी साहित्यिक आन्दोलन या प्रवृत्ति से प्रेरित न था। उसके कवि 'प्रयोगवादी' नहीं थे, शायद उस अर्थ में भी नहीं जो सम्पादक ने पहले अपनी भूमिका में उनपर आरोपित किया और जिसे फिर बाद में सैद्धान्तिक आधार दे दिया गया। उनकी अनुभूति और अभिव्यक्ति दोनों तत्कालीन सामाजिक और साहित्यिक परिस्थितियों की स्वाभाविक और लगभग अनिवार्य परिणति थी।" (तार सप्तक, पृष्ठ 32)

'तार सप्तक' के प्रथम तथा द्वितीय संस्करण की प्रस्तावना में सम्पादक अज्ञेय की

निम्नांकित टिप्पणियों को देखिए 'जो 1943 के प्रयोगी थी, सन् 1963 के सन्दर्भ हो गये हैं। तब की सम्भावनाएँ अब की उपस्थियों में परिणत हो गयी हैं सभी बोधिसत्त्व अब बुद्ध हो गये है।' (द्वितीय संस्करण)।...'दूसरा मूल सिद्धान्त यह था कि संग्रहीत कवि सभी ऐसे होंगे जो कविता को प्रयोग का विषय मानते हैं जो यह दावा नहीं करते कि काव्य का सत्य उन्होंने पा लिया है, केवल अन्वेषी ही अपने को मानते हैं।' (प्रथम संस्करण)।...'सभी सबसे पहले समाजजीवी मानव प्राणी थे और 'समान-धर्मा' का अर्थ उनके लिए 'कवि-धर्मा' से पहले मानव-धर्मा था। यह भेद किया जा सकता है कि कुछ के लिए आधुनिक धर्मा होने का आग्रह पहले था और अपनी मानवधर्मिता को वह आधुनिकता से अलग नहीं देख सकते थे और दूसरे कुछ ऐसे थे जिनके लिए आधुनिकता मानवधर्मिता का एक आनुषंगिक पहलू अथवा परिणाम था।' (द्वितीय संस्करण)।

यह ऐतिहासिक सत्य है कि 'तार सप्तक' की योजना उन कवियों ने एकत्रित होकर बनायी थी और सम्पादन का भार मात्र अज्ञेय पर सौंपा था। लेकिन दूसरे सप्तक की भूमिका में अज्ञेय लिखते हैं, "...तो 'तार सप्तक' के कवि ऐसे कवि थे जिनके बारे में कम से कम सम्पादक की यह धारणा थी कि उनमें 'कुछ' हैं और वे पाठक के सामने लाये जाने के पात्र हैं, यद्यपि वे हैं 'नये' ही, केवल 'कवियशः प्रार्थी' ही और इसलिए काव्य क्षेत्र के अन्वेषी ही!" (दूसरा सप्तक, द्वितीय संस्करण-1970, पृष्ठ 5) सम्पादक की यह अतिरिक्त भूमिका कि उसे उन कवियों में 'कुछ' दिखा अतः उन्हें पाठकों के सामने लाया गया ऐतिहासिक सत्य को ठुकराकर अपने अहं का प्रदर्शन करती प्रतीत होती है। अपने साथी कवियों की रीत समझना दरअसल सम्पादक महोदय के इन्फीरियारटी कॉम्प्लेक्स को दर्शाता है।

'दूसरे सप्तक' की भूमिका में अज्ञेय ने पुनः एक बार स्पष्ट किया कि 'इन सात कवियों का एकत्र होना किसी दल या गुट के संगठन का सूचक नहीं हैं।'

दूसरे, तीसरे, चौथे सप्तक में कवियों के चयन की समस्या का उल्लेख सम्पादक ने किया है और संकलित सात कवियों के एकत्र पाए जाने का आधार भी बताया है 'ऐसा दावा नहीं है कि जिस काल या पिढ़ी के ये कवि हैं, उसके यही सर्वोत्कृष्ट या सबसे अधिक उल्लेख्य कवि हैं' (तीसरा सप्तक, पंचम संस्करण 1984, पृष्ठ 10)। सम्पादक ने कवियों के चुनाव में अपनी तटस्थता, प्रवृत्ति का महत्त्व, व्यक्तिगत सम्बन्धों को बिल्कुल तूल न देना, कविता की, प्रयोग क्षमता की कसौटी पर कवियों का चयन आदि के समर्थन में बहुत कुछ कहा है किन्तु इन 'सप्तकों' के कारण जिन ख़तरों से हिन्दी साहित्य जगत् को टकराना-झेलना पड़ा उसके संकेत नेमिचन्द के वक्तव्य में प्राप्त होते हैं। '...सन् 1950 के बाद के नवीन हिन्दी काव्य के एक विशेष दिशा में मुड़कर गुटबन्दी और संकीर्णता में पड़ जाने में 'सप्तकों' के प्रकाशन का भी बहुत कुछ हाथ है। सन् 1954-55 के आस-पास तो तरुण कवियों के बीच चर्चा का सबसे बड़ा विषय ही यह हो गया था कि कौन किस 'सप्तक' में लिया जाएगा अथवा

नहीं लिया जाएगा। कविगण अपनी और दूसरों की आधुनिकता, सार्थकता और सफलता, कवि होना या ना होना, सभी कुछ 'सप्तकों' में शामिल होने, न होने से आँकने लगे थे। यह परिस्थिति काव्यगत मूल्यों और रुचियों में एक विचित्र प्रकार की भ्रष्टता और संकीर्णता की शुरुआत थी। 'सप्तक' एक बड़े अवांछनीय प्रकार के साहित्यिक संरक्षण (प्रैटनेज) के साधन और प्रतीक बन रहे थे। मेरा विश्वास है कि यह हमारे साहित्यिक जीवन के लिए शुभ और स्वस्थ नहीं है। यह न केवल नितान्त व्यक्तिगत स्तर की दलबन्दी और गुटबाजी को उकसाता है बल्कि उसके कारण तरुण रचनाकार प्रतिभावान होकर भी जीवन को सीधे देखने, भोगने और उस अनुभूति को अपने प्रति निर्मम ईमानदारी से वाणी देने के बजाय किसी न किसी संरक्षण की तलाश करने लगता है। राजनीतिक दल की, साहित्यिक नेताओं की अथवा प्रकाशकीय कृपा की यह स्थिति रचनाकार को कभी वयस्क नहीं होने देती।' (तार सप्तक, पृष्ठ 33, 34)

वैचारिक संघर्ष, दृष्टिकोणों की टकराहट, एक-दूसरे से मेल न खाती हुई भूमिकाएँ, विभिन्न विचार धाराएँ आदि के बावजूद 'सप्तकों' ने जिस कदर विचारमन्थन, आत्ममन्थन का पथ प्रशस्त किया वह हिन्दी काव्येतिहास में महत्त्वपूर्ण घटना मानी जा सकती है। 'सप्तकों' के बहाने, सप्तकों में संकलित कवियों और उनके समकालीन कवियों ने तथा आलोचकों ने प्रयोग, प्रयोगधर्मिता, कविता का विषय, कविता की वस्तु, रूप, भाषा, शिल्प, बिम्ब आदि महत्त्वपूर्ण मुद्दों पर जो बहुस्तरीय, बहुआयामी चिन्तन-विचार प्रस्तुत किया वह तो महत्त्वपूर्ण है ही लेकिन यह सारा विचारमन्थन, आत्ममन्थन एकान्त का यानी कि कवि के 'शीश महल' की उपज नहीं है। यह पाठकों के साथ संवाद रूप में प्रस्तुत है, पाठक इसका साक्षी बना। यानी पाठक कविता की रचना प्रक्रिया का इतने व्यापक स्तर पर प्रथमतः साक्षी बना। 'सप्तकों' के इस सामूहिक विचारमन्थन ने तथा उसकी प्रतिक्रिया स्वरूप या प्रेरणा स्वरूप कविता प्रेमी विद्वानों के विचारमन्थन ने कवि, कविता, पाठक के बीच अपना प्राचीन भावात्मक, रागात्मक नाता कायम रखते हुए एक नवीन रिश्ता निर्माण किया वैचारिक रिश्ता। पाठक के लिए अब धीरे-धीरे कविता विशुद्ध भावविश्व की, अतार्किक, उत्स्फूर्त, अनायास निर्मित कला नहीं रही (वैसी होते हुए भी) बल्कि उसकी स्पष्ट-ठोस भूमिका, उसका जीवनदर्शन, दृष्टिकोण, कविता के पार्श्व में कवि का प्रत्यक्ष-अप्रत्यक्ष, मूर्त-अमूर्त प्रयास, कलात्मकता के ख़तरों-संघर्षों से जूझनेवाला कवि, तनावों को झेलनेवाला मानस, सप्तकों के कवियों के वक्तव्यों में रसास्वादन हेतु उपलब्ध हुआ।

कविता की रचना प्रक्रिया के मन्तव्य के लिए सप्तक शायद पहला विस्तृत खुला मंच था जिस मंच से इन कवियों ने अपने व्यक्तित्व को बरकरार रखते हुए सामूहिक रूप में पाठकों से संवाद स्थापित किया। अर्थात् कविता के कवि मानस के अबूझ, अमूर्त पक्ष पाठक की तर्क-विचार क्षमता के द्वार तक पहुँच गये (शायद कवियों के अपने द्वार तक भी) क्योंकि यह आत्म संवाद बनाम पाठक संवाद है। कविता के रहस्य पक्षों तथा कवियों की सहमति-असहमतियों, स्वीकृत-अस्वीकृत विचारधाराओं, दृष्टिकोणों,

दार्शनिकताओं, जीवनदर्शनों, बौद्धिक-आध्यात्मिक-व्यावहारिक मान्यताओं से पाठक रू-ब-रू हो गया। तीन सप्तकों के द्वारा एक साथ इक्कीस रचनाकारों के मन्तव्य तथा कविताओं से (बाद में चौथा सप्तक के द्वारा और सात कवियों से) पाठक का एक साथ साक्षात्कार हुआ। यह पाठक की कविता समझ एवं दृष्टि सम्पन्नता की दृष्टि से क्रान्तिकारी घटना थी। 'सप्तकों' में कविता की भाषा, बिम्ब, सृष्टि, वस्तु, कविता का रूप, शिल्प आदि की जो विस्तृत चर्चा हुई उससे पाठक को कविता के साथ और आत्मीय, घनिष्ठ नाता जोड़ने में इस अर्थ में सुविधा हुई कि कविता की रहस्यभूमियाँ अब उसकी बोधकक्षा में खुल गईं, वैचारिक स्तर पर वे यथार्थ-ठोस भूमियाँ नज र आने लगीं, अतः कविता के प्रति का आश्चर्य और औत्सुक्य जान जाने के बाद की तृप्ति-शान्ति में परिवर्तित होने लगा, उसकी कविता की समझ व्यापक होने में यह सब सहायक सिद्ध हुआ। 'सप्तकों' के कवियों का खण्डन-मण्डनात्मक आत्ममन्थन, आत्मसंवाद इस अर्थ में पाठकों के लिए निश्चित ही उपकारक सिद्ध हुआ। सम्पादक तथा कवितों के बीच के इन अन्तर्विरोधों, बाहयविरोधों के कारण या कविता सम्बन्धी अपने मन्तव्यों के द्वारा कवि व्यक्तित्व को प्रकाशित करने के कारण सम्पादक तथा कवियों ने कविता के बहाने जो चर्चा छेड़ी वह कविता-पाठक की दृष्टि से अनुभूति और अभिव्यक्ति के अनेकानेक रूप दिखानेवाले कैलिडोस्कोप सिद्ध होती गयी और उनको जीवन का सच कविता के सच में बदलते हुए दिखाने वाली आँखें भी। अब आम पाठक के लिए कविता और कवि कोई हाथीदन्तीय मनोरा (आइवरी टॉवर) की चीज नहीं रही। कवियों के मिट्टी के पाँव, सम्पादकों के नखरे और तेवर इस बहाने पाठक तक पहुँचे यानी पर्दे के पीछे का 'नाटक' और शीतयुद्ध! पाठक की दृष्टि से ये 'अनुभत' कवि...और पाठक के बीच की दूरियाँ खत्म करने हेतु जैसे सहायक बने वैसे ही कविता को आम आदमी की 'लघु मानव' की कविता बनाने में भी सहायक हुए। सही अर्थ में वैश्वीकरण के बहाने हुई उदारीकरण की प्रक्रिया हिन्दी कविता में तभी आरम्भ हुई थी।

(*iii*) 'सप्तकों' का भाषा-विचार

कवि के लिए अभिव्यक्ति और सम्प्रेषण का एकमात्र माध्यम है भाषा। कविता में भाषा का सर्वोच्च पारदर्शी, बहुआयामी, बहुस्तरीय रूप अपेक्षित होता है। सप्तकों के कवियों ने भाषा के सन्दर्भ में जो विचार प्रस्तुत किये हैं वे इस बात के द्योतक हैं कि अब कवि पहले से अधिक भाषा के प्रयोग को लेकर कितने सचेत हैं।

भारत भूषण अग्रवाल ने 'तार सप्तक' के पूर्व के कवियों-छायावादियों की भाषा समस्या के साथ अपने युग की भाषा समस्या की तुलना करते हुए कहा है कि 'छायावादियों को एक ऐतिहासिक सुविधा प्राप्त हुई थी। वह यह कि जिस भाषा में वे अभिव्यक्ति कर रहे थे उस भाषा का विकास और रूपायन भी कर रहे थे। उनके सम्मुख संस्कृत का जो अनन्त भण्डार नवीन अर्थप्राप्ति के लिए उपलब्ध था उसे लोक-मानस तक लाने की उन्हें कोई बाध्यता न थी।' नये कवि की भाषा सम्बन्धी

समस्या पर प्रकाश डालते हुए उन्होंने कहा है, 'उसे प्रचलित भाषा में ही नया अर्थ भरना है, नयी अभिव्यक्ति का माध्यम पाना है।' विदेशी शब्दों का व्यवहार उसके लिए आम बात है किन्तु ऐसे शब्द प्रयोगों से उसे परिशुद्धतावादियों के क्रोध का शिकार होना पड़ता है। दूसरी तरफ यदि वह अंग्रेजी शब्दों के स्थान पर हिन्दी के शब्द बैठाना चाहे तो कृत्रिमता का सामना करना पड़ता है और भाव की व्यंजना भी नहीं होती।' इस दोहरे संकट की ओर संकेत करते हुए उन्होंने कहा है, 'यथार्थ की भूमि पर जो काव्य खड़ा है उसका माध्यम यथार्थ भाषा ही हो सकता है शब्द कोश की भाषा नहीं' (तार सप्तक, पृष्ठ 111-112)।'

प्रभाकर माचवे भी जनता की भाषा के पक्षधर हैं। कवितागत भाषा को भावानुकूल अदलने-बदलने का पूरा अधिकार होना ही चाहिए। उनका मानना है कि 'ज्यों-ज्यों कविता की भाषा अधिकाधिक आम जनता की भाषा बनती चलेगी, उसमें प्रादेशिक शब्द अधिक आयँगे और यह इष्ट ही होगा। मगर शब्दों की अभिधामूला, लक्षणा की अपेक्षा व्यंजनाशक्ति पर मेरी अधिक श्रद्धा है...' (पृष्ठ 185)।

'तार सप्तक' के कवि के रूप में अज्ञेय ने भाषा सम्बन्धी जो विचार प्रस्तुत किये हैं वे साधारणीकरण और कम्यूनिकेशन के सन्दर्भ में हैं। उनकी दृष्टि से आज के कवि की यह सबसे बड़ी समस्या है। यही समस्या उसे प्रयोगशीलता की ओर प्रेरित करनेवाली सबसे बड़ी शक्ति है। भाषा में पुराना व्यापकत्व आज नहीं है और कवि शब्दों के साधारण अर्थ से बड़ा अर्थ उसमें भरना चाहता हैं। लेकिन उस बड़े अर्थ को पाठक के मन में उतारने के साधन अपर्याप्त पाता है। 'कवि आधुनिक जीवन की एक बहुत बड़ी समस्या का सामना कर रहा है भाषा की क्रमशः संकुचित होती हुई सार्थकता केंचुल फाड़कर उसमें नया, अधिक व्यापक, अधिक सारगर्भित अर्थ भरना चाहता है इसलिए कि वह 'व्यक्ति-सत्य' को 'व्यापक-सत्य' बनाने का सनातन उत्तरदायित्व अब भी निबाहना चाहता है पर देखता है कि साधारणीकरण की पुरानी प्रणालियाँ, जीवन के ज्वालामुखी से बहकर आते हुए लावा से ही भरकर और जमकर रूद्ध हो गयी है, प्राण-संचार का मार्ग उनमें नही है' (पृष्ठ 277)।'

'जीवन की जटिलता को अभिव्यक्त करनेवाले कवि की भाषा का किसी हद तक गूढ़ 'अलौकिक' अथवा दीक्षा द्वारा गम्य हो जाना अनिवार्य है, किन्तु वह उसकी शक्ति नहीं, विवशता है, धर्म नहीं आपद्धर्म है। अर्थवान शब्द का संवेदन (सम्प्रेषण) हो ही नहीं सकता बिना युग-सम्पृक्ति के। जो कवि शब्द के संस्कार के प्रति सजग नहीं है (शब्द का प्रत्येक उपयोग उसे नया संस्कार देता है।) वह अर्थवान शब्द का साधक नहीं है और मैं कहूँगा कि वह कवि नहीं है, न होगा।' (पृष्ठ 277, 278, 309)।

'दूसरे सप्तक' की भूमिका में भी अज्ञेय ने साधारणीकरण और भाषा का मुद्दा उपस्थित किया था। परम्परा में साधारणीकरण और भाषा समस्या की आज के साधारणीकरण की समस्या और भाषा के साथ तुलना करते हुए उन्होंने कहा है, 'तब भाषा का केवल एक ही मुहावरा था। या कह लीजिए कि शिक्षित वर्ग का एक मुहावरा था, जन का एक और।...लेकिन विशेष ज्ञानों के इस युग में भाषा एक रहते हुए भी उसके मुहावरे अनेक

हो गये हैं। भाषा आज भी प्रेषण का माध्यम है...लेकिन वह अब प्रवृत्ति है, तथ्य नहीं। ऐसी कोई भाषा नहीं है जो सब समझते हों, सब बोलते हों...ऐसी स्थिति में जो कवि एक क्षेत्र का सीमित सत्य (तथ्य नहीं, सत्य, अर्थात् उस सीमित क्षेत्र में जिस तथ्य से रागात्मक सम्बन्ध है वह) उसी क्षेत्र में नहीं, उससे बाहर अभिव्यक्त करना चाहता है, उसके सामने बड़ी समस्या है। तब उसके सामने दो पर्याय होते हैं या तो सीमित सत्य को, सीमित क्षेत्र में, सीमित मुहावरे के माध्यम से अभिव्यक्त करे या बृहत्तर क्षेत्र तक पहुँचने के लिए उस क्षेत्र के मुहावरे से बँधा न रहकर उससे बाहर जाकर राह खोजने की जोखिम उठाये। (पृष्ठ 9-10) कवि अर्थात् दूसरे पर्याय को ही चुनेगा।' इसका तात्पर्य यह कि अज्ञेय ने भाषा प्रयुक्ति की, जोखिम की ओर संकेत दिया है।

शब्द और अर्थ के सम्बन्ध पर प्रकाश डालते हुए तथा भाषा विकास की अनिवार्य क्रिया पर चिन्तन प्रकट करते वे कहते हैं, 'चमत्कारिक अर्थ अभिधेय बनता रहता है। कविता की भाषा निरन्तर गद्य की भाषा होती जाती है। इस प्रकार कवि के सामने हमेशा चमत्कार की सृष्टि की समस्या बनी रहती है वह शब्दों को निरन्तर नया संस्कार देता चलता है और वे संस्कार क्रमशः सार्वजनिक मानस में बैठकर फिर ऐसे हो जाते हैं कि उस रूप में कवि के काम के नहीं रहते। 'बासन अधिक घिसने से मुलम्मा छूट जाता है। तब उस शब्द की रागोत्तेजक शक्ति भी क्षीण हो जाती है। उस अर्थ से रागात्मक सम्बन्ध नहीं स्थापित होता' (पृष्ठ 10-11)।

'तीसरे सप्तक' की भूमिका में अज्ञेय ने कहा है 'नयी कविता की प्रयोगशीलता का पहला आयाम भाषा से सम्बन्ध रखता है। जिसे अब नयी कविता की संज्ञा दी जाती है वह भाषा-सम्बन्धी प्रयोगशीलता को वाद की सीमा तक नहीं ले गयी है बल्कि ऐसा करने को अनुचित मानती रही है। यह मार्ग 'प्रपद्यवादी' ने अपनाया जिसने घोषणा की कि 'चीज ों का एक मात्र सही नाम होता है और प्रपद्यवादी कवि प्रयुक्त प्रत्येक शब्द और छन्द का स्वयं निर्माता है।' (पृष्ठ 5)। इस भूमिका का खंडन करते हुए उन्होंने विस्तृत रूप से समझाया है कि कैसे 'एक चीज का एक नाम' नहीं हो सकता तथा मानव इतिहास की धारा में शब्द को किस तरह संस्कार प्राप्त हो जाते हैं। उनकी मान्यता है कि, 'प्रत्येक शब्द का प्रत्येक समर्थ उपभोक्ता उसे नया संस्कार देता है। इसी के द्वारा पुराना शब्द नया होता है यही उसका कल्प है।' 'इसी प्रकार शब्दों का 'वैयक्तिक प्रयोग' भी होता है और प्रेषण का माध्यम भी बना रहता है, दुरूह भी होता है और बोधगम्य भी, पुराना परिचित भी रहता है और स्फूर्तिप्रद अप्रत्याशित भी।'...नये कवि की उपलब्धि और देन की कसौटी इसी आधार पर होनी चाहिए। कवि कृतित्व का क्षेत्र जिन्होंने शब्द को नया कुछ नहीं दिया है और जिन्होंने उसे नया कुछ देने के आग्रह में पुराना मिटा दिया है, की दो सीमा रेखाओं के बीच है' (पृष्ठ 5-6)।

'चौथा सप्तक' में उन्हें शिकायत है कि 'आज की कविता में वक्तव्य प्रधान हो गया है...आज की कविता बहुत बोलती है, जब कि कविता का काम बोलना है ही नहीं। (पृष्ठ 11-14)

'दूसरा सप्तक' के कवि भवानी प्रसाद मिश्र बर्ड्स्वर्थ के इस कथन से कि 'कविता की भाषा यथा सम्भव बोलचाल के करीब हो' प्रभावित हैं। उनका कहना है कि 'तत्कालीन हिन्दी कविता इस खयाल के बिल्कुल दूसरे सिरे पर थी। तो मैंने जाने-अनजाने कविता की भाषा सहज रखी।' 'जिस तरह हम बोलते हैं / उस तरह तू लिख / और उसके बाद भी / हम से बड़ा तू दिख' (पृष्ठ 4)।

हरिनारायण व्यासजी के मतानुसार 'समाज के विकास से मन की अनुभूतियों को भी विस्तार मिलता है और मन का विस्तार अपनी अभिव्यक्ति के लिए भाषा में तथा अभिव्यक्ति-शैली में भी नयापन जोड़ता है। नये शब्द, नये छन्द और अभिव्यक्ति के लिए नये प्रयोग कवि के लिए लाचारी हो हाती है।'...उनकी मान्यता है कि 'कविता के प्रतीक यथा साध्य जीवन के सान्निध्य से लिए जाने चाहिए। प्रकृति स्वयं सौन्दर्य की प्रतिमा है।...भाषा जीवन और समाज का एक प्रबल शस्त्र है, किन्तु उसे जीवन से अलग होकर नहीं, जीवन में ही रहना है। यदि कविता की भाषा दुर्बोध रही तो उसका कर्म अर्थात् लड़ने में मनुष्य का सहायक होना अधूरा ही रह जाता है। इसलिए ग्राम-गीतों के शब्द और लय मुझे प्रिय हैं।...पुरानी मान्यताओं, पुराने शब्दों, पुरानी कहावतों को नये अर्थ से विभूषित करके कविता में प्रयोग करने से पाठक की अनुभूतियों को छूने में सहायता मिलती है...' (पृष्ठ 54-55)।

शमशेर बहादुर सिंह कहते हैं, 'अपनी कविता में मेरी ख़ास कोशिश यह रही है कि हर चीज की, हर भावना की जो एक भाषा होती है जिसमें वह कलाकार से बातें करती है, उसको सीखूँ।' अपनी कविता के विकास परिवर्तन को रेखांकित करते हुए उन्होंने अपनी कविता भाषा पर अन्यान्य साहित्यकारों की, कवियों की, कविता प्रकारों की भाषा की चर्चा की है। कविता का जो रूप उन्होंने अपने लिए पाया, उस तरह की नयी कविता में छः बातों की ओर वे ध्यान दिलाना चाहते हैं उनमें एक मुद्दा भाषाओं के ज्ञान सम्बन्धी है। 'दो-चार अलग-अलग भाषाओं के अलग-अलग मिजाज की, उनकी अलग-अलग तरह की रंगीनियों और गहराइयों की जानकारी हमें जितनी ही ज्यादा होगी उतना ही हम फैले हुए जीवन और उसको झलकाने वाली कला के अन्दर सौन्दर्य को पहचान और सौन्दर्य की असली कीमत की जानकारी बढ़ा सकेंगे। भाषाओं की जानकारी के पीछे यह दृष्टिकोण कम से कम नये कलाकार के लिए बहुत काम का है।...भाषा और कला के रूपों का कोई पार नहीं है' (पृष्ठ 79)।

रघुवीर सहाय ने कहा, 'भाषा को भी साधारण बोलचाल की भाषा के निकट लाने की कोशिश रही है, मगर उसमें कहीं-कहीं भाषा की फिजूलखर्ची करनी पड़ी है। बहरहाल इस तरह की कोशिशें विचार-वस्तु के दिल-दिमाग में उतरने के तरीके पर निर्भर रहेंगी और ज रूरी है कि हम अपनी अनुभूति को उसी प्रकार सुधारें, ताकि कविता भी वैसी ही जानदार हो सके जैसी कि वास्तविकताएँ जिनसे हम कविता की प्रेरणा लेते हैं।' (पृष्ठ 139)

विचार वस्तु, अनुभूति और भाषा के आपसी सम्बन्ध-रूप की ओर रघुवीर सहाय ने सहजता से संकेत किया है।

धर्मवीर भारती अपने बयान में कहते हैं, 'जब भारती की चेतना ने पंख पसारे तब छायावाद का बोलबाल था। उसे लगा कि कविता की शहज   ादी इन अपार्थिव कल्पनाओं, टेढ़े-मेढ़े शब्दजालों, अस्पष्ट रूपकों और उलझे हुए जीवन-दर्शन की शिलाओं से बँधी उदास जलपरी की तरह कैद है और भारती को चाहिए कि वह उसे उन्मुक्त कर सर्वथा मानवीय धरातल पर उतार लाये ताकि वह फैली-फैली चाँदी की बालू पर आदम की सन्तानों के साथ बेहिचक आँखमिचौनी खेल सके, उनके सीधे-सादे सुख-दुःख, वासनाओं-कामनाओं को समझ सके। उन्हीं की बोली बोल सके'।...भाषा के प्रश्न को भारती ने अधिक महत्त्व नहीं दिया। 'भाषा भाव की पूर्ण अनुगामिनी रहनी चाहिए, बस! न तो पत्थर का ढोंका बनकर कविता के गले में लटक जाए और न रेशम का जाल बनकर उसकी पाँखों में उलझ जाए' (पृष्ठ 165-167)।

'तीसरा सप्तक' के कवि केदारनाथ सिंह का मत है कि, 'कविता का सीधा सम्बन्ध भाषा से है। भाषा प्रेषणीयता का सर्वसुलभ माध्यम है। अतः 'शुद्ध कविता' जैसी किसी चीज   की कल्पना बिल्कुल बेमानी है। समाज के प्रत्येक सदस्य की छोटी-से-छोटी चेतन क्रिया किसी-न-किसी अंश में सामाजिक होती है। फिर कविता तो समाज के सबसे अधिक संवेदनशील व्यक्ति की चेतन क्रिया है। उसकी सामाजिकता असन्दिग्ध है।' (पृष्ठ 129)। केदारनाथ सिंह ने भाषा और समाज, सामाजिकता के घनिष्ठ सम्बन्ध की ओर जो संकेत किया है वह महत्त्वपूर्ण है।

कुँवर नारायण आधुनिक हिन्दी साहित्य की भाषा, यानी खड़ी बोली के सामने उपस्थित समस्याओं की ओर ध्यान आकर्षित कर कहते हैं, 'कुछ ऐतिहासिक कारणों से उसे अब एक ऐसी चेतना की आवाज   बनना पड़ रहा है जो अनुपात में उससे कहीं अधिक विकसित है, दूसरे शब्दों में, एक पचास वर्ष की बाल-भाष को युग के ऐसे प्रौढ़ व्यक्तित्व को अभिव्यक्ति देनी है जिसकी जानकारी के पीछे तीन हजार साल पुरानी परम्परा और सामने आधुनिक जीवन के सैकडों नये-नये पहलू हैं।' (पृष्ठ 165)। कुँवर नारायण ने नयी कविता की भाषा के पर्याय से कवियों के सम्मुख उपस्थित चुनौतियों, खतरों, जोख़िमों की ओर संकेत किया है।

सर्वेश्वरदयाल सक्सेना कहते हैं, 'साधारण बोलचाल की भाषा में जो कविताएँ नहीं लिखी जा सकतीं उन्हें मैं अभी नहीं लिख रहा हूँ। काव्य की भाषा जिस गहनतम अनुभूति की अभिव्यक्ति में साधारण बोल-चाल की भाषा से अलग चली जाती है या जाने के लिए विवश है उसका सामना अभी मुझे नहीं करना पड़ा है। अभी तो मेरी पूँजी एक व्यापक संवेदना और ऊपरी आक्रोश है जो मेरे अन्तर की सतह को छील जाता है और इसकी अभिव्यक्ति साधारण बोलचाल की भाषा से ही हो जाती है। जिस दिन इस दर्द को किन्हीं अज्ञात गहनतम अनुभूतियों के सामने जबान खोलनी पड़ेगी उस दिन शायद इसकी भाषा बदल जाए, तब मैं हिचकूँगा नहीं। वास्तविक कविता वह होगी या यह, इसे तौलने के लिए जो भाषा की तराजू उठाएँगे, वे तब वैसी गलती करेंगे जैसी कुछ छायावादी भाषा लिखकर आज कर रहे हैं' (पृष्ठ 224-225)। सर्वेश्वरदयाल

सक्सेना ने व्यापक संवेदना और ऊपरी आक्रोश का गठबन्धन बोलचाल की भाषा से, अज्ञात गहनतम अनुभूतियों की अभिव्यक्ति में भाषा परिवर्तन और किसी भी स्थिति में कवि का दुराग्रही, हटवादी न होना, आवश्यकता के अनुसार भाषा के रूप को शरण जाना तथा कविता को भाषा की कसौटी पर तौलनेवालों की अक्षमताओं का शिकार बनी कविता की त्रासदी को रेखांकित किया है। 'सभी अकथित सत्य विषैले हो जाते हैं' में वे अभिव्यक्ति की इसी अनिवार्यता की ओर संकेत करते हैं।

'चौथा सप्तक' के कवि अवधेशकुमार का कहना है कि, 'शब्द में संवेदना के विकास या अवरोध को क्रम में लक्ष्य कर पाना कठिन होता है जबकि पेंटिंग्ज, मूर्ति कला, स्थापत्य, फिल्म जैसे माध्यमों में उसकी उपस्थिति रहती है। मैं कोशिश करता हूँ कि मेरी कविता पेंटिंग्ज की तरह रंगों और उनकी रंगतों जैसी कोई शाब्दिक संरचना हो और फिल्म की तरह सवाक और गतिशील हो।...शब्द को साहित्य में यथासम्भव चुप तथा अनुशासित होना चाहिए ऐसा इसलिए कि संवेदना साहित्य में हमेशा साहित्य के बाहर से आती है। साहित्य शब्द के जड़ हो जाने, मर जाने की जगह है, इसलिए साहित्य में आने से पहले उसे साहित्य से बाहर जीवन में इधर-उधर जिम्मेदाराना ढंग से आवारागर्दी कर लेनी चाहिए ताकि न केवल वह अर्थवान हो सके बल्कि उसके पास अर्थ के ऐसे सामाजिक और सांस्कृतिक आयाम भी हों जो दो भिन्न मानसिकता, स्थान और समय में रहनेवाले आदमियों के बीच के अपरिचय को समाप्त कर सकें।' (पृष्ठ 29)।

रामकुमार कुम्भज के अनुसार 'कविता की तड़प दरअसल और कुछ नहीं, सामान्य से बेहतर की तरफ बढ़ने की वह इच्छा है, जहाँ भाषा की समस्त सीमाएँ समाप्त होती हैं। कविता महज भाषा का खेल नहीं, वह मनुष्य की हैसियत और हालत का ताज से ताज रचनात्मक अहसास है जब कोई कवि किसी कविता को शब्दों की शक्ल में सांसारिक व्यवस्था प्रदान करता है तब वह एक महान् रचना नहीं, बल्कि स्वयं के बारे में रहस्यमयी बातें ही खोलता है। कविता अपनी भाषा के ज रिये समय को संस्कार प्रदान करती है। योजनाबद्ध तरीकों से कविता की भाषा में परिवर्तन करना, कविता को कहीं न कहीं नष्ट करना है। अर्थ को व्यर्थ के भाषा-संकट में फँसाना महत्त्वपूर्ण व्यवहार नहीं है।' (पृष्ठ 69)

स्वदेश भारती मानते हैं, 'खास दृष्टिकोण को लक्ष्य कर कोशिश से लिखी गयी सपाट बयानी कविता, कविता हो ही नहीं सकती।...जो शब्दाडम्बरी सपाट बयानी कविता को क्रान्ति या नवचेतना की खातिर लिखते हैं, वे क्रान्तद्रष्टा मनीषियों का अपमान करते हैं और क्रान्ति का मज ाक उड़ाते हैं...जिस कविता में सहज कलात्मकता नहीं, छन्द नहीं, शिल्प नहीं, प्रवाह नहीं, प्रकृति या मानव की आन्तरिकता नहीं, भाषा का ठीक-ठाक गठन और सौन्दर्य नहीं, व्यक्तित्व नहीं, वह कुछ भी हो, कविता नहीं हो सकती।' (पृष्ठ 108)

नन्दकिशोर आचार्य ने शब्द की सत्ता पर विस्तृत रूप से प्रकाश डाला है। उनके लिए कविता सत्य को जानने की एक विशिष्ट प्रक्रिया है और कविता का माध्यम शब्द

है 'शब्द जो कहना भी है और सुनना भी अतः शब्द के माध्यम से सत्य को 'जानने' में कहना भी शामिल है और सुनना भी। इस प्रकार कविता आत्मश्रवण भी है और आत्मनिवेदन भी। शब्द की सीमा और सत्य की व्याप्ति के बीच का तनाव ही तो कविता का तनाव है और हर बार यह तनाव शब्द की सीमा को तोड़कर उसका अर्थ विस्तार करता है कविता की प्रक्रिया शब्द के माध्यम से अनुभूत्यात्मक स्तर पर सत्य के उद्घाटन की प्रक्रिया है। शिल्प के नाम पर कवि जो कुछ करता है वह शब्द के साथ शब्द के माध्यम से ही कर रहा होता है।' (पृष्ठ 141-142)

सुमन राजे कहती हैं, 'मेरी तलाश कविता की तलाश है। मैं भाषा की तलाश को पृथक् से कोई समस्या नहीं मानती। कविता अपनी भाषा में स्वयं प्रकट होती है। जब जीवन की पकड़ सीधी-सच्ची है तो भाषा की पकड़ उल्टी नहीं हो सकती।' (पृष्ठ 185)

श्रीराम वर्मा के अनुसार 'शब्द पुराने या नये नहीं होते। उनका प्रयोग नया होता है। वे स्वयं अनुभूति होते हैं। शब्द केवल अर्थगर्भ नहीं होते, अर्थातीत भी होते हैं, मौन भी होते हैं। मैं अपने प्रत्येक शब्द का स्वयं सर्जक हूँ, वे मेरे विचार के आचरण हैं। मैं उन्हें नया संस्कार देता हूँ। वे मेरे कर्म के रूपायन और रूपायतन हैं। कविता भाषा का सत् है इसलिए वह साधना है, खेल नहीं। शब्द हरकत है, नाटक है, एक पूरा जीता-जागता संसार है। शब्दों के निश्चित अर्थ नहीं होते। इसलिए उनकी ध्वनि को स्वतन्त्रता देना कवि का परम कर्तव्य है। शब्द 'वादी' नहीं होते, उनका प्रयोग 'वादी' होता है।...कविता के शब्द बोलचाल के हो सकते हैं, लेकिन उनका अर्थ वह नहीं होता। वे अर्थ की नयी सम्पदाएँ लेकर आते हैं। कविता के शब्द गद्य से आते हैं पर वे गद्य की भाषा से विच्छिन्न होकर आते हैं। इसलिए कविता कभी गद्य नहीं हो सकती। कविता भाषा की टकसाल है, गद्य उसकी हाट।...महान् रचनाकार वह होता है जो भाषा के निर्माण से अपने व्यक्तित्व को अनेक क्षेत्रों में फैलाकर व्यापक बना लेता है।' (पृष्ठ 224 से 226)

चारों सप्तकों के कवियों ने कविता की भाषा सम्बन्धी जो सोच और धारणाएँ व्यक्त की हैं वे परवर्ती काल की कविता का सच बनती हुई नज र आती हैं। इस दृष्टि से सप्तकों के कवियों का भाषा विचार मौलिक एवं भविष्य की भाषा के स्वरूप को, भाषा और कविता, कविता की भाषा और पाठक के आपसी सम्बन्ध, संवेदनात्मक और वैचारिक साझेदारी को स्पष्ट करनेवाला सिद्ध हुआ है।

इन चारों सप्तकों के कवियों की शसकों के कवि होने, सम्पादक के विचारों-कृति से सहमात न होने को लेकर चाहे जितने संघर्ष रहे हों लेकिन इनके भाषा सम्बन्धी चिन्तन ने और उसके अनुप्रयोग ने हिन्दी कविता को कई छलाँग आगे जाने में कमाल की सहायता की है। उत्तर आधुनिक भाषा सोच, भाषा विचार से इनकी भाषा सोच-विचार का साधर्म्य और अलगाव इन दोनों बिन्दुओं ने हिन्दी कविता की भाषा को कई आयाम प्रदान किये और आधिकाधिक मैच्युअर, अर्थ-भाव-विचार संवाहक-सम्प्रेषणीय बनाया। हिन्दी कविता का यह विशेष है कि मील के पत्थर बने कई कवियों ने कविता की भाषा और कविता निर्मिति प्रक्रिया पर कविताएँ लिखी हैं।

(*iv*) सप्तकों का कविता-शिल्प-रूप विचार

'तार सप्तक' में नेमिचन्द जैन की व्यथा इन शब्दों में व्यक्त हुई है, 'कुछ तो तार सप्तक के कवियों और विशेषकर सम्पादक महोदय के चुनौती भरे तथा सिद्धान्तबाजी के कारण और कुछ हिन्दी के आलोचकों की मूढ़ता के कारण, उन कवियों के काल्पनिक 'प्रयोगवाद' की ही चर्चा अधिक हुई, उनकी कविता का उचित आकलन या मूल्याँकन नहीं हो सकता (पुनश्च-पृष्ठ 31)।'

गिरिजाकुमार माथुर का कहना है कि, 'विषय की मौलिकता का पक्षपाती होते हुए भी मेरा विश्वास है कि 'टेकनीक' के अभाव में कविता अधूरी रह जाती है। इसी कारण चित्र को अधिक स्पष्ट करने के लिए मैं वातावरण के रंग उसमें भरता रहा हूँ। कहीं-कहीं केवल वातावरण के चित्रण से ही विषय इंगित किया है। प्रत्येक कविता में प्रथम उसकी आधार भूमि निर्माण करना आवश्यक समझता हूँ। वातावरण चित्रण के डिटेल में मैंने रंगों का आधार विशेष रूप से रखा है किन्तु मैं चित्र को सदा हलके रंगों की छाँहों के आवरण में लिपटा पसन्द करता हूँ क्योंकि यथार्थ चित्र के सभी डिटेल मैं कला की दूरी से देखता रहा हूँ। मेरा यह विश्वास है कि अत्यधिक गहरे रंगों का प्रयोग कला में प्राचीनता (मेडीवल ट्रेट) का द्योतक है। क्लासिकल विषयों पर गम्भीर शैली (ग्रैण्ड स्टाइल) में लिखी कविताओं में मैंने गहरे रंग प्राचीनता लाने के लिए रखे हैं। यहाँ मैंने आधार-भूमि विशालकाय कर दी है और डिटेल कम। डिटेल मैंने रोमानी कविताओं में ही अधिक भरे हैं। इसके अतिरिक्त मैं चित्रकला की 'तीन दूरियाँ' चित्र के पूर्णत्व (राउण्डिंग अप) के लिए यत्र-तत्र लाया हूँ।' (तार सप्तक, पृष्ठ 124)

मुक्तछन्द की शुद्धता, अशुद्धता की चर्चा करते हुए माथुरजी ने बल देकर कहा है कि मुक्तछन्द उन्हें बहुत पसन्द है और मुक्तछन्द का सम्पूर्ण विधान उन्होंने रचा है। मुक्तछन्द को उन्होंने दो भागों से वर्णिक-मात्रिक तथा उनके रूपान्तरण-विभाजित किया है। वे व्यंजन ध्वनियों से उत्पादित संगीत को कविता में संगीत नहीं मानते। इसी अर्थ से उन्हें छायावादियों की कविता में संगीत नहीं दिखता। अतः ध्वनि-विधान में उन्होंने मुख्यतः स्वर-ध्वनियों के प्रयोग ही किये हैं। उनकी दृष्टि से व्यंजन ध्वनियों का संगीत बाह्य, अस्थायी एवं मृत है। वह आकर का संगीत है, शब्द की आत्मा का संगीत नहीं। शब्द की आत्मा स्वर-ध्वनि है, इसी कारण उस पर अवलम्बित संगीत आन्तरिक, गम्भीर और स्थायी है, वह आकाश-तत्त्व का संगीत है। मैंने छहों स्वरों के सम्पूर्ण प्रभावों को लेकर उनका निश्चित रूप एवं आकार निर्धारित किया है। 'आ' ध्वनि का रूप है विस्तार; 'इ' ध्वनि का रूप है आनत, ऊँचाई; 'ऊ' ध्वनि में दूरी; 'ए' ध्वनि में ऊर्ध्वगति; 'ओ' ध्वनि में वस्तु का 'व्योम' तथा भीम प्रवाह और 'ऊ' में गहराई और गाम्भीर्य है। इस मूल्यांकन के बल पर मैंने विभिन्न वातावरण निर्माण किये हैं। प्रत्येक स्वर के स्वरूप पर कविताएँ लिखी हैं, क्योंकि मेरा विश्वास है कि स्वर ध्वनियाँ आकाश-तत्त्व के विभिन्न रूपान्तर हैं।' (पृष्ठ 125-126)। ध्वनि प्रयोगों के सन्दर्भ में वे कहते हैं, 'रोमानी कविताओं में मैंने छोटी और मीठी ध्वनिवाले बोलचाल के शब्द

प्रयुक्त किये हैं। क्लासिकल कविताओं में आर्य गुण लाने के लिए बड़ी लम्बी और गम्भीर ध्वनिवाले शब्द रखे हैं। अभिव्यंजनात्मक शब्द-विन्यास वातावरण के रूप-भाव के अनुकूल नये बनाये हैं क्योंकि मैं व्यंजना को वातावरण के लघु चित्र अथवा प्रतीक का रूप दे देता हूँ।' (पृष्ठ 124)

प्रभाकर माचवे का कथन है, 'हमारे यहाँ सूझ और कल्पना को कविजन और आलोचक भी प्रायः पर्यायवाची मान लेते हैं। परन्तु मनोवैज्ञानिक कहेंगे कि यह बात सच नहीं है। कल्पना वैसे तो तीन प्रकार की हो सकती है, जिसमें से काव्य में तीन तरह की कल्पना पायी जाती है पुनर्निर्माणात्मक, रचनात्मक, मौलिक। अन्तिम यानी नवोन्मेष से विस्फूर्जित और उत्सेकित कल्पना की हिन्दी कविता में कमी है। उसके लिए हमें अपना अलंकार-विधान आमूल बदलना होगा, उपमान माँजने होंगे, रूपकों की कलाई खोलनी होगी, उत्प्रेक्षाएँ सचमुच भाव के उत्स से उत्प्रेरित हैं या नहीं यह देखना होगा। हमारी कविता में पाये जानेवाले अधिकांश कल्पना-चित्र या बिम्ब (इमेज) बच्चों के-से निरे शाब्दिक, सहस्मृत या परम्परागत होते हैं। इन शाब्दिक, साहचर्यात्मक और पारम्परिक बिम्बों की बजाय हमें राग और ज्ञान से पूरित ऐन्द्रिय, आवेगाश्रित और अभिजात बिम्बों की सृष्टि करनी है। हमारे अलंकार अधिक वैज्ञानिक, आधुनिक और वैशेषिक हों अन्यथा निरे अलंकार-सांख्य से निरालंकार काव्य रचना बेहतर है।' (पृष्ठ 186)

रामविलास शर्मा के अनुसार, 'मूर्तिविधान वही सार्थक है जो भावों से अनुप्राणित हो, जिसमें सहज इन्द्रिय बोध निखार हो। दूर की कौड़ी लाना काव्य रचना नहीं, बौनों का बौद्धिक व्यायाम है। शब्द संगीत और छन्द सौन्दर्य (भले ही वह मुक्त छन्द का सौन्दर्य हो) भावोत्कर्ष में सहायक होते हैं। सम्पूर्ण कविता के कलात्मक प्रभाव के लिए भावों-विचारों की परस्पर सम्बद्धता, मूर्तियों या प्रतीकों का आन्तरिक गठन और कृति के सभी अवयवों में तारातम्य स्थापित करनेवाला शिल्प नितान्त आवश्यक है।' (पृष्ठ 286)

रघुवीर सहाय मानते हैं कि 'विचार-वस्तु का कविता में खून की तरह दौड़ते रहना कविता को जीवन और शक्ति देता है और यह तभी सम्भव है जब हमारी कविता की जड़ें यथार्थ में हों।' (दूसरा सप्तक, पृष्ठ 139)

प्रयागनारायण त्रिपाठी के अनुसार, 'कविता में चाहे वह आज की हो, चाहे आगामी कल की, यदि लय नहीं है, यदि तन्त्र कौशल नहीं है, यदि वह 'कथन' मात्र है, न कि 'रचना' तो उसे मैं कविता नहीं कहूँगाँ।' (तीसरा सप्तक, पृष्ठ 20)

मदन वात्स्यायन के अनुसार, 'शब्दातिरेक और फालतू शब्दों का उपयोग भी कविता का शत्रु है। छन्द और लय के बन्धनों से छुट्टी पाकर शब्द सस्ते आने लगते हैं और बात अपनी सघनता खोकर फीकी पड़ने लगती है।' (वही, पृष्ठ 87)

केदारनाथ सिंह सबसे अधिक बिम्ब विधान पर ध्यान देते हैं क्योंकि 'बिम्ब विधान का सम्बन्ध जितना काव्य की विषय-वस्तु से होता है, उतना ही उसके रूप से भी। विषय को वह मूर्त और ग्राह्य बनाता है, रूप को संक्षिप्त और दीप्त।...मानवीय संस्कृति का इतिहास चेतना के विकास का इतिहास है। इस विकास के साथ-साथ

काव्यात्मक बिम्बों के स्वरूप तथा पद्धति में भी अन्तर आता गया है। यह विचित्र बात है कि काव्य में बिम्बों का अन्तरावलम्बन उसी प्रकार चलता रहता है, जिस प्रकार जीवन में संस्कृतियों का। यदि वैज्ञानिक दृष्टि से छानबीन की जाए तो निश्चय ही इससे किसी बहुत बड़े सत्य का उद्घाटन हो सकता है, जो सम्भव है हमारी संस्कृति की गुत्थियों को सुलझाने में सहायक हो। उदाहरण के लिए यौन-बिम्बों को लिया जाए। आज अधिकांश यौन-बिम्ब जीवन के उच्चतर मूल्यों को व्यक्त करने के लिए साहित्य में लाये जाते हैं। प्रायः उनके द्वारा आध्यात्मिक संकेतों का ग्रहण होता है। इसके विपरीत फ ारसी तथा उससे प्रभावित उर्दू साहित्य में आध्यात्मिक बिम्बों के माध्यम से लौकिक जीवन की अनुभूतियों को व्यक्त करने का चलन-सा हो गया है।. ..यौन बिम्बों के साथ आध्यात्मिक मूल्यों का यह विनिमय सम्भव है, किसी सांस्कृतिक अन्तरावलम्बन का प्रतिफल हो।' (पृष्ठ 12)

'मानव-संस्कृति के विकास में कवि का योग दो प्रकार से होता है   नवीन परिस्थितियों के तल में अन्तःसलिला की तरह बहती हुई अनानुभूत लय से आविष्कार के रूप में तथा अछूते बिम्बों की कलात्मक योजना के रूप में। पहले में कवि का व्यक्तित्व मुखर होता है, दूसरे में वस्तु-जगत् के साथ उसका अधिकाधिक सम्बन्ध। लय के आविष्कार के द्वारा वह मानवीय संवेदना को व्यापक बनाता है और नवीन बिम्बों के परिचय से हमारी ऐन्द्रिय चेतना को बृहत्तर यथार्थ के साथ सम्पृक्त करता है।'

'बिना चित्रों, प्रतीकों, रूपकों और बिम्बों की सहायता के मानव अभिव्यक्ति का अस्तित्व प्रायः असम्भव है। यहाँ तक कि जब हम शुद्ध विचार के क्षेत्र में पहुँच कर गम्भीर तत्त्व-दर्शन की चर्चा करते हैं तब भी हमारे उपचेतन में कहीं न कहीं उन विचारों के वर्ण-चित्र उभरते-मिटते रहते हैं। बिम्ब-निर्माण की यह प्रक्रिया पूरे मानव जीवन में फैली हुई है।'

'एक आधुनिक कवि की श्रेष्ठता की परीक्षा उसके द्वारा आविष्कृत बिम्बों के आधार पर ही की जा सकती है। उसकी विशिष्टता और उसकी आधुनिकता सबसे अधिक उसके बिम्बों में ही व्यक्त होती है। बिम्ब निर्माण के विविध क्षेत्र हैं प्रकृति, विज्ञान, मनोविज्ञान, धर्म, लोक-साहित्य तथा इतिहास आदि। हिन्दी के नये कवियों ने प्रकृति तथा मनोविज्ञान तक ही अपने को सीमित रखा है। मेरा यह दृढ़ विश्वास है कि आधुनिक जीवन की जटिलताओं और अन्तर्विरोधों को व्यक्त करने के लिए लोक-साहित्य, धर्म, पुराण तथा इतिहास के खँडहरों में बहुत से ऐसे अज्ञात प्रतीक और अदृष्ट बिम्ब पड़े हुए हैं जिनकी खोज के द्वारा नयी कविता की सम्भावना का पथ और भी प्रशस्त किया जा सकता है।' (पृष्ठ 128)

'प्राचीन काव्य में जो स्थान 'चरित्र' का था आज की कविता में वह स्थान बिम्ब अथवा 'इमेज' का है। इसके कई कारण हो सकते हैं, परन्तु मेरी समझ में सबसे प्रत्यक्ष कारण यह है कि बिखरी अनुभूतियों और जटिल संवेदना को रूपायित करने के लिए चरित्र निर्माण का माध्यम कथा-कहानी के लिए उपयुक्त हो सकता है, पर काव्य के अपेक्षाकृत सीमित कलात्मक संगठन के भीतर वह सरलता से नहीं आता। चरित्र का

साधारणीकरण अपेक्षाकृत सरल होता है पर बिम्ब तो उससे भी अधिक सूक्ष्म वस्तु है। फिर वह अधिक से अधिक कवि के रागात्मक अनुबन्धों पर आधारित होने के कारण अपने साथ एक व्यापक सन्दर्भ के लिए होता है। उसके तल तक पहुँचने के लिए उस सन्दर्भ का ज्ञान अत्यन्त आवश्यक है। कहा जाता है कि एक सफल कविता का जन्म मानव-जाति के ज्ञात यथार्थ को सम्पन्न बनाता है। उसी तरह एक सफल बिम्ब का आकलन काव्य मात्र को पहले से अधिक सम्पन्न बना जाता है।' (पृष्ठ 129)

कुँवर नारायण के मत से 'छन्द', जिन्हें कविता का कारण कहना शायद गलत न होगा, कविता के विकास में कुछ उसी प्रकार टूटते और बनते चलते हैं जैसे भाषा के विकास में व्याकरण।' (पृष्ठ 164)

विजयदेव नारायण साही की दृष्टि से 'जो मैंने भोगा है वह सब मेरी कविता का विषय नहीं है। कविता का विषय वह होता है जो अब तक की भोगने की प्रणाली में नहीं बैठ पाता।' (पृष्ठ 190)

सर्वेश्वरदयाल सक्सेना का कहना है कि 'सभी अकथित सत्य विषैले हो जाते हैं। (पृष्ठ 121) मैं विषय-वस्तु को, रूप-विधान से अधिक महत्त्व देता हूँ और मानता हूँ कि सम्पूर्ण नयी कविता ने रूप-विधान से अधिक विषय-वस्तु पर जोर दिया है, चाहे उसके कवियों ने अपने वक्तव्यों में जो भी कहा हो।' (पृष्ठ 224)

नन्दकिशोर आचार्य प्रतीक, बिम्ब, उपमान, छन्द या ऐसे अन्य काव्य उपकरण को शब्द के अर्थ विस्तार के उपकरण मानते हैं। उनका मानना है कि 'कथ्य-शिल्प या वस्तु-रूप या अनुभूति-अभिव्यक्ति जैसे स्थूल विभाजन चाहे कर लें पर वास्तव में कविता अपने आप में एक अविभाज्य इकाई है। कविता के स्थापत्य, बिम्ब-विधान, शब्द-संयोजन व लय आदि में यत्किंचित् परिवर्तन के साथ ही सत्य के उद्घाटित स्वरूप में मात्र अभिव्यक्तिगत नहीं बल्कि गुणात्मक परिवर्तन हो जाता है। कविता के शिल्प की निर्मिति (पहचान) काव्यगत अनुभूति की पहचान की ही सहजीवी है...कविता काल के आयाम में शब्द के माध्यम से अनुभूत्यात्मक स्तर पर सत्य के उद्घाटन की प्रक्रिया है अर्थात् काल में घटित होनेवाली एक घटना है। लय इस घटना को काल में गतिशील करनेवाला तत्त्व है दूसरे शब्दों में लय कविता में शब्द के माध्यम से काल प्रवाह की अनुभूति है। श्रेष्ठ कविता का लक्षण यह भी है कि उसमें अनुभूति का सम्प्रेषण लयात्मक स्तर पर भी होता है। इसी कारण तो प्रत्येक कविता शब्द, अर्थ, लय का अन्तर्ग्रन्थना है। यह अन्तर्ग्रन्थना जितना पूर्ण होता जाता है कविता भी उतनी ही निर्दोष होती जाती है।' (चौथा सप्तक, पृष्ठ 142-143)

राजेन्द्र किशोर मानते हैं, 'सम्प्रेषण का अध्ययन सदैव पाठकों के सन्दर्भ में हुआ है, जो नितान्त अनुचित है। सम्प्रेषण का सम्बन्ध केवल कवि से है। रचना प्रक्रिया में उसका व्यक्तित्व विभाजित हो जाता है। वह एक ही साथ स्रष्टा और भोक्ता बन जाता है। कविता का सारा रूप-निर्माण इसी भोक्ता के लिए होता है। सारी बिम्ब-योजना, सारा प्रतीक विधान शब्द के विविध अनुसन्धान इसी भोक्ता के लिए होते हैं।' (पृष्ठ 265)

सप्तकों के कवियों का कविता के शिल्प और रूप सम्बन्धी विचार काव्यशास्त्रीय दृष्टि से, भाषा वैज्ञानिक दृष्टि से किया गया सर्जक एवं दार्शनिक की सूझ-बूझ का फल है, जो परवर्ती कविता और उत्तर आधुनिकतावाद की कविता तक लागू होता हुआ दृष्टिगोचर होता है। इनके शिल्प-रूप सम्बन्धी विचारों ने हिन्दी कविता के शिल्प-रूप को प्रभावित तो किया ही साथ-साथ बहुआयामी भी बना दिया। सप्तकों के कवियों की शिल्प, रूप, वस्तु सम्बन्धी विचार अभिव्यक्ति ने हिन्दी की परवर्ती कविता को चिन्तन की एक दिशा दी। कविता मात्र सृजन कर्म नहीं है बल्कि सृजन कर्म के उपरान्त सृजन की काव्यशास्त्रीय, मनोवैज्ञानिक था। यूँ कहें काया और जीवन से सम्बन्धित विविध ज्ञान शाखाओं के आधार पर उसकी व्याख्या, परिभाषा, विश्लेषण करना भी कवि कर्म परम्परा बन गयीं। सर्जक और समीक्षक का इस कदर इसने बड़े पैमाने पर एक होना हिन्दी कविता का अनूठा संसार है जो इसके पूर्ववर्ती कविता युगों से चलता आया है।

आधुनिक हिन्दी कविता का विकास

प्रेम मालिका, प्रेम सरोवर, प्रेम माधुरी, प्रेम तरंग, प्रेम प्रलाप, सतसई शृंगार, प्रेम फुलवारी, वेणु गीति (भारतेन्दु); प्रेम पीयूष (प्रेम घन); प्रेम पुष्पावली, शृंगार विलास (प्रताप नारायण मिश्र); शृंगार सरोजिनी, राधा मुख षोडषी, षड्ऋतु (गोविन्द गिल्लाभाई); नख-शिख (दिवाकर भट्ट) की प्रेम-प्रणय-शृंगार के कटघरे से बाहर निकलकर हिन्दी कविता द्विवेदी युग में 'प्रिय प्रवास', (अयोध्या सिंह उपाध्याय 'हरिऔध); यशोधरा, द्वापर, साकेत, विष्णुप्रिया, हिडिम्बा (मैथिलीशरण गुप्त) के द्वारा उपेक्षित नारी के सुख-दुःख, पीड़ा, भाव-विचार विश्व की बृहद दुनिया में प्रविष्ट हुई और भाषा संस्कृतनिष्ठ, परिनिष्ठित हिन्दी की पक्षधर बनी। स्थूल के विरुद्ध सूक्ष्म का विद्रोह (नगेन्द्र) करती छायावादी कविता मानवीय और सांस्कृतिक, अध्यात्म का अलख जगाती, भौतिकता में रहस्यवादिता को तलाशती प्रेम पथिक, झरना, आँसू, लहर, कामायनी (प्रसाद) परिमल, गीतिका, अनामिका, अणिमा, बेला, अर्चना, आराधना, नये पत्ते (निराला), वीणा, ग्रन्थी, पल्लव, युगान्त, युगवाणी, ग्राम्या, स्वर्ण किरण, स्वर्ण धूलि (पन्त); नीहार, रश्मि, नीरजा, सांध्यगीत, दीपशिखा, यामा (महादेवी) के द्वारा कवि परवर्ती हिन्दी कविता के आधुनिक प्रवृत्ति के जरिए से युवा युगों के बीज बोते रहे और पथ बनाते गये। यही कारण है कि मुक्तिबोध को 'कामायनी' का पुनर्मूल्यांकन करते हुए उसे प्रगतिवाद से जोड़ना सहज सम्भव हो गया।

'मैंने मैं शैली अपनायी' निराला की यही मानसिकता परवर्ती हिन्दी कविता में विविध रूपों में दृष्टिगोचर होती रही है। 'सोचती रहती है दिनरात / कानी की शादी की बात / आँसू भी बह चले माँ के दुःख से / लेकिन वह बायीं आँख कानी / ज्यों कि त्यों रह गयी रखती निगरानी.../ बुआ ने कहा-मुआ खजोहरा / नहाते-नहाते मुझ को लग गया / घी ले आयी अम्मा, पूछा कहाँ लगे? / बुआ ने कहा कि / नहीं बची जगह' (नये पत्ते) की अभिव्यक्तियों के ये कई तेवर नये-नये भाव-शिल्प द्वारा अभिव्यक्ति पाकर साठोत्तरी और समकालीन कविता में नये रूप में आसानी से साकार होते गये और जीवन की बाज रू, छिछली प्रवृत्तियों पर भी प्रकाश डालते गये क्योंकि निराला अपनी कविताओं में भविष्य की ऐसी कईं सम्भावनाओं के लिए अपेक्षित 'स्पेस' निर्माण कर चुके थे। 'बम्मन का लड़का / मैं उसको प्यार करता हूँ / जात की कहारिन वह / मेरे घर की पनहारिन वह / उसके पीछे मैं मरता हूँ...' (नये पत्ते), की व्यंग्यात्मक सच्चाई

निर्मला पुतुल जैसी कवयित्री की (इक्कीसवीं सदी के आरम्भ के दशक) की कविता में पीड़ा भरे स्त्री यातना स्वर में अभिव्यक्ति पा गयी। यह प्रदीर्घ रास्ता तय कर हिन्दी कविता की धारा उद्‌गम से समन्दर तक जानेवाली नदी की धारा में आनेवाले कई मोड़ों, संघर्षों को दर्शाती, घात-प्रतिघात सहती, सूखा, विप्लव को झेलती आगे बढ़ती गयी है।

उत्तर छायावाद युग के हरिवंशराय बच्चन, नरेन्द्र शर्मा, रामेश्वर शुक्ल 'अंचल', माखनलाल चतुर्वेदी की कविता छायावाद और प्रगति-प्रयोग नयी कविता के बीच पुल बनती गयी। मधुशाला, मधुबाला, मधुकलश, निशा निमन्त्रण, एकान्त संगीत, आकुल अन्तर, प्रणय पत्रिका (बच्चन 1933-1954 के बीच लिखी कविताएँ) प्रभात फेरी, प्रवासी के गीत, पलाशवन, कदलीवन, मुट्ठीभर रहस्य (नरेन्द्र शर्मा) मधूलिका, अपराजिता, किरण बेला, करील, लालचूनर, प्रत्यूष की भटकी किरण यायावरी, वर्षान्त के बादल, विरामचिह्न, अनुपूर्वा (रामेश्वर शुक्ल 'अंचल') कविता संग्रह प्रतीकों, बिम्बों, रूपकों की वह दुनिया ले आये जो परवर्ती कविता के लिए सीढ़ियाँ बनती गयी। कुंठा, उदात्तीकरण, आक्रोश, बौखलाहट, प्रतिशोध के चढ़ाव-उतारों की ये अभिव्यक्तियाँ निकट भविष्य के पूर्वाभास थीं। 'कुंठाओं के आभास गहराने लगे', चाँदनी आँसुआ उठी', 'अरमानों की लाशें', 'छलना की लहरीली साँसें', 'मौसमी मुस्कानें', 'रक्तभरे आँसू', 'पीतरुग्णा शारदी सन्ध्या' (अंचल) जैसी अभिव्यक्तियाँ मानों परवर्ती कविता, गीत, ग ज ल के लिए द्वार खोल रही थीं। हिमतरंगिनी, हिमकिरीटनी, समर्पण वेणु लो गूँजे धरा (माखनलाल चतुर्वेदी) गरिमामय अभिव्यक्ति में भाव-विचारों को ढाल रहे थे और 'प्रेम चाहे जितना महत्त्वपूर्ण हो, लेकिन आर्थिक उपादानों से परे उसका कोई महत्त्व नहीं' (काडवेल) के विचारों के प्रभाव तहत मार्क्स, एंगिल्स के प्रभावी-आकर्षक विचारों का अनुकरण करती हिन्दी की प्रगतिशील कविता अपना भारतीय संस्करण प्रस्तुत कर रही थी।

'काव्य का स्रष्टा कोई स्वप्न द्रष्टा मानव नहीं बल्कि दैनान्दिन जीवन के संघर्षों से संलग्न, आर्थिक परिस्थितियों से पूर्णतः प्रभावित और उनसे जूझता हुआ यथार्थदर्शी मानव है। मनुष्य के मस्तिष्क में प्रादुर्भूत विभिन्न कल्पनाएँ, शब्द-चित्र, बिम्ब उसके दैनान्दिन जीवन की आर्थिक परिस्थितियों, संघर्षों और उत्पादन प्रणालियों की ही देन है। विकास की एक विशिष्ट स्थिति प्राप्त करने के साथ ही काव्य सहसा एक क्रान्तिकारी मोड़ लेता है और उसमें गुणात्मक परिवर्तन उत्पन्न हो जाता है।' मार्क्स का यह कथन छायावादोत्तर कविता का सच है। काडवेल का कथन, 'मनुष्य समाज में यौन भावना व्यक्तित्व को ही जन्म नहीं देती बल्कि सामाजिक विकास का द्वार भी खोलती है। वह सामाजिक विकास की स्थितियों से प्रभावित-परिवर्तित भी होती रहती है। यही कारण है कि मोटे तौर पर हमें सामाजिक, आर्थिक विकास के हर सोपान की अपनी एक प्रेम धारणा मिल जाती है। पूँजीवादी संस्कृति का प्रतिनिधि प्रेम गहरा वासनात्मक प्रेम है। पूँजीवाद ने मनुष्य और मनुष्य के बीच के सम्बन्धों को, मनुष्य और पण्यवस्तु, मनुष्य और बाज ार के सम्बन्धों में बदल दिया है।' काडवेल के इस कथन और

मार्क्सवादी विचारधारा की पुनर्व्याख्या, पुनर्विचार करते हुए लेनिन के 'प्रेम सामाजिक हित, समूह के प्रति जिम्मेदार है' के दर्शन हिन्दी की प्रगतिवादी, प्रयोगवादी, नयी कविता और एक्स्टेंशन स्वरूप दशकों में विकसित हिन्दी कविता में होते हैं। प्रगतिवाद प्रतिक्रिया स्वरूप और रूप बदलकर इक्कीसवीं सदी के आरम्भ तक की कविता में अपनी शब्दावली लेकर अवतरित होता रहा है।

उर्वशी के पात्रों-पुरुरवा, उर्वशी, अप्सराएँ, च्यवन ऋषी, उनकी पत्नी के द्वारा भौतिकवाद, अध्यात्म, रहस्यवाद के आधारों पर प्रेम, जीवन, स्त्री-पुरुष सम्बन्ध आदि की चर्चा दिनकर जी करते हैं। नागार्जुन जी आर्थिक विवशता में कराहते स्त्री मन को और समाज को वाणी देते हैं 'फटी दरी पर चिर रोगी बेटा बैठा हुआ है / राशन के चावल से कंकड़ गिनती पत्नी है। कोयला न होने के कारण रोटी सेंकना असम्भव है...चाँदी की बेटी है / कंचन का दूल्हा है / सोने की स्याही में छपकर वेदमन्त्र खिलते हैं /'.. .के चित्र आँकने वाले नागार्जुन 'औरतदारी न रहेगी / शक्की, सनकी पति, क्रोधी पुत्र के बीच शहीद हुई रेणुका'...के साथ 'दुधिया वात्सल्य', 'दैन्तुरिया मुस्कान' के चित्र भी आँकते हैं। 'नींद के बादल, आग का आयीना, फूल नहीं रंग बोलते हैं' (केदारनाथ अग्रवाल) की सोच देखें 'आओ भी, चलें / फूल को छोड़कर / गन्ध के साथ / आग की खोज में / रात को जीतकर जिये'...'सम्भोग की मुद्रा में / नग्न खड़े हैं / खुले आम / नर और नारी नये युग में / नयी सन्तान पैदा करने के लिए'...परवर्ती कविता की भाषा बनती नज र आती है। त्रिलोचन शास्त्री (दिगन्त, गुलाब और बुलबुल, ताप के ताए हुए दिन) का अनुभव 'उनसे भूला न गया / मुझसे भुलाया न गया / प्यार को आना था / आया वह बुलाया न गया...', रांगेय राघव का मानना (रूप छाया) 'नारी हूँ, मैं पुरुष भोगती / आज भोग्य बन गयी वही', शमशेर बहादुर सिंह की अनुभूति 'थरथराता रहा जैसे बेंत / मेरा काय...कितनी देर तक / आपाद मस्तक / एक पीपल पात में थरथर...एक पीली शाम / पतझर का अटका हुआ पत्ता...', प्रगतिशील सोच में छिपी प्रयोगशील, नयी कविता की धरोहर है।

प्रयोग को साध्य माननेवाले प्रपद्यवाद के घोषणा पत्र में खोये हुए कवि 'पसपशा' के रचयिता नलिन विलोचन शर्मा, केसरी कुमार, नरेश (नकेनवादी कवि) की अनर्गल बातें, ऊटपटाँग अभिव्यक्तियाँ, शब्दों, भाषा की अर्थहीन तोड़मरोड़ (पसपशा-1956) हिन्दी कविता का एक पैच-बेरंग पैच है जो काल की बाढ़ में तिनके-सा बह गया-सा प्रतीत होता है लेकिन उत्तर आधुनिकतावाद के कई कवियों की कविता में दृष्टिगोचर होता है। हिन्दी कविता यात्रा में ऐसी कई प्रवृत्तियाँ, आभिव्यक्तियाँ हैं जो उभरीं, फिर अन्तः सालिला सी गुप्त हुईं और पुनः कहीं जाकर दृष्टिगोचर होने लगीं।

प्रगतिशील और प्रयोगशील कवियों के भाव-विचार-शिल्प जगत् के विस्तार-विकास को नयी कविता का आकाश मिला हिन्दी कविता की समृद्धि का यह प्रतीक है। 'देखना अश्लील नहीं है, अधूरा देखना अश्लील है' का मन्त्र देनेवाले अज्ञेय और सप्तकों के कवियों के मंतव्य नयी कविता के 'सोपान के पार / आँगन के पार द्वार

खोल रहे थे।' 'नयी कविता अपने मूल स्वर में व्यक्ति के अन्तरंग आत्मकथ्य की कविता थी'...(गिरिजाकुमार माथुर)। 'नयी कविता में नया कुछ भी नहीं हुआ, हो ही क्या सकता है? केवल सन्दर्भ नया होता है और वही नया अर्थ देता है' (अज्ञेय) के विधान परवर्ती कविता में सन्दर्भ बनते गये। 'सौन्दर्य-बोध की दृष्टि से नयी कविता सौन्दर्य को यथार्थ से पृथक् वस्तु नहीं मानती। यही कारण है कि नयी कविता के लिए यथार्थ से विकसित हुई तथा कथित विकृति भी महत्त्वपूर्ण है। और नयी कविता का सौन्दर्यवाद बौद्धिक अनुभूति और बुद्धिवाद को भी स्वीकार करता है' (लक्ष्मीकान्त वर्मा)। का सच भी परवर्ती कविता का सच बनता गया। अज्ञेय, गिरिजाकुमार माथुर, भवानी प्रसाद मिश्र, वीरेन्द्र कुमार जैन, प्रभाकर माचवे, भारत भूषण अग्रवाल, नरेश मेहता, धर्मवीर भारती, रघुवीर सहाय, सर्वेश्वरदयाल सक्सेना, कुँवर नारायण, जगदीश गुप्त, श्रीकान्त वर्मा, दुष्यन्त कुमार, रामदरश मिश्र, कैलाश वाजपेयी आदि 'नयी कविता' के कवियों ने कविता के द्वारा हिन्दी कविता जगत् को भाव-विचार अर्थ की अनेकानेक दिशाओं में अभिव्यक्ति देते हुए, बिम्ब-प्रतीकों का सशक्त संसार रच दिया है। चिन्ता, इत्यलम, हरी घास पर क्षणभर, बावरा अहेरी, अरी ओ करुणा प्रभामय, आँगन के पर द्वार, कितनी नावों में कितनी बार, सुनहले शैवाल, क्योंकि मैं उसे जानता हूँ, सागर मुद्रा, पहले मैं सन्नाटा बुनता हूँ, इन्द्रधनु रौंदे हुए ये, महावृक्ष के नीचे, नदी की बाँक पर साया की प्रदीर्घ काव्य यात्रा में अज्ञेय प्रयोगशीलता, नयी कविता की भाषा का प्रयोग करते-करते अस्तित्ववादी विचारधारा से युक्त भाषा प्रयोग करते रहे।

धूप के धान, शिला पंख चमकीले, जो बाँध नहीं सका, भीतरी नदी की यात्र, छाया मत छूना मन, साक्षी रहे वर्तमान, संग्रहों की कविताओं में गिरिजाकुमार माथुर ने पारदर्शी अनुभूतियों को रूप-रस-गन्ध-दृक्-श्रव्य-स्पर्श से होते हुए परे ले जाने का सफल प्रयास किया है। छरहरी चाँदनी, ओसनीली चाँदनी, तिरछी चाँदनी, गृहिणी चाँदनी, दूध के बुरादे-सी नेह दुर्धा चाँदनी, बासमती चावल की देह हुई चाँदनी, जीवन चाँदनी चाँदनी के ये बिम्ब देखें तो कवि की नयी सोच, नयी अर्थ सामर्थ्य, नयी सन्दर्भ-सामर्थ्य के दर्शन होते हैं। 'आज जीवन चाँदनी रूठी हुई है / जि   न्दगी के चाँद का ठहराव कम है', 'आज दिखता दही-सा चाँद शीतल / कौन जाने स्याह चाँद हो कल'..., 'उड़े उजली धूल बन चाँदनी' में कवि मन की ताज   ा सोच, ताज   ा अनुभव विश्व और ताज   गी से भरी भाषा दृष्टिगोचर होती है जो नयी कविता की प्रातिनिधिक सोच और भाषा कही जा सकती है। 'आलस भरे अँधेरे में / दो काली आँखों-सी चमकीली / एक रेडियम घड़ी सुप्त कोने में चलती...उन्हीं रेडियम के अंकों की लघु छाया पर / दो छाहों का वह चुपचाप मिलन था...।', नदियाँ दो-दो अपार / बहती विपरीत छोर / कब तक मैं दोनों धाराओं में साथ बहूँ / ओ मेरे सूत्रधार', 'जल तो बहुत था / कमलों तक समझे हम / लहरें किन्तु भीतर थीं / रोओं तक समझे हम'..., का सच नयी कविता में बिखरा मिलता है। छायावाद से नाता जोड़ने वाले ये कवि छायावाद की तरलता लिए हुए छायावाद के पार जाते हुए दृष्टिगोचर होते हैं।

नयी कविता जीवन के खुरदरे यथार्थों में सौन्दर्य के नये-नये पैमाने ढूँढ़ने की प्रक्रिया की कविता है। विचार, भाव-बोध को बिम्बों में बद्ध करने के प्रयासों की कविता है, शब्दों-प्रतीकों में अतल मानस संसार को साकार करने को दुर्दांत इच्छा की कविता है।

'अनागता की आँखें', 'यातना का सूर्य पुरुष', 'शून्य पुरुष और वस्तुएँ' वीरेन्द्र कुमार जैन की आध्यात्मिक, रहस्यात्मक सोच से भौतिक जगत् को समझने, जीने के दृष्टिकोण की कविताएँ हैं। जैसे कि 'अनन्तकाल और देश बनकर फैलती चली गयी / तुम्हारी ये विराहाकुल बाहुएँ / तुम्हारें द्वारा फेंकी गयी असंख्यात सृष्टियोंमें / जाने कितने आलिंगनों में आवेष्टित होती चली गयीं / उन्हें गूँथ लेने को मेरी व्याकुल भुजाएँ...जाने कितनी ही पृथ्वियाँ गर्भिणी हुईं / मेरे महाकाम के हिल्लोलन से...।' कहीं-न-कहीं भक्तिकाल की रहस्यमयी प्रकृति से नाता जोड़ती दिखती है।

धर्मवीर भारती की कविता 'ठंडा लोहा', 'सातगीत वर्ष', 'कनुप्रिया', 'अन्धायुग' की कविता युगचेतना, सामयिक बोध, इतिहास, परम्परा और आधुनिकता के सामंजस्य, संघर्ष बिन्दुओं, रूमानियत और यथार्थ बोध के रसायन दृश्यात्मकता और श्रवणीयता के अनन्त आकाशों, विचार और भाव संघर्षों में के तादात्म्य को शब्दबद्ध, संवेदनबद्ध करनेवाली कविता है। 'कनुप्रिया' में प्रयुक्त सम्बोधन, 'अन्धायुग' के वक्तव्य पाठकों की भाव-सौन्दर्य-विचार-अनुभूति की सीमाओं को असीम बनाने की सामर्थ्य के कैनवास और चित्र दोनों एक साथ हैं। इनके 'विषय' की व्यक्ति से लेकर समष्टि तक की व्याप्ति और 'वस्तु' की सक्षमता नयी कविता की प्रगल्भ सोच, शिल्प को मिला उपहार है।

मेरे स्वर्णिम संगीत, सम्पूर्ण के लोभी, मेरे साँवरे, मेरे प्राण, हाँ चन्दन, मेरे लीलाबन्धु, एक मात्र अन्तरंग सखा, रक्षक बन्धु, लक्ष्य, आराध्य, गन्तव्य, शिशु, मेरे सहयात्री, मेरे प्रियतम, दिव्य सहचर, साँवले, समुद्र, मेरे उत्तर, मेरे धैर्य, महान् कनु, मेरे प्रभु ये सम्बोधन, विशेषण जीवन के शायद ही कोई भाव क्षेत्र, सम्बन्ध क्षेत्र भूले हों। 'अन्धायुग' की भाषा, प्रयोगधर्मिता युद्ध जैसे विषय की कालातीत समस्या, नाट्यात्मकता आदि की सामर्थ्य, वर्णनों की दीप्त भूमि, चरित्रों की सार्वभौमिकता, सार्वकलिकता, प्रतिनिधिकता, मानवीय स्वभावों-वृत्तियों, क्रिया-प्रतिक्रियाओं के अनन्त जाल आदि के साथ कृष्ण के शाप स्वीकारने पर माता गांधारी के सामने दिया हुआ कृष्ण का भाव स्पर्शी बयान सृष्टि, मृत्यु, जीवन, अनन्त कालों के चक्रों का सच और 'अठारह अक्षोहणियों सेना के बीच बार-बार मैं ही मरा हूँ' का सच अनन्त-अतल अनुभूतियों की मर्मान्तक पीड़ा का व्यक्ति सच होते हुए भी सृष्टि-ईश्वर का सच है जो व्यक्ति में साकार होता है, मिटता है और पुनः प्रस्फुटित होता है। इस तरह भारतीय सकारात्मक सोच की अनश्वरता के काव्यन्तगत दर्शन नयी कविता के बल स्थान हैं।

जगदीश गुप्त 'युग्म' में 'चेतना ही देह का कारण नहीं/देह भी चेतना का बोध है/' के भारतीय चिन्तन को प्रणयाभिव्यक्ति का प्राण बनाकर आध्यात्मिक ऊँचाइयों तक

प्रेम को ले जाते हैं। प्रणय भाव के उदात्तीकरण में भारतीय अध्यात्मक चिन्तन की साझीदार नयी कविता को नयी ऊँचाई और अस्तित्व प्रदान करती नज र आती हैं। 'देह और आत्मा का बँटवारा / अनुभव के बिन्दु पर / कायर प्रवंचना है' का भाव समूची बाज ार व्यवस्था से लिप्त सोच पर किया गया वह प्रहार है जिससे मात्र जागृति की स्थिति ही सम्भव है। भवानी प्रसाद मिश्र, प्रभाकर माचवे, भारतभूषण अग्रवाल (अनुपस्थित लोग, एक उठा हुआ हाथ, बहुत बाकी है), नरेश मेहता (बोलने दो चीड़ को, मेरा समर्पित एकान्त) रघुवीर सहाय की कविता परिवर्तित जीवन मूल्यों की त्रासदी को झेलते हुए 'हँसो जल्दी हँसो' के उपायों को खोजती मूल्यधर्मिता की कविता है। सर्वेश्वरदयाल सक्सेना की 'कुआनो नदी' अस्तित्ववादी विचारधारा का भारतीय संस्करण है। मृत्यु, जीवन के बीच अर्थ तलाशता कवि कुआनों नदी जो अस्तित्व में ही नहीं है, मुर्दे फूँकने वाली नदी, लाल पानी के होनेवाली नदी है के माध्यम से क्रान्ति, परिवर्तन, अन्धश्रद्धाएँ, अकेलापन और उदासी की भयावह यात्राएँ करा लाता है।

कुँवर नारायण, श्रीकान्त वर्मा, कैलाश वाजपेयी जैसे कवियों ने नयी कविता का एक नया मुहावरा गढ़ा। परिवेश, रिश्तों से कटती जि न्दगी, फूहड़पन, अव्यवस्था, अराजकता, भोंडापन, घुटन, संशय, मांस की गन्ध का यथार्थ, आत्मद्रोह, तनाव आदि को व्यक्त करते हुए भाषा का फुटपाथी रूप भी अंकित हुआ है। देहान्त से हटकर, तीसरा अँधेरा, महास्वप्न का मध्यान्तर (कैलाश वाजपेयी), दिनारम्भ, मायादर्पण, जलसा घर (श्रीकान्त वर्मा) की कविताओं में इसके दर्शन होते हैं। स्मशानभूमि पर बलात्कार की खबरें, बच्चे निकालनेवाली औरतें, बाहर निकलकर फिर भीतर घुसनेवाले आदमी (कैलाश वाजपेयी), कई कुंडों में स्नान करने की इच्छा, मैली होने के लिए साफ सेज (श्रीकान्त वर्मा) की कविताओं में व्यक्त भोंड़ेपन की अभिव्यक्ति और बाज ारू भाषा के कारण आगे चलकर साठोत्तरी कविता में कुत्तों के अभिसार के दर्शन होने लगे। हिन्दी कविता का यह प्रदीर्घ संसार कबीर की दशार्यी हुई चदरिया का ताना बाना है अतः उसे एकसंघ रूप में देखा जाना चाहिए तभी उसके सौन्दर्य और भव्यता के दर्शन होते हैं।

नयी कविता की प्रेरणा या प्रतिक्रिया स्वरूप उत्पन्न अ-कविता, साठोत्तरी कविता, में रूग्ण समाज की यौन परिकल्पना, आदर्श के मुखौटे और सामाजिक रूढ़ियों के प्रति आक्रोश, राजनीतिक विज्ञापन और प्रतिक्रियावादी अभिव्यंजना हुई है (नयी कविता के बाद डॉ. ओम प्रकाश अवस्थी 1974) अ-कविता का कवि प्रेम, शहर, राजनीति और औरत में फर्क नहीं मानता। सेक्स के टैब्यू उसके लिए मज ाक की चीज रह गये हैं। (दस्तावेज जगदीश चतुर्वेदी 1980) ये कथन आलोच्य काल की कविता-प्रवृत्तियों पर प्रकाश डालते हैं।

साठोत्तरी कविता मे पीड़ा का संसार, टूटने की व्यथा, बनते-मिटते की कथा, अस्तित्व की तलाश में गुमराह भटकन, असन्तोष, विद्रोह, आक्रोश, छटपटाहट बिल्कुल ही 'रॉ मटेरियल' की तरह भरे पड़े हैं अतः वे नंगापन, भदेसपन, असुन्दरता से युक्त हैं।

साठोत्तरी कविता के सम्पादक सलिल गुप्त ने कहा है 'साठोत्तरी कविता का कथ्य आत्मसंचेतन या सेक्स न होकर आत्मविस्फोट है, साठोत्तरी कविता का 'मैं' वैयक्तिक

न होकर सामूहिक है। साठोत्तरी कविता घुटन, संघर्ष से जन्मी है। वह प्रतिक्रिया है जो मरी हुई परम्पराओं, विचारों, प्रणालियों के विरुद्ध क्रान्ति का आवाहन करती है।' राजकमल चौधरी, धूमिल, चन्द्रकान्त देवताले, विष्णुचन्द्र शर्मा, विनय, बलदेव वंशी, नरेन्द्र मोहन, विजेन्द्र, सौमित्र मोहन, लीलाधर जगूड़ी, जगदीश चतुर्वेदी, श्याम परमार, ऋतुराज, सुरेश ऋतुपर्ण, अवधेश कुमार व्यास, राजकुमार कुम्भज, स्वदेश भारती, नन्दकिशोर आचार्य, श्रीराम शर्मा, राजेन्द्र किशोर, राजेश जोशी, राजीव सक्सेना, अशोक वाजपेयी, रमेश कौशिक, कुमार विमल, अक्षय उपाध्याय, मंगलेश डबराल, अजित कुमार, अरुण कमल, विष्णु नागर, विनोद भारद्वाज, सतीश जमाली, श्रीराम शुक्ल, ललित शुक्ल, जीवन शुक्ल, सुरेश, सलिल गुप्त, अरूण त्रिवेदी, रंजन अधीर, विनोद तरुण, शतदल, सोनवलकर, मनोज सोनकर...कई कवि अ-कविता, वाम कविता आदि खेमों में बँटकर साठोत्तरी कविता लिख रहे थे। साठोत्तरी कवि मोहभंग, भ्रष्ट, राजनीति, भस्मासुरी आर्थिक समस्याएँ, दिशाहीन सामाजिक सन्दर्भ, खोखले आदर्श, असुरक्षा, अजनबीनपन, भीड़ में अकेले के दबाव एक साथ झेल रहे थे।

जगदीश चतुर्वेदी द्वारा सम्पादित 'निषेध' में ग्यारह कवियों की कविताएँ हैं जो साठोत्तरी कविता का एक मोड़ माना जा सकता है। 'कुत्तों का अभिसार गाँवों में एक दिलचस्प घटना है। लगता है मुझे असाध्य रोग हो गया है। दवाई के नाम पर मैंने मुहब्बत की है / मैंने गरमागरम जाँघों पर सिर पटका / कोई झनझनाहट नहीं हुई/ केवल एक मुर्दा रात नीली रोशनी में उदास गिलहरी-सी फल कुतरती रही' (जगदीश चतुर्वेदी निसेध) 'औरतें कुतियों की तरह बिछ जाएँगी सड़कों पर / जिस्म नुचवाने के लिए / जिन्हें साँड़ खूदेंगे हाँफते हुए / पूरा शहर उस मैथुनरत चील के अन्तर्नाद में डूब जाएगा / उस समय मर्द औरतों के फालतू बालों को काट रहे होंगे ' (चन्द्रकान्त देवताले निषेध।)

सौमित्र मोहन, रमेश गौड आदि कवियों की कविता में भी उखड़ापन, बेलौस अभिव्यक्तियाँ देखी जा सकती हैं। जैसे श्याम परमार (बिना नज र लग जाती है नज र नदी की जाँघों पर), गंगा प्रसाद विमल (फरार लड़कियों के बयान, गर्भवती कुमारियाँ)। सौमित्र मोहन का 'लुकमान अली' छत में सेंध लगाकर माँ-बाप को रात भर देखता है। कपड़े बदलती औरतों को देखना उसका शौक है। आसन बदलती औरतें और शिश्न की तोपें 'लुकमान अली' में 'ब्लू फिल्म' की तरह साकार हुई हैं। वाम कवियों की जनवादी भूमिका, व्यक्ति के सम्मान की प्रवृत्तियों के बावजूद बाज ारू भाषा में आँके गये सड़क छाप प्रेमचित्रण साठोत्तरी कविता के कालानुरुप वे अभिव्यक्तियाँ हैं जो कविता को बोल्ड बनाने में तुली थीं।

ललित शुक्ल द्वारा संपादित 'वाम कविता' (1976) में स्पष्ट किया गया था कि 'वाम कविता द्वारा हमें नयी सौन्दर्य अभिरुचि के प्रसार-प्रचार के लिए काम करना है। वाम कविता में सामान्यजन हाशिए पर नही रहेगा, बल्कि उसे केन्द्र में रखना होगा। बावजूद इसके वाम कविता में संकलित कवि ब्रजेश्वर, राजकुमार सैनी, धनंजय सिंह की

कविता अपने उद्देश्यों की अनुगामिनी नहीं बनी। लेकिन आम आदमी क्या सिर्फ इतना बीभत्स ही सोचता, कहता है क्या? 'दुनिया की सारी काली / कोखें जल रही हैं' (ब्रजेश्वर), 'मैं तुम्हारें शरीर में / वे गलियाँ ढूँढ़ रहा हूँ / जहाँ से लोग / उदासी कम करने के लिए...' (लीलाधर जगूड़ी-इस यात्रा में), अशोक वाजपेयी, राजकमल चौधरी, विष्णु नागर ने मांस के दरिया के वर्णनों से अपने साठोत्तरी कवि होने को पूरा सिद्ध किया है। राजकुमार कुम्भज 'वह इनकार करेगी तब भी / मैं उसके साथ / बलात्कार की / शर्मनाक हरकत में पेश आऊँगा/' (त्रयी-2, सम्पा. जगदीश गुप्ता, 1977)। अब्दुल बिस्मिल्लाह 'हल्का होने का योग कर लो / नौकरानी से सम्भोग कर लो' (त्रयी-2)। 'त्रयी-1', 'त्रयी-2', 'विजप', 'विजप', 'निषेध' आदि सम्पादित संग्रहों के साठोत्तरी कविता का भदेसपन साफ नज र आता है। 'इस दुनिया की सबसे नंगी, सबसे मजबूर औरत का नाम है वियतनाम' (मुक्ति प्रसंग, राजकमल चौधरी) 'जब मैं बेहोश था/तब मेरे साथ/मेरी प्रेमिका के स्थान पर/एक मशीनगन को सुला दिया' (समीप और समीप रमेश कौशिक)। 'और मैं उसके अँधकार में/प्रवेश करता हूँ एक और अन्धकार की तरह/ और वहाँ होता है एक भयावह सनसान / दर्द और इतिहास' (पहाड़ पर लालटेन मंगलेश डबराल)। में की त्रासदियाँ चाहे जितनी सच हों लेकिन यौन प्रतीकों में परिवर्तित की गयीं वस्तुएँ अपना प्रभाव किस रूप में दिखाती हैं यह पाठकों से तो कोई पूछे। राजीव सक्सेना (आत्म निर्वासन तथा अन्य कविताएँ), राजेश जोशी (एक दिन बोलेंगे पेड़), स्वदेश भारती (तपिश मिटती नहीं), धूमिल (संसद से सड़क तक) की कविताओं में बेलौसपन के साथ काव्यात्मक मर्मस्पर्शिता और रॉ मटेरियल को संस्कारित कर की गयी प्रस्तुति अर्थात् विचार कविता के दर्शन होते हैं। आक्रोश, क्रोध को संयमित कर सड़ाँधता को हटाकर व्यक्त इन कविताओं में पाठकों को सोचने के लिए बाध्य करने की क्षमता भी परिलक्षित होती है। 'यह सन् 1960 की बात है / जब मैं अपनी कविताओं की हद फाँद रहा था'...धूमिल का यह कथन साठोत्तरी कविता के स्वरूप के कारणों पर बखूबी प्रकाश डालता है। 'हंग्री जनरेशन यानी अगली जनरेशन / हस्तमैथुन से आयेगी / गरीबी, मूर्खता, नपुंसकता की कीमत / पुरुषों से नहीं, औरतों से वसूल की जाएगी' (परेश-निषेध) में इस विचार कविता की पार्श्वभूमि दिखाई देती है। उदय प्रकाश, चन्द्रकान्त देवताले, लीलाधर जगूड़ी, राजेश जोशी, सतीश धर में दाम्पत्य जीवन के चित्र साठोत्तरी कविता की बाढ़ के बाद की शीतल नदी के अस्तित्व के संकेत देते हैं। सुरेश ऋतुपर्ण, कुमार विकल, विनय और चौथा सप्तक के कवियों में प्रेम की सुन्दर कोमल मानसिक धरातल की अभिव्यक्तियाँ देखी जा सकती हैं। 'कोई मेरा इन्तजार करता है / शब्दों को अधरों में छिपाए / जिनका सन्दर्भ मुझसे जुड़ा है' (सुरेश ऋतुपर्ण अकेली गौरैया देख)', 'गलती तो मेरी ही थी / मैंने फूल बनना चाहा / जब कि काँटा बनने का विकल्प / मौजूद था सामने' (कुमार विकल ये अभंग अनुभव अमृत, ये सम्पुट सीपि के)। विनय के 'कई अंतराल' एवं अन्य कवियों में का स्वस्थ चित्रणों का सिलसिला 'चौथे सप्तकों' के कवियों में पनपता, फूलता दिखता है। अवधेश

कुमार, राजकुमार कुम्भज, नन्दकिशोर आचार्य सुमन राजे, श्रीराम वर्मा, राजेन्द्र किशोर की कविता में पुनः सौन्दर्याभिव्यक्ति के रुझान की ओर झुकी कविता दृष्टिगोचर होती है।

ध्वंस, आक्रोस, बीभत्सता, अश्लीलता, नंगापन, भदेस, बेलौस बाज ारू भाषा, क्षणिक प्रतिक्रिया भले ही कविता में स्थान पा लिया हो वह स्थायी स्वभाव नहीं बन सकता। साठोत्तरी कविता ने पुनः इस बात को अधोरेखांकित किया। 'पसपशा' के नकेनवादी कवियों की अगली कड़ी साठोत्तरी कविता ने विकृति को प्रकृति बनाने की चेष्टा की लेकिन प्रकृति ही प्रकृति बन जाती है, विकृति को या तो त्यागना पड़ता है या उदासीकरण की बैसाखी से उसे झटकना पड़ता है के सच को पुनः एक बार सिद्ध कर दिया गया। नयी कविता के प्रतिक्रियारूप साठोत्तरी कविता की विस्तार पाने की चाह को उनहीं रचनाकारों ने त्याग दिया और पुनः कविता की मुख्य धारा के साथ वे जुड़ गये यही इस बात का प्रमाण है। हिन्दी कविता इस तरह हर युग में मनुष्य का अंकन करते हुए प्रकृति प्रदत्त मनुष्य की स्वस्थ, आदर्श, मूल्याधिष्ठित, संस्कारित इच्छाएँ, अभिलाषाएँ स्वभाव दर्शन कराती आयी हैं जो हिन्दी कविता का कविता-स्वभाव है।

उपर्युक्त विवेचन जिन कवियों के और जिन कविता संग्रहों के आधार पर किया गया है उनकी सूची निम्नानुसार है

प्रगतिशील कवि रामेश्वर शुक्ल 'अंचल' प्रत्यूष की भटकी किरण यायावरी, वर्षान्त के बादल, अनुपूर्वा, विरामचिह्न, **दिनकर** उर्वशी, **सुमन** हिल्लोल, विश्वास बढ़ता गया, पर आँखें नहीं भरी, प्रलय सृजन, मिट्टी की बारात, विन्ध्य हिमालय, **नागार्जुन** प्यासी पथराई आँखें, तालाब की मछलियाँ, **केदारनाथ अग्रवाल** युग की गंगा, फूल नहीं रंग बोलते हैं, आग का आईना, **त्रिलोचन-गुलाब** और बुलबुल, ताप के ताए हुए दिन, **रांगेय राघव** रूप छाया, **रामविलास शर्मा** रूप तरंग, **मुक्तिबोध** चाँद का मुँह टेढ़ा है, भूरी-भूरी ख़ाक धूल, **शमशेर बहादुर सिंह** कुछ और कविताएँ, चुका भी हूँ नहीं मैं, इतने पास अपने, **केदारनाथ सिंह** अभी बिल्कुल अभी, ज मीन पक रही है।

प्रयोगवादी नलिन विलोचन शर्मा, केसरी कुमार, नरेश पसपशा, (नकेनवादी कवि) 'पसपशा' संग्रह **नयी कविता अज्ञेय** इत्यलम्, हरी घास पर, कितनी नावों में कितनी बार, क्योंकि मैं उसे जानता हूँ, सागर मुद्रा, पहले मैं सन्नाटा बुनता हूँ, नदी की बाँक पर छाया, आँगन के पास द्वार, इन्द्रधनुष रौंदे हुए, महावृक्ष के नीचे, बावरा अहेरी, **गिरिकुमारमाथुर** धूप के धान, शिला पंख चमकीले, जो बँध नहीं सका, भीतर नदी की यात्रा, साक्षी रहे वर्तमान, **वीरेन्द्र कुमार जैन** अनागता की आँखें, यातना का सूर्य पुरुष, शून्य पुरुष और वस्तुएँ, **धर्मवीर भारती** ठंडा लोहा कनुप्रिया, अन्धा युग, सात गीत वर्ष, **जगदीश गुप्त-युग्म**, **भवानी प्रसाद मिश्र** चकित पहै दुःख, खुशबू के शिलालेख, **प्रभाकर माचवे** अनुक्षण, स्वप्न भंग, **भारत भूषण अग्रवाल** अनुपस्थित लोग, एक उठा हुआ हाथ, **नरेश मेहता** मेरा समर्पित एकांत, बोलने दो चीड़ को, **रघुवीर सहाय** आत्महत्या के विरुद्ध, लोग भूल गये हैं, हँसो जल्दी हँसो, **सर्वेश्वर दयाल सक्सेना** गर्म हवाएँ, जंगल का दर्द, कुआनों नदी **कुँवर नारायण** अपने सामने, **श्रीकान्त वर्मा** माया दर्पण,

दिनारम्भ, जलसा घर, **दुष्यन्त कुमार** जलते हुए वन का वसन्त, साए में धूप **कैलाश वाजपेयी** देहान्त से हटकर, तीसरा अँधेरा, महास्वप्न का मध्यान्तर।

साठोत्तरी कविता **लीलाधर जगूड़ी** इस यात्रा में, घबराये हुए शब्द, नाटक ज ारी है, **धूमिल** संसद से सड़क तक, सुदामा पाण्डेय का प्रजातन्त्र, **सौमित्र मोहन** लुकमान अली तथा अन्य कविताएँ, **विनय** पुनर्वास का दंड, **जगदीश चतुर्वेदी** निषेध, दस्तावेज , विजप, **ललित शुक्ल** वाम कविता, **प्रकाश जैन** लहर, **अशोक वाजपेयी** शहर अब भी सम्भव है, **नरेन्द्र मोहन** कहीं भी खत्म नहीं होती कविता, **विष्णु नागर** तालाब में डूबी छः लड़कियाँ, **जगदीश गुप्त** त्रयी 1, 2, **रमेश कौशिक** समीप और समीप, **मंगलेश डबराल** पहाड़ पर लालटेन, **राजीव सक्सेना** आत्मनिर्वासन तथा अन्य कविताएँ, **राजेश जोशी** एक दिन बोलेंगे पेड़, **स्वदेश भारती** तपिश मिटती नहीं, **चन्द्रकान्त देवताले** लकड़बग्घा हँस रहा है, **कुमार विकल** ये सम्पुट सीपि के, **सतीश धर** कल की बात, **अजीत कुमार** ये फूल नहीं, अकेले कंठ की पुकार, **सुरेश ऋतुपर्ण** अकेली गौरैया देख, **नन्दकिशोर आचार्य** जल है जहाँ, **अरुण कमल** अपनी केवल धार, **चौथा सप्तक** अवधेश कुमार, राम कुमार, कुम्भज, स्वदेश भारती, नन्दकिशोर आचार्य सुमन राजे, श्रीराम वर्मा, राजेन्द्र किशोर।

श्याम सुन्दर बिजूका 1992, **चिरंजीलाल** छायागाछ-1992, **नौरतन भण्डारी** आहट-1992, **राजेन्द्र कानूनगो** धारदार-1992, **गीतेश** शब्द यात्रा-1992, **हृदय पाण्ड्ये** मौसम की वापसी-1992, **देवदीप** इस यात्रा से गुज रते हुए-1992, **नवल** कालाहाँडी थरथराती नदी पर पुल-1992, **प्रफुल्लचन्द पट्टनायक** स्वर्ण कुंडल-1993, **मधुर परमार** एक आयोध्यावासी का वचन-1993, **छविनाथ मिश्र** ऋतुरंग सुनो कविता मेरा नाम ईश्वर है-1995, **कालीचरण गुप्त 'सय्याद'** अक्षरों के आयीने में, हमसफर है शाइरी मेरी-1995, **प्रभात पाण्डये** पता नहीं यह सिलसिलें की शुरुआत है या खात्मा-1997, सपनों का बाज ार, **सुरेन्द्र बाफना** अपने ही घर में अजनबी-1997, **पुर्णेंदु ठाकौर** बूँद-बूँद कविता-1997, **प्रफुल्ल कालख्यान** मँजी हुई शर्म का लोकतंत्र-1997, **नूर मुहम्मद नूर** ताकि खिलखिलाती रहे पृथ्वी-1997, **हरिहर वैष्णव** एकाएक नहीं होता कुछ भी, **सैय्यद रियाज रहीम** है तुम से इतना (ग ज ल संग्रह)-2007, **काशीनाथ अंबगले** अधूरे शब्द-1999, **प्रमोद सिन्हा** देश-1999, **महीपाल** दिल चुन ले अपनी सौगात (ग ज ल संग्रह)-2000, **रमेशचन्द्र शर्मा** चन्द्र-क्षणांश (हाइकू संग्रह)-2001, **किशोर कुमार कौशल** मिट्टी की पुकार-2001, **सदाशिव कौतुक** आर-पार (हाइकू संग्रह)-2001, **ए. बी. सिंह** करो राष्ट्र निर्माण (दोहा सतसई)-2001, **बलदेव वंशी** पत्थर तक जाग रहे हैं-2000, **राम किशन सोमानी** अपने इसी शहर में-2000, **बाबूलाल वत्स** चन्दा तेरी कला अनेक-1997, **देवेन्द्र शर्मा 'इन्द्र'** आँखों खिले पलाश (दोहा संग्रह)-1997, **आचार्य सारथी** अनहद (ग ज ल संग्रह)-2002, **अनुपम कुमार** मैं बेचता हूँ दर्द-2001, **अक्षय गोजा** तो अब चिन्ता क्या हैं-2001, **मनोज कुमार कैन** मुक्ति-2002, **गुलाब चन्द कोटड़िया** ठूँठ की आशीश-2002, **गूँगर** तुम्हीं कोई नाम दो-2003, **गणेश**

गायक्वाड चाँद का सफर-2003, **टी.सी. गोयल** इन्द्रधनुष, **नीलेश नील** चुभन, **शरदेंदु शुक्ल 'शरद'** हास्यास्पद (हास्य-व्यंग्य)। **कर्नल डॉ. वीरेन्द्र प्रसाद सिंह** रक्तांजलि, बूँद-बूँद प्यास, अँधेरों के पार।

उद्धव महाजन 'बिस्मिल' थोड़ा-सा आसमान, **गजेन्द्र उपाध्याय** सूर्य की आत्महत्या। घनश्याम अग्रवाल, शोभनाथ यादव, धमेन्द्र गुप्त, भगवती प्रसाद निदारिया, हरि मोहन, अशोक पाण्डये, शैलेश, सुदेश वर्मा डॉ. ज र्रा राकेश रेणु, अरूण वीर सिंह, मधुकर गौड़, किरण पाल सिंह, मदन मोहन उपाध्याय, सुरेन्द्र वर्मा, फौजदार माली, राजी सेठ, पूनम सिंह, हर्ष शर्मा, सुखवीर सिंह, प्रेमशंकर, राजेन्द्रकुमार, बरठे, ओमप्रकाश वाल्मीकि, मोहनदास नैमिशराय, राम शिरोमणि 'होरिल', दयानन्द बटोही, एन. सिंह, भूप सिंह, रघुनाथ प्यासा, धूमिल, नागार्जुन, हरिश्चन्द्र पाण्डे, कमलेश्वर साहू, रवीन्द्र स्वप्निल, प्रजापति, सुधांशु उपाध्याय, पंकज परिमल, उपेन्द्र कुमार, प्रमोद कुमार तिवारी...इन नामों में अनगिनत नाम जोड़े जा सकते हैं। यह मात्र एक झलक है। यह सूची मात्र संकेत है इस बात का कि इन कालखंडों में कितनी बड़ी तादाद में, कितने विविध स्तरों पर और विविध प्रवृत्तियों में ढलकर कवि कविता सृजन कर हिन्दी कविता को बहुआयामी बना रहे थे और इक्कीसवीं सदी के आरम्भ के दशक में भी इस सृजन कार्य में किसी भी तरह से कोई कमी या रुकावट नहीं आयी है।

आधुनिक हिन्दी कविता का विकास क्रम एक झलक यदि आरम्भ से देखनी हो तो निम्नांकित सूची पर्याप्त सहायता कर सकती है

सूर्यकान्त त्रिपाठी 'निराला'	अनामिका-1969, परिमल-1972, नये पत्ते-1972
जयशंकर प्रसाद	कामायनी-1936
सुमित्रानन्दन पन्त	पल्लव, ग्राम्या, पौ फटने से पूर्व
महादेवी वर्मा	यामा
हरिवंश राय 'बच्चन'	मधुशाला, मधुकलश, मधुबाला
रामेश्वर शुक्ल 'अंचल'	वर्षान्त के बादल-1957, विराम चिह्न-1957, प्रत्यूष की भटकी किरण यायावरी-1964, अनुपूर्वा-1970
रामधारी सिंह 'दिनकर'	आत्मा की आँखें-1964, हारे को हरिनामा-1970, उर्वशी-1961
शिव मंगल सिंह 'सुमन'	हिल्लोल-1972, प्रलय सृजन-1969, विश्वास बढ़ता ही गया-1967, पर आँखें नहीं भरी-1967, मिट्टी की बारात, विन्ध्य हिमालय
नागार्जुन	तालाब की मछलियाँ, प्यासी पथरायी आँखें-1962
केदारनाथ अग्रवाल	फूल नहीं रंग बोलते हैं-1965, आग का आयीना-1962,
त्रिलोचन	गुलाब और बुलबुल-1956, दिगंत-1957, ताप के ताए हुए दिन-1980
रांगेय राघव	रूप छाया

रामविलास शर्मा	रूप तरंग
मुक्तिबोध	चाँद का मुँह टेढा है-1965, भूरी-भूरी खाक धूल
शमशेर बहादुर सिंह	कुछ कविताएँ-1957, कुछ और कविताएँ-1961, चुका भी हूँ नहीं मैं-1975, इतने पास अपने-1980
केदारनाथ सिंह	अभी बिल्कुल अभी-1960, ज मीन पक रही है-1980
अज्ञेय	आत्मने पद-1960, क्योंकि मैं उसे जानता हूँ-1970, सागर मुद्रा-1970, पहले मैं सन्नाटा बुनता हूँ-1976, नदी की बाँक पर साया-1981, आँगन के पास द्वार-1969, हरी घास पर क्षण भर, इन्द्रधनू रौंदे हुए ये, महावृक्ष के नीचे, बावरा अहेरी
गिरिजा कुमार माथुर	पके धान-1955, शिला पंख चमकीले-1961, जो बँध नहीं सका-1968, भीतरी नदी की यात्रा, साक्षी रहे, वर्तमान-1979
वीरेन्द्र कुमार जैन	अनागता की आँखें-1959, यातना का सूर्यपुरुष-1966, शून्य पुरुष और वस्तुएँ-1972
धर्मवीर भारती	कनुप्रिया-1978, ठंडा लोहा-1970, अन्धा युग, सात गीत वर्ष-1976
जगदीश गुप्त	युग्म-1973
भवानी प्रसाद मिश्र	चकित है दुःख-1977, खुशबू के शिलोलख, इदम् मम
प्रभाकर माचवे	अनुक्षण-1959, स्वप्नभंग-1957
भारत भूषण अग्रवाल	अनुपास्थित लोग-1955, एक उठा हुआ हाथ-1976
नरेश मेहता	मेरा समर्पित एकान्त-1962, बोलने दो चीड़ को-1961
रघुवीर सहाय	आत्महत्या के विरुद्ध-1967, लोग भूल गये हैं-1982, हँसो जल्दी हँसो
सर्वेश्वर दयाल सक्सेना	गर्म हवाएँ-1969, जंगल का दर्द-1976, कुआनो नदी
कुँवर नारायण	अपने सामने
श्रीकान्त वर्मा	दिनारम्भ-1967, माया दपर्ण-1967, जलसाघर-1973
दुष्यंत कुमार	जिलते हुए वन का वसन्त, साये में धूप
कैलाश वाजपेयी	देहान्त से हटकर-1967, तीसरा अँधेरा-1972, महास्वप्न का मध्यान्तर-1980
लीलाधर जगूड़ी	घबराये हुए शब्द-1981, इस यात्रा में-1974, नाटक ज री है-1972
धूमिल	संसद से सड़क तक, सुदामा पाण्डये का प्रजातंत्र
सौमित्र मोहन	लुकमान अली तथा अन्य कविताएँ-1978
विनय	पुनर्वास का दंड-1978, कई अंतराल

अशोक वाजपेयी	शहर अब भी सम्भावना है-1966
नरेन्द्र मोहन (संपा.)	कहीं भी खत्म नहीं होती कविता-1978
विष्णु नागर	तालाब में डूबी छः लड़कियाँ-1980
रमेश कौशिक	समीप और समीप-1970
मंगलेश डबराल	पहाड़ पर लालटेन-1981
राजीव सक्सेना	आत्म निर्वासन तथा अन्य कविताएँ-1966
राजेश जोशी	एक दिन बोलेंगे पेड़-1980
स्वदेश भारती	तपिश मिटती नहीं-1978
चन्द्रकांत देवताले	लकड़बग्घा हँस रहा है-1980
सतीश धर	कल की बात-1981
अजीत कुमार	ये फूल नहीं-1970, अकेले कंठ की पुकार-1958
सुरेश ऋतुपर्ण	अकेली गौरैया देख-1980
नन्दकिशोर आचार्य	जल है जहाँ-1980
कुमार विकल	ये अभंग अनुभव-1974, ये सम्पुट सीपि के
वाम कविता	संपा. ललित शुक्ल
विजप	1967
निषेध	सम्पा. जगदीश चतुर्वेदी
जगदीश गुप्त	त्रयी-1974

ज्ञानेन्द्रपति तुम्हारी जठराग्नि को ईंधन मिले न मिले/ ईंधन तो चाहिए ही उनकी मोटर गाड़ियों को/ कितने युद्ध लड़े गये इस ईंधन की खातिर/ बूराक की लहूलूहान छाती में अभी तक धँसा है साहफन/ लेकिन धरती की नड़ियों में जितने भी है तेल/ उनकी गाड़ियों के लिए है कम/ और इसीलिए जैवईंधन है ज रूरी..., **सुधांशु उपाध्याय** अच्छे लोग अन्दर से टाट/ बाहर से मलमल होते हैं/ अच्छे लोग प्रायः प्रैक्टिकल होते हैं/ अच्छे लोग आदिवासी/ औरतों में इंट्रेस्ट रखते हैं..., **पंकज चतुर्वेदी** रक्तचाप जीवित रहने का दबाव है/ या जीवन के विशृंखलित होने का?/ तुम कितना सह सकते हो/ इससे तय होती है/ तुम्हारे जीवन की मियाद..., **नरेन्द्र** बसते-बसते हमको रोज उजड़ना होता है कई-कई किश्तों में हम को मरना होता है..., **हरिचन्द्र पाण्डये** सदा कोमल ही नहीं होती/ कुछ बेलें लकड़ी के गट्ठर बाँधने के काम भी आती हैं..., **यश मालवीय** सन्नाटे की चलनी से/ संवादों को छान गये/ कबीरा का ढाई आखर/ हम लेने दुकान गये...आधुनिक हिन्दी कविता के विकास क्रम की यह एक झलक है जिसमें परिवर्तित समयों के साथ परिवर्तित सोच अभिव्यक्ति के नये तेवर, भाषा के नव नवीन अन्दाज साफ नज र आते हैं।

ये चन्द उदाहरण इसलिए कि परिवर्तित सोच और नज रिये के अनुसार भाषा के तेवर भी किस तरह परिवर्तित होते रहते हैं, इसकी एक झलक देखी जा सके।

नयी कविता : खुरदरे यथार्थ का प्रतिनिधित्व

कविता के सन्दर्भ में आधुनिक काल भारतेन्दु युग (1857 से 1900), द्विवेदी युग (1900 से 1920), छायावाद (1920 से 1936), प्रगतिवाद (1936 से 1943), प्रयोग वाद (1943) से माना जाता है। द्विवेदी युग का परिनिष्ठित-संस्कृतनिष्ठ भाषा का आग्रह, स्त्री के प्रति का उच्च कोटि का आदर भाव, प्रेम के उदात्त रूपों का चित्रण; छायावाद की चरम श्रेणी की संवेदनशीलता, तरलता, प्रकृति एवं मानवीय भावनाओं का सम्मिश्रण, रहस्यात्मक अभिव्यक्ति प्रवृत्ति, कलात्मकता का आग्रह, शिल्प के नव-नवीन प्रयोग, भाषा का अत्यधिक निखरा हुआ रूप एवं व्यंजना शक्ति का बाहुल्य, ऐसी कई विशेषताएँ लेकर हिन्दी कविता के विकास युगों की यात्रा आगे बढ़ती गयी है।

साहित्य के क्षेत्र में प्रगतिवाद एवं प्रगतिशील कविता मार्क्स के विचार एवं सिद्धान्तों से प्रभाव ग्रहण कर साकार हुई। मार्क्स को वर्ग विहिन समाज रचना अपेक्षित थी। उसका समूचा चिन्तन श्रमजीवियों, मज दूर, शोषित-पीड़ित-दलित वर्ग, खेतीहारा का पक्षधर था। पूँजीपति, सत्ताधारी, शोषण करनेवालों की सत्ता को मार्क्स के सिद्धान्तों ने चुनौती दी। हिन्दी के प्रगतिशील कवि इस विचारधारा से प्रभावित हुए थे। छायावादी कवि निराला के 'नये पत्ते' संग्रह से प्रगतिशील विचारधारा हिन्दी में अवतरित होने लगी थी। निराला, पन्त (युगवाणी, ग्राम्या) केदारनाथ अग्रवाल, (फूल नहीं रंग बोलते हैं, आग का आयीना), नागार्जुन (प्यासी पथरायी आँखें, खिचड़ी विप्लव देखा हमने, भस्मांकुर, पुरानी जूतियों का कोरस) त्रिलोचन, शिवमंगल सिंह सुमन, रांगेय राघव, भारतभूषण अग्रवाल, मुक्तिबोध प्रगतिशील कविता के सशक्त हस्ताक्षर हैं।

नागार्जुन की 'अकाल' और 'उसके बाद' कविता शिल्प एवं प्रगतिशील विचारों की कलात्मक अभिव्यक्ति को लेकर बहुचर्चित कविता है। अकाल की भयावहता से पीड़ित व्यक्ति की मानसिकता, उसके दुःख, उसकी स्थिति आदि का वर्णन कवि ने कुछ वस्तुओं, प्राणियों आदि के माध्यम से किया है। 'कुछ दिनों तक चूल्हा रोया, चक्की उदास रही, कानी कुतिया उदास सोयी रही, छिपकलियों ने दीवार पर गश्त लगायी, चूल्हों की हालत खस्ता रही' इस वर्णन में जिसके दुःख का वर्णन करना है वह आदमी गायब है लेकिन उसके अकाल पीड़ित घर के सभी प्राणी, सभी वस्तुएँ कैसी बेहाल और उदास हैं इसका वर्णन कवि ने बिल्कुल आंचलिकता को साकार करते हुए किया है। लेकिन कवि का आशावादी दृष्टिकोण यह कहना चाहता है कि यह अकाल जीवन का

सच नहीं है। कई दिनों के बाद घर में दाने आये, आँगन से ऊपर धुआँ उठा, घरभर की आँखें चमक उठीं, कौए ने पाँखें खुजलायी। यह वर्णन घर की खुशियाँ यानी घर में रहनेवालों की खुशियों को व्यक्त करता है। जैसे इस घर से जुड़ा हुआ कौआ, चूहा, छिपकली चूल्हा-चक्की, कुतियां इस घर के सदस्य हैं। आंचलिकता का यह हु-ब-हू चित्रण है। इस कविता के शिल्प के बारे में कुछ कहना आवश्यक है। कई दिनों तक, कई दिनों के बाद की पुनरावृत्ति हर पंक्ति में है। इससे लयात्मकता तो आयी है साथ ही परिस्थितियों की भयावहता, दीर्घकालिकता भी दर्शायी गयी है। कई दिनों तक क्या रहा? और कई दिनों के बाद क्या हुआ? के ये चित्र एक दूसरे की पार्श्वभूमि पर विसंगतियों को तीव्रता से पाठक तक पहुँचाते हैं।

'बहुत दिनों के बाद' कविता में गाँव का सुन्दर वर्णन है। गाँव की प्रकृति, भोले-भाले रूप से कवि को बिछड़ना पड़ा। शहरों का आक्रमण, उसमें फँसे हम लोग, गाँवों की सुन्दरता को याद करते रहते हैं। फूलों की सुगन्ध, गन्ना, चूसना, पगडंडी पर भटकना ये छोटे-छोटे सुख हमें शहर में नहीं मिलते। इनसे वंचित कवि बहुत दिनों के बाद जब इन सबका आस्वाद लेता है तब वह कितना आनन्दित हुआ इसका दृश्य इस कविता में अंकित किया गया है। अब की मैंने जी भर कर भोगे गन्ध-रूप-रस-शब्द-स्पर्श सब साथ-साथ इस भू पर 'बहुत दिनों के बाद' में सामान्य खुशियाँ प्राप्त करने के लिए व्याकुल कवि मानस के दर्शन होते हैं।

'सिन्दूर तिलकित भाल' में ठेठ प्रगतिशील तेवर, घोषणा, आक्रोश, समाज के प्रति विद्रोह का भाव है। पत्नी से न मिलने की वेदना है। इस कविता की भाषा में प्रगतिशील प्रवृत्ति का विद्रोह, शिकायत, क्रान्ति के तेवर स्पष्ट हुए हैं।

केदारनाथ अग्रवाल की 'कमासिन टिमटिमाती लालटेन की तरह' और 'मेड़ पर इस खेत की बैठा अकेला' कविताएँ गाँव की मधुर स्मृतियों को सँजनेवाली कविताएँ हैं। कमासिन-गाँव जो कभी पुरखों ने बड़ी लगन, मेहनत से बसाया था, आज उपेक्षित है, दिल्ली से दूर है, पीड़ित, त्रस्त, अपमानित, भूख, भय, बीमारियों से ग्रस्त है उसमें न तो पुरखों के निशान हैं न अतीत है। 'भारत गाँवों में बसता है' यह मात्र घोषणा है आज हमारे गाँव कितने उपेक्षित हैं इसका जीता जागता सबूत कवि ने इस कविता में प्रस्तुत किया है। मेड़ पर इस खेत में कविता में भी गाँव की मधुर स्मृतियाँ उल्लेखित हैं। यहाँ प्रकृति पर मानवीय भावनाओं का आरोपण किया है। हरा चना ठिंगना है, गुलाबी फूल का मुरैठा, हठीली अलसी, सयानी सरसों, हाथ पीले कर ब्याह मंडप में पधारी, जैसे कई बिम्ब इस कविता में हैं। दूर व्यापारिक नगर से प्रेम की भूमि उपजाऊ अधिक है, पंक्तियाँ शहर-गाँव की तुलना में गाँव महत्ता को अंकित करती नज र आती हैं।

केदारनाथ अग्रवाल की 'मैं लड़ाई लड़ रहा हूँ मोरचे पर', धर्मवीर भारती की 'टूटा पहिया', और 'एक प्रश्न', सर्वेश्वर दयाल सक्सेना की 'युद्ध स्थिति' कविताओं का विषय युद्ध है, युद्ध की विभिन्न स्थितियों को ये कवि रेखांकित कर रहे हैं और उन स्थितियों में फँसे मनुष्य को भी। ये युद्ध मात्र युद्धभूमि में या बाहर खेले जाने वाले युद्ध नहीं हैं। युद्ध भले ही बाहर खेला जाए उसके तमाम परिणाम आन्तरिक स्तर पर भोगने

पड़ते हैं। ये सभी कविताएँ इस मानसिक, आन्तरिक युद्ध की ओर संकेत कर रही हैं और आधुनिक मनुष्य के आकुल, संघर्षरत, तनाव ग्रस्त, प्रश्नों से जूझती मानसिकता की विभीषिकाओं को व्यक्त कर रही हैं। धर्मवीर भारती की 'टूटा पहिया' और 'एक प्रश्न' कविताएँ महाभारत के सन्दर्भों को आधुनिक परिवेश-सन्दर्भों के साथ जोड़ रही हैं। चक्रव्यूह, अक्षौहिणी सेनाएँ, दुस्साहसी अभिमन्यु, असत्य जानते हुए भी अकेली निहत्थी आवाज को ब्रह्मास्त्र से कुचलनेवाले महारथी और उनके बीच रथ का टूटा पहिया जो महाभारत में हार गया था लेकिन कवि के प्रयोगशील दृष्टि में यह टूटा हुआ पहिया ही ब्रह्मास्त्र से लोहा ले सकता है। इसलिए इसे फेंकना नहीं चाहिए यानी इतिहास की हार को भूलना, उपेक्षित करना नहीं चाहिए क्योंकि कवि का विश्वास है कि सच्चाई इस टूटे पहिये का आश्रय भी ले सकती है, अर्थात् कल का हारा हुआ आज विजय, मान-सम्मान, आदर का प्रतीक हो सकता है। कनुप्रिया भारतीजी का श्रेष्ठ खण्डकाव्य है जिसमें राधा कृष्ण से प्रश्नों के उत्तर चाहती है ये प्रश्न समूची मानव जाति के सम्मुख खड़े प्रश्न हैं जिनके उत्तर मिलने की सम्भावना नहीं है, युद्ध समूची कोमल, स्नेहिल भावनाओं को, मानवतावादी दृष्टिकोण को शान्त शीतल वातावरण को निगल जाता है। फिर भी युद्ध की चाह क्यों होती है? राधा इन्हीं प्रश्नों से व्याकुल है मानो आज समूची मानव जाति इन्हीं प्रश्नों के उत्तर ढूँढ़ रही है। जिस यमुना तट पर राधा-कृष्ण के बीच प्रेम, कोमलता, जीवन की मधुरता, उत्कटता, जन्मी-पली-विकसित हुई थी आज वहाँ पर सेनाएँ हैं टनकार है क्रन्दन है कृष्ण ने ऐसा क्यों चाहा? जिस कदम्ब की डाल से सटकर वह बाँसुरी बजाता था उसे उसीकी सेनाओं ने काटा है। कृष्ण स्वयं यह विनाश क्यों चाहता है? अर्जुन की तरह कृष्ण राधा को भी समझाएँ राधा की यह चाह, जिज्ञासा मानवीय मन की जिज्ञासा है। और राधा द्वारा उपस्थित किया गया प्रश्न कि वह प्रेम, तन्मयता, आत्मीयता अर्थहीन है तो फिर सार्थक क्या है? प्रश्न में ही उत्तर है। सार्थक कुछ भी नहीं, युद्ध भी नहीं, तब भी युद्ध क्यों चाहा जाता है?

सर्वेश्वर दयाल सक्सेना की कई कविताएँ युद्ध स्थितियों की कविताएँ हैं। लीक पर न चलनेवालों को हमेशा परम्परा के शिकार बने लोगों से युद्ध करना पड़ता है क्योंकि समाज आसानी से क्रान्ति परिवर्तन को नहीं स्वीकारता। लेकिन कवि परम्परा का पालन नहीं करना चाहता इसलिए कहता है 'लीक पर वे चलें जिन के / चरण दुर्बल और हारे हैं/ हमें तो जो अपनी यात्रा से बनें/ऐसे अनिर्मित पन्थ प्यारे हैं।' कलाकार, समाज सुधारक, क्रान्तिकारक परिवर्तन लानेवाले सभी को अपने ही लोगों से विरोध, उपेक्षा, अपमान सहना पड़ता है इसके बावजूद वे नवीन पथ तलाशते हैं। इस कविता में कलाकार की सामर्थ्य और विश्वास को वाणी मिली है। 'युद्ध स्थिति' कविता में हर पंक्ति को अपना अस्तित्व रखने के लिए जो युद्ध स्तर पर संघर्ष करना पड़ता है, मानसिक, आत्मिक पीड़ा, हार झेलनी पड़ती है उसका विस्तृत वर्णन है। त्रासदी तो यह है कि आज हर व्यक्ति को जि न्दा रहने के लिए लगातार किसी न किसी युद्ध में शामिल होना पड़ रहा है। कवि इसी विदीर्ण स्थिति का बयान कर रहा है। यह युद्ध भीतर लड़ा जाता है इसलिए किसी को दिखाई नहीं देता। हर बार भीतर कुछ न कुछ

मर जाता है जैसे कोमल भावनाएँ, सिद्धान्त, विचार, इच्छाएँ या सपने। दीवारें गिरने के बजाय उठ खड़ी होती हैं। खुद को अनिच्छा से तोड़ना-मरोड़ना पड़ता है। यह लड़ाई कई बार खुद से ही होती है और युद्ध खेलते-खेलते हम स्वयं युद्ध हो जाते हैं। कवि कहता है कि 'मेरा किसी और युद्ध के लिए निर्माण मत करो।' परिस्थितियों की यह विदारकता, मन का संघर्ष, उसमें झुलसनेवाला व्यक्तित्व इन सबकों कवि ने सुन्दर प्रभावी बिम्बों के माध्यम से प्रस्तुत किया है। यह चित्रात्मकता पाठक के मनपर कई दृश्य अंकित कर जाती है। ठंडी हथेलियों को गर्म करना बर्फ के पहाड़ पिघलाना, बुझी निगाहों को रोशन करना, मन की सरहदें, दिल के मैदान, रेगिस्तान, आस्थाओं के समन्दर आदि बिम्ब स्थितियों की भयावहता को सक्षम रूप में हम तक पहुँचाते हैं। दुनिया का कोई भी युद्ध या सामरिक चालें इस युद्ध के सामने छोटी लगती हैं। इससे इस मानसिक युद्ध में शामिल होने की मजबूरी आज की व्यवस्था पर प्रहार है, पतनशील समाज पर चोट है। पैने व्यंग्य से कवि ने इसे कविता में कलात्मकता के साथ उद्घाटित किया है। सर्वेश्वर की 'कैसी विचित्र है जि न्दगी' कविता भी सामान्य व्यक्ति के जीवन संघर्ष की गाथा प्रस्तुत करने वाली सांकेतिक रूप में युद्ध कविता ही है। 'फटे कपड़े-सी यह जि न्दगी जितने पैबन्द लगाओ कम ही है' समझौते पर समझौते करने के उपरान्त भी यह जि न्दगी मनचाही नहीं हो सकती और उपलब्धियों के नाम पर ढेर सारी खंडित मूर्तियाँ झोले में आ जाती हैं। इस खंडित मूर्तियों में से किसी के हाथ नहीं, किसी का केवल पेट ही है, किसी के पैर नहीं किसी की कंचन काया, किसी की आँखें मिट गयी हैं ये सभी मूर्तियाँ प्रतीकात्मक हैं। जीवन सफल बनाने की आपाधापी में इस कदर हमारी संवेदनाएँ, क्षमताएं, विशेषताएँ कहीं खो जाती हैं और फिर हम ही टूट जाते हैं, जीर्ण शिवाले की तरह। यानी अस्तित्व बनाये रखने की इस लड़ाई में अस्तित्व की एक-एक ईंट खो जाती है। यह कविता प्रतीकात्मक स्वरूप में आज के खुरदरे भयावह यथार्थ और व्यक्ति के संघर्ष पर प्रकाश डालती है।

नयी कविता के सशक्त कवि धूमिल भाषा के गागले में कबीर से कम नहीं हैं। फक्कड़ भाषा, अपप्रवृत्तियों, बुराइयों पर प्रहार करने की सहज प्रकृति, साफ-सुथरा दृष्टिकोण, पाखंड, आडम्बर न सहने की वीरता, सिद्धान्तों की ओट में कुकर्म करनेवाले तथाकथित सभ्य समाज के कारनामों की पोल खोलने की सामर्थ्य, निडरता से घृणित कार्यकलापों का पर्दाफाश करने के तेवर और सबसे बढ़कर मनुष्य के प्रति गहरी सम्वेदना, आत्मीयता, भाषा प्रयोग की कुशलता, जीवन का गहरा अनुभव और निरीक्षण, मानवता की दृष्टि से किया गया चिन्तन धूमिल की कविता की हर पंक्ति में झाँकता है। उनकी कविता के शब्द जैसे लुहार की भट्टी की आग में तपकर आते हैं। लोहे का स्वाद, मैं हूँ, मोचीराम कविताएँ धूमिल के इसी कविता स्वभाव की साक्षी हैं शब्द कविता बनते हैं, यह जानना है तो अक्षरों के बीच गिरे हुए आदमी को पढ़ो 'लोहे का स्वाद' कविता में धूमिल कविता की परिपूर्ण परिभाषा बताता है। 'Read between the Lines' कविता के बारे में कहा जाता है। लेकिन कविता की पंक्तियों के बीच किसे पढ़ना है? गिरे हुए आदमी को! धूमिल दलित-पीड़ित, शोषित, उपेक्षित मानव की वाणी

बनकर कविता लिखता है। 'लोहे का स्वाद लोहार से नहीं जिस घोड़े के मुँह में लगाम है उससे पूछो।' पीड़ा, व्यंग्य, क्रोध का सागर उमड़ता दिखता है। 'मैं हूँ' कविता भी 'कवि' होने की पीड़ा की सार्थकता को, लोगों के दृष्टिकोण को, यथार्थ के फासलों को वाणी देती है। कवि क्या होता है? इसका इससे सुन्दर उत्तर संसार में शायद ही किसी ने दिया हो?

धूमिल की 'मोचीराम' प्रेमचन्द की मानवीय संवेदनाओं से और पात्र सृष्टि से नाता जोड़नेवाली कविता है। 'ठाकुर का कुआँ', 'पूस की रात', 'कफन' के पात्रों को न्याय देनेवाले प्रेमचन्द का आधुनिक रूप धूमिल की कविता 'मोचीराम' में दृष्टिगोचर होता है। 'न कोई छोटा है न कोई बड़ा है मेरे लिए हर आदमी एक जोड़ी जूता है,' जिसमें समाजवाद, आक्रोश, सभ्य समाज पर करारा प्रहार जीवन की बहुत बड़ी सच्चाई और दर्शन व्यक्त करनेवाले धूमिल की सशक्त भाषा से प्रभावित हुए बिना हम नहीं रह सकते। 'फिर भी मुझे खयाल रहता है कि पेशेवर हाथों और फटे जूतों के बीच कहीं न कहीं एक अदूद आदमी है। आप यकीन करें उस समय मैं चकतियों की जगह आँखें टाँकता हूँ। चोट जब पेशे पर पड़ती है/ तो कहीं न कहीं एक चोर कील/ दबी रह जाती है/ जो मौका पाकर उभरती है और अँगुली में गड़ती है'...जैसी पंक्तियों में अपने व्यवसाय से जुड़े प्रतीक को लेकर गहरा जीवन दर्शन व्यक्त करनेवाला, टिप्पणी देनेवाला, मानवीय स्वभाव की बारीकियों को सुलझानेवाला, मन की दबी भावनाओं को तर्क शुद्ध रूप में प्रस्तुत करनेवाला मोचीराम 'काग ज मसी छुओ नहीं' कहनेवाले कबीर की पंक्ति में जा बैठता है। यह मोचीराम पेशा, जाति, भाषा, न्याय, अन्याय की बात करते-करते क्रान्तिकारी दार्शनिक भी भाँति, भविष्य गढ़ने में 'चुप' और 'चीख' अपनी-अपनी जगह एक ही किस्म से अपना-अपना फ र्ज अदा करते हैं कहकर समझदार, चिन्तक की मुद्रा में सभ्य, पढ़े-लिखे, तिकड़मी समाज पर थपेड़े कस देता है।

गाँव-गाँव के प्रति संवेदनाएँ, गाँव से बढ़ती दूरी, नीरस, यान्त्रिक में गाँव की सजीवता के प्रति आकर्षण, युद्ध, युद्ध की स्थितियाँ उसमें झुलसनेवाला मन अकेलापन, संघर्ष, समाज व्यवस्था, वर्ग भेद के कारण उत्पन्न समस्याएँ व्यक्त करते हुए नयी कविता की भाषा, नये बिम्ब, प्रतीक, सहज शब्दावली से युक्त हुई है जो विषय एवं कवि की मानसिकता के अनुसार प्रभावी सम्प्रेषण करने में सक्षम है। ये कविताएँ विचार कविताएँ हैं जो पाठक को अन्तर्मुख बनाकर विचार करने के लिए बाध्य करती हैं। उनमें निराशा, उदासी, आक्रोश है अर्थात् परिस्थितियों के खिलाफ लड़ने के लिए उसे उकसाती हैं। अपनी-अपनी विचार धारा से बद्ध ये कवि चाहे प्रगतिशील हों, प्रयोगशील हों, नयी कविता के हों, समान रूप से संकट ग्रस्त मानव के संघर्ष के साथ आत्मीयता से जुड़े हैं, उसके संघर्ष के साझी हैं, उसी की भाषा में बोलते हैं। अर्थात् ये कवि खुरदरे यथार्थ को वाणी देनेवाले, पाठकों को उस खुरदरे यथार्थ में ले जानेवाले, उसका अहसास देने वाले हैं। इन कवियों की कविता का सत्य और जीवन का सत्य एक है इसलिए इनकी कविता पाठक के मन और विचार का सत्य बन जाती है।

नयी कविता का अर्थापन

नयी कविता के अर्थापन की समस्या, उसकी दुरूहता, दुर्बोधता, जटिलता, अमूर्तता जैसे विशेषणों का सामना नयी कविता को लगातार करना पड़ा और इससे वह आस्वादकों की उपेक्षा की वस्तु बनकर रह गयी। नयी कविता में ऐसा क्या है जो पाठक-समीक्षक और कविता के बीच दूरी पैदा करता रहा। दरअसल देखा जाए तो अर्थापन की समस्या कला के क्षेत्र में हरदम रहती है इसलिए कला, कला होती है। इंटरप्रिटेशन करने में आस्वादक को अपनी बुद्धि, भावना, अनुभव, अनुभूतियों को दाँव पर लगाना होता है और दाँव पर लगाने की क्षमता जिसकी अधिक या दाँव पर लगाने के लिए जिसके पास सामग्री (मटेरिअल) अधिक। वह कला को अधिकाधिक आयामों से अधिकाधिक स्तरों पर समझ सकता है और आनन्द प्राप्त कर सकता है अर्थात् अपने अनुभव विश्व में भाव विभोर होने के क्षणों की पूँजी अधिकाधिक जमा कर सकता है।

कबीर की उलटवासियों को छोड़िए, कबीर के कई दोहों पदों को लेकर क्या अर्थापन की समस्या का सामना नहीं करना पड़ता? अभिधात्मक स्तर पर अर्थग्रहण कर अपनी 'समझ' के प्रमाण देनेवालों की भीड़ हर युग में, हर भाषा के साहित्य के पाठक वर्गों में हमेशा अधिक होती है लेकिन क्या मात्र अभिधात्मक स्तर पर कविता का अर्थ ग्रहण कर कला के आस्वाद का उद्देश्य या अपने उदात्तीकरण का उद्देश्य या रस दशा तक पहुँचकर आनन्द प्राप्ति का उद्देश्य प्राप्त करने में सफलता प्राप्त होती है? कविता चाहे जितनी 'सपाटबयानी' लगे जब तक उसमें निहित लक्षणा, व्यंजना, प्रतीक, बिम्ब और अन्ततोगत्वा समूचे भाषा व्यवहार को कलात्मक व्यवहार के स्तर पर ग्रहण नहीं किया जा सकता तब तक कविता से पाठक का नाता 'सहृदय' का नाता नहीं हो सकता और न ही कवि को या कविता को न्याय मिल सकता है।

कबीर की उलटवासियों में आये इन प्रतीकों के अर्थ जब आध्यात्मिक-दार्शनिक-रहस्यवादी भूमिका से तय किये तब कबीर के 'वाणी की डिक्टेटरशिप' अपने आप उसकी झोली में पड़ी। द्विवेदी युग की सोद्देश्य कविता को उसकी उद्देश्य परम्परा के अन्तर्गत रखकर आसानी से समझा जा सकता है लेकिन मैथिलीशरण गुप्त की आसान लगनेवाली 'यशोधरा' जब स्त्री विमर्श में निकषों पर या उत्तर आधुनिकवाद की 'भाषा-समझ' की कसौटी पर कोई समझना चाहेगा तो शायद रूढ अर्थापन का आदी हमारा मस्तिष्क ऐसा करने में व्यवधान पैदा करेगा, प्रतिकार करने लगेगा। 'नारी की

व्यथा को वाणी देने का कार्य' करनेवाले मैथिलीशरण गुप्त की कविता नये-नये सन्दर्भों में नये-नये परिप्रेक्ष्यों में उतनी ही जटिल लगेगी। जितनी की नयी कविता। 'सखि वे मुझसे कहकर जाते' जैसी सरल पंक्तियाँ भी आज के वादों, सिद्धान्तों के कैनवास पर उतनी ही दुरूह, जटिल और सुन्दर दिखेगी जितनी नयी कविता। काल की यह दूरी लाँघकर अपने काल की प्रवृत्तियों के सन्दर्भ में अपने-वर्तमान युग के नज रिए से किसी कविता की ओर देखना यानी अर्थापन की चुनौतियों को ललकारना ही होता है। और ऐसा साहस या दुःसाहस मुक्तिबोध जैसे सक्षम कवि-समीक्षक-चिन्तक, गहरी पैठवाले संवेदनशील सर्जक, कर चुके हैं। सम्पूर्णतः छायावादी रंगों में रंगी 'कामायनी' का पुनर्मूल्यांकन मुक्तिबोध मार्क्सवादी प्रगतिवादी चेतना के अन्तर्गत करते हैं और उनका यह अर्थापन-इंटरप्रिटेशन-हमें पसन्द हो या न हो लेकिन तार्किक दृष्टि से हम उनके अर्थापन में कोई विरोधाभास या बेमेल बुद्धि-कसरत नहीं देखते। इसका अर्थ ही यह है कि कविता में ये सारे अर्थ सन्दर्भ रहते ही हैं। युगीन नज रिए से, प्रासंगिकता के तकाजे से कोई सबल-समृद्ध पाठक सुप्तावस्था में स्थित उन अर्थों को व्याख्यायित करना चाहेगा तो कविता कभी मना नहीं करती बल्कि अर्थापन के लिए स्वयं दिशानिर्देश करती है।

कविता में व्यक्त जितने रूढ़ार्थ हों उतनी कविता की व्याख्या करना आसान होता है। चाँद यह प्रतीक जब सौन्दर्य, शीतलता, प्रसन्नता, रूमानियत के लिए आता है तब आर्थापन में कोई दिक्कत नहीं होती। 'दही-सा शीतल चाँद था कल, न जाने स्याह चाँद कब होगा', गिरिजाकुमार माथुर जब 'स्याह चाँद' प्रतीक गढ़ते हैं तब अर्थापन की समस्या आरम्भ हो जाती है। सबसे बड़ा व्यवधान हमारी तार्किक बुद्धि बनती है। 'स्याह चाँद होता है क्या?' यहाँ से आरम्भ हुई हमारी अर्थापन यात्रा पंक्ति में निहित आनन्द देने के स्थल से हमे भरमाती है। कविता का अपना एक तर्क विश्व होता है। उस तर्क विश्व से परिचित होना यानी कवि क्या कह रहा है, क्या अनुभूत कराना चाह रहा है। इसे कवि के पक्ष में होकर जानना होता है यह नहीं कि अखाड़े में कवि के विरोध में विपक्ष में खड़ा होकर ऐसा क्यों? वैसा क्यों नहीं कहकर कविता पर अपने भाव, विचार, इच्छाओं के आरोप थोपना। इमरजेन्सी के आतंक, आपातकालीन स्थितियों में लिखी गयी यह कविता उस समूची राजनैतिक व्यवस्था पर कितना बड़ा कलात्मक प्रहार है इसका मर्मस्पर्शी अनुभव 'स्याह चाँद' प्रतीक के साथ एक रूप होकर ही प्राप्त किया जा सकता है और तब परिस्थितियों की भीषणता, मानवीय सम्बन्धों में आया कालापन, मनुष्यता के नये-नये मानदंड देनेवाले हम में धँसी अमानुषता की ओर यह प्रतीक हमें ले चलता है।

हरिनारायण व्यास की 'मकान' और 'आउटर पर रुकी ट्रेन' कविताएँ मकान और रुकी ट्रेन के दृश्यात्मक बिम्बों का आनन्द देती हैं लेकिन हमारी अर्थापन यात्रा इसके आगे निकल जाएँ तो ये कविताएँ आज के हमारे उखड़े मानवीय सम्बन्धों, रिश्ते-नातों पर जो भाष्य, टिप्पणी करती हैं, निष्क्रिय मनोभाव से जीवन ढोनेवाले हमारे रूटीन को

कैसे ललकारती हैं इसके संकेत यदि हम पकड़ पाएँ तो नये सिरे से कई स्तरों पर अर्थापन कर हाथ से निकल जानेवाले मैच जीतने का आनन्द निश्चित रूप से हमें प्राप्त हो सकता है। 'मैं अब इस मकान का भी मकान बन गया हूँ' पंक्ति मकान में रहनेवाले उस व्यक्ति के समूचे संघर्ष को गौरवान्वित, अतीत के बंज र वर्तमान बन जाने तक की की जानेवाली यात्रा को उद्घाटित करते हुए समूची जिजीविषा के कब्र हो जाने की त्रासदी को सौन्दर्य से रेखांकित करते हैं और करुणामय सुखद अनुभूति देते हैं इसे समझना अपने आप उस अनुभूति से गुज रना होता है। कोई भी रचना, कला, कविता जब तक पाठक उस अनुभूति से गुज रकर उसका हमसफर नहीं होता तब तक अपने अर्थ के 'अलीबाबा खज ानों' से उसे वंचित रखती है। आज के इन्फॅर्मेशन-टेक्नॉलाजी और शॉर्टकट् से युग में तब ये कलात्मक सुन्दर नमूने अनुभूति ग्रहण करने की प्रक्रिया से ऐसे ही उपेक्षित, वंचित रहने के ख़तरों से जूझ रहे हैं। मुक्तिबोध की दीर्घ कविताएँ दुरूह इसलिए हैं क्योंकि उनमें आये ये प्रतीक रूढ़ नहीं हैं। बिम्ब ही प्रतीक बन जाते हैं, अर्थात् पाठक को एक साथ दो स्तरों पर समझने की दौड़-धूप करनी पड़ती है। तीसरी बात यह कि इनमें ऊपरी तौर पर कोई लिंक नहीं है। एक 'कोलाज ' है, अस्त-व्यस्त चौकोन हैं, उन्हें जब तक सही जगह पर नहीं रखेंगे तब तक कोई चित्र नहीं बनता। यानी सर्कस में इस छोर से उस छोर हवा में अपने आप को बेसहारा छोड़ घूमने वाले उन लोगों की तरह ही छोर-रस्सी पकड़ने का वह क्षण पकड़ना पड़ता है और उसी वक त दर्शक को अपनी दो आँखें जिस गति से, सूझ-बूझ के साथ घुमानी पड़ती हैं तभी एक साथ वह फॉर्मेशन ग्रहण किया जाता है और आनन्द उठाया जाता है, वैसा ही नयी कविता के सन्दर्भ में यदि हम पार पाते हैं तो विविध अनुभूतियों के कोलाज हमें आनन्द और अपनी समझ का अभिमान दिला सकते हैं।

अन्तर्विद्याशाखीय इस युग में लिखनेवाले कवि विज्ञान, प्रौद्योगिकी, स्पेस-भू-गर्भ, जीवन की तमाम ज्ञानशाखाओं से संकल्पना, प्रतीक, बिम्ब, ग्रहण करते हैं। तब उन क्षेत्रों में उनकी रूढ़ संकल्पनाएँ अर्थ अभिधा के स्तर ज्ञात होना आवश्यक हो जाता है। कविता में उसके इर्द-गिर्द घूमनेवाले मूर्त-अमूर्त सन्दर्भों की कल्पना करना फिर उनका ताल-मेल बिठाकर कवि की भूमिका तक पहुँचना और कलात्मक स्तर पर कविता का सौन्दर्य ग्रहण करना पाठक के लिए चुनौती बन जाता हैं। धूमिल, सर्वेश्वर दयाल सक्सेना, विजय देव, नारायण साही, केदारनाथ सिंह, दुष्यन्त कुमार, अरुण कमल, चन्द्रकान्त देवताले, लीलाधर जगूड़ी की कविताएँ पाठकों से अर्थापन के सन्दर्भ में इन तमाम सन्दर्भों की माँग उनके अवचेतन-चेतन से करती हैं।

रामदरश मिश्र, निर्मल मिलिन्द, हरिहर वैष्णव, अभिज्ञात, मनोरमा महापात्र, कुमार रवीन्द्र, सूर्यकान्त नागर, राज किशोर, सुधांशु उपाध्याय, राघवेन्द्र तिवारी, गगन गिल, राजेन्द्र वर्मा, कैलाश पचौरी, रणजीत, नीलम सिंह, स्वप्निल श्रीवास्तव, पद्मनाभ गौतम, सरोजकुमार वर्मा, केवल गोस्वामी, कविता गुप्ता, विधा गुप्ता, वसुन्धरा मिश्र, श्रीकृष्ण श्रीवास्तव, रति सक्सेना, वंशी माहेश्वरी, कुमार विश्वबन्धु, मुक्ता, इलाकुमार, घनश्याम

रंजन, नचिकेता, वीरेन्द्र सारंग, अनीता श्रीवास्तव, वन्दना केंगरानी, भगवतीप्रसाद निदारिया, नगेन्द्र चौरसिया, सुनिल श्रीवास्तव, सुरेन्द्र रघुवंशी, रमेश मेहता, रामकुमार कृषक, दिवा भट जैसे कई कवि आज अपने वर्तमान जीवन की व्यामिश्रता को कविता में ढाल रहे हैं। उनके पास जीवन की काम्पलेक्सिटी के समान ही एक काम्लेक्स भाषा है, जीवन के उखड़ेपन जैसा ही एक उखड़ापन है, जीवन की आत्मीयता, ललक, चाह, हंगामा, जिजीविषा का एक अनोखा रूप है। गति के साथ एक ठहराव भी है। झोंक देने की प्रवृत्ति के साथ एक असुरक्षा है, घुल-मिल जाने के बावजूद एक तटस्थता out sider होने का भाव है और यह सब इस कदर गुत्थमगुत्था हुआ है कि इनकी कविता को ना रोमान्टिसिज म, ना प्रगतिवाद, ना अस्तित्ववाद, ना रूपवाद के अन्तर्गत बाँध सकते हैं। इनका दर्शन, सौन्दर्यशास्त्र, कलात्मकता, बिम्ब, प्रतीक, सोच जीवन से सीधा रॉ मटेरिअल के रूप में आया है और अपनी तीव्रता, गति, क्षण को बाँधने की ऊर्जा इन्हें अपना मकाम दे रही है। इन्हें वादों के घेरे में काव्यशास्त्रीय खेमे में समझना यानी पानी को मुट्ठी में बाँधने का प्रयत्न करने जैसा है। पानी की बात आयी तो रघुवीर सहाय के 'पानी के संस्मरण' देखते हैं। रघुवीर सहाय को पत्रकार, पत्रकारिता की भाषा में लिखनेवाला कवि मानते हैं। किसी कवि की उपेक्षा करनी हो तो उसे ऐसे विशेषण जोड़ दिये जाते हैं। लेकिन ऐसे पूर्वाग्रहदूषित दृष्टिकोणों से कवि का भला क्या नुकसान होनेवाला है! नुकसान तो आनन्द की तलाश मे निकले पाठक का होनेवाला है। 'पानी के संस्मरण' में मन में पानी के अनेक संस्मरण हैं

सुबह दूर घोर वन में / मुसलधार वृष्टि

दोपहर घना ताल / ऊपर झुकी आम की डाल

शाम खिड़की पर खड़े / आ गयी फुहार

रात उजली रेती के पास सहसा दिखी / शान्त नदी गहरी...समय का बिम्बात्मक वर्णन-पानी के बिम्ब, प्रतीकों द्वारा करते-करते यह कवि समय के कितना आगे निकल जाता है, समय में बद्ध उन स्मृतियों-संस्मरणों को कितने बखूबी हमारे कानों में हौले से गुँजाता जाता है। वे उजले संस्मरण और आज का खालीपन कैसे बिना कहे जाता है, उन संस्मरणों की गहराई-ऊचाँई कैसे दिखा जाता है यह सारा अनुभव 'पानी के' कवि को अपेक्षित अर्थ बिम्ब, प्रतीकों को कवि का हमसफर बन यदि पाठक समझेगा तो अपने संस्मरणों को भी शायद ऐसी तरलता से अनुभूत कर सकेगा। कविता पुनःप्रत्यय देती है वह ऐसे।

निर्मल मिलिन्द की यह कविता शायद आज की कविता की ओर देखने की उसके अर्थापन में दिशा देने का प्रयास करती है।

'अब कविता गोल-गोल चक्कर नहीं काटती / सीध में निकल जाती है / राइफ ल की गोली की तरह / परिधि को भेदती हुई / वर्जनाओं को तोड़ती हुई / काल का अतिक्रमण करती है कविता / कई बार घायल होती है यह / पागल और दम्भी लठैतों की मार से / घायलों की चोट पर मरहम लगाते हुए। पेशानियों पर आये पसीने की बूँद

पोंछती है / देती है दिलासा और हौसला / और लड़ने की ताकत / पर चुटकुलेबाज विदूषकों की छेड़खानी से आहत / शर्म और अपमान से श्लथ / सिसक उठती है कविता / साधक शब्द-शिल्पी के कन्धे पर सिर टिकाकर / जब वंचितों की जगह / कविता के केन्द्र में आ जाते हैं वंचक / तब कविता मंच पर होने से इनकार कर देती है / मंच से उतर आती है कविता / और श्रोताओं और आवाम के साथ हो लेती है / तब इतिहास से छूटकर / भूगोल में सिमट जाती है कविता।'

कविता के साथ अर्थात् जीवन के साथ घटित यह त्रासदी कविता का रूप और अर्थापन तय करती है जैसे जीवन में घटित त्रासदियाँ जीवन का रूप और अर्थापन तय करती हैं और जीवन को यदि चौखटबद्ध एक ही नज रिये से देखने का दुराग्रह करेंगें तो जीवन ओझल हो जाएगा सो कविता भी और हम दो बार अर्थापन के आनन्द से वंचित हो जाएँगे।

साठोत्तरी कविता की उपलब्धियाँ-आम आदमी के बयान

साठोत्तरी कविता की उपलब्धियों की बात करते ही इस कविता पर लगाये गये दुरूहता, दुर्बोधता, अश्लीलता, मूल्यहीनता, सपाटबयानी, शब्दजंजाल, नारेबाजी, भाषा की तोड़-मरोड़ आदि आरोपों की याद आती है। ये कवि आम आदमी के पास जाने का नारा लगाते-लगाते आम आदमी से दूर गये। इनमें पाठक के दुःखों में साझेदारी करने की, संवेदनशील साथी बनने की क्षमता नहीं है, यह कहते हुए इनकी कविता को लेकर सृजनशील के ख़तरों की चर्चा भी की गयी। तो क्या पाठकों को गुमराह बनाने के अलावा और उनका वक त बरबाद करने के अलावा साठोत्तरी कविता के पास कुछ नहीं है? फिर इतने बड़े पैमाने पर साठोत्तरी कविता लिखी क्यों जा रही थी? भाषा विज्ञान की इस व्यापक एवं वैज्ञानिक दृष्टि से देखें तो साठोत्तरी कविता में धड़ल्ले से प्रयुक्त ऐसे तथाकथित अश्लील शब्द या तोड़-मरोड़कर लिखे गये शब्द भाषा विकास की प्रक्रिया का एक अंश प्रतीत हो सकते हैं। यदि ऐसे अश्लील शब्द हम नहीं चाहते तो इनके अत्यधिक प्रयोग ही इन शब्दों को भाषा से भविष्य में निर्वासित कर देगें। उन पर, नैतिकता के ऊपरी या बाह्य बन्धन डालने से वे अधिक अक्रोश उत्पन्न कर सकते हैं। भाषा को यदि सड़ाँध से, काई युक्त पानी से बचाना है तो ये अभिव्यक्तियाँ आवश्यक प्रतीत होती हैं। नीतिमूल्यों, चरित्र, धर्म, संस्कार, संस्कृति के जोखड़ के नीचे बरसों से दबे हुए मानस के लिए दबाव विरहित स्प्रिंग की स्थिति कभी-कभी अनिवार्य हो जाती है। फ्रायड ने स्वप्न को 'सेफ्टी बाल्व' कहकर Reducing the dengers of emotional disturbance कहा है। उसने स्वप्न को Royal road to the unconscious भी कहा है। साठोत्तरी कविता में व्यक्त अभिव्यक्ति को यदि हम इस पहलू से देखें तो कवि मानस के साथ न्याय कर पायेंगे। रही बात पाठकों की। सो कविता पढ़नेवाले पाठक सन्तुलित, प्रबुद्ध, तर्क शुद्ध भूमिका वाला वर्ग होता है। अतः ये चित्र पढ़कर उस पर विपरीत परिणाम होने की बात छेड़ना मैच्युअर पाठक पर अविश्वास करना होगा। क्योंकि साहित्य का अध्ययन करनेवाला वर्ग और सेंसर द्वारा A सर्टिफिकेट प्राप्त फिल्म जानबूझकर देखकर अपना छिछला मनोरंजन करनेवाला वर्ग इन दोनों में विद्वान् निश्चित ही भेद करते होंगे। अतः साठोत्तरी कविता में बार-बार आनेवाले कुत्तों, के अभिसार, शब्दों पर बलात्कार, भाषा नाम की लड़की पर बलात्कार आदि को हमें भाषावैज्ञानिक दृष्टि

के साथ-साथ मनोवैज्ञानिक स्तर पर भी परखना पड़ेगा। यहाँ अलबर्ट मोर्डेल का कथन याद आता है। उसने कहा है 'No matter how religious or moral we many be, erotic fancies are always with us' और दरअसल यह भी देखना पड़ेगा कि ये कवि बार-बार भाषा पर क्यों बलात्कार करना चाहते हैं? बरसों की प्रदीर्घ परम्परा में भाषा जब अलग-अलग स्तर पर (चाहे वह छायावाद हो, प्रगतिवाद हो, प्रयोग वाद हो) झूठे आश्वासन, स्वप्नलोक ही देती आयी है और यदि हम मानते हैं कि हिन्दी साहित्य के इतिहास में एक 'वाद' अपने पूर्ववर्ती वाद की प्रतिक्रिया स्वरूप जन्मा है तब साठोत्तरी कविता का भी अपने पूर्ववर्ती कविता की तीव्र प्रतिक्रिया स्वरूप स्वीकारने में हमें आपत्ति क्यों हो? और हम यह भी क्यों न जाने के इस कविता की प्रतिक्रिया स्वरूप कविता का कोई नया रूप भविष्य मे सामने आयेगा, वह निश्चित ही स्वस्थ मानस का परिचय देगा। ऐसा नयी कविता में हुआ भी है।

साठोत्तरी कविता में दुरूहता, दुर्बोधता है लेकिन क्या प्रबुद्ध पाठक के लिए वह चुनौती नहीं हो सकती? कबीर की उलटवासियों को विश्लेषित करना जब विद्वत्ता का लक्षण हो जाता है या मुक्तिबोध की कविता में आयी दुरूहता को लाँघकर कविता तक पहुँचना चुनौती का विषय हो सकता है तो आलोच्य कविता की दुरूहता गुण क्यों नहीं हो सकती? कवि कविता मे चाहे कितनी सौन्दर्यात्मक भूमिका पर रहे, कलात्मकता की कितनी ही पर्तें खोले, बहुत बार सीधे सरल-नीरस बयान भी लिखता है। इसे यदि सपाट बयानी कहा जाए तो कितने ही सशक्त कवियों पर यह लेबल चिपकाना पड़ेगा। निराला ने जब कहा, 'वह तोड़ती पत्थर / देखा मैंने / इलाहाबाद के पथ पर' या 'बामन का लड़का / मैं उसे प्यार करता हूँ' तब आलोचकों ने, रसिकों ने उसे सशक्त व्यंग्यात्मक अभिव्यक्तियों का गौरव प्रदान किया। फिर चन्द्रकान्त देवताले की 'पत्थरों को तोड़ते हुए आदमी' और 'कोयला बीनती हुई औरतें' क्या यह गौरव नहीं पा सकती? जैसा कि उपर्युक्त पंक्तियों में कहा गया है कि शायद कोई कवि लगातार कलात्मक अभिव्यक्तियाँ अंकित नहीं करता वैसे कोई लगातार सपाटीबयानी मे लिख भी नहीं सकता क्योंकि हर व्यक्ति में एक कवि छिपा रहता है। इसलिए चन्द्रकान्त देवताले जैसा कवि, 'पर सचमुच क्या हमारे बीच / शब्द जीवित हैं /' पूछते-पूछते 'कीचड़ पत्थर, औरतों के लिए ग्राहक ढूँढ़ने वाले पतियों की बात करते हुए, 'शायद तुम्हारे समय के क्षितिज पर कोई सूर्यमुखी फूल हँसता हुआ मिले' जैसी कलात्मक अभिव्यक्तियाँ दे जाता है। ऋतुराज, सुरेश ऋतुपर्ण, चौथा सप्तक के कवि, बलदेव वंशी ऐसे कितने साठोत्तरी कवि हैं जो भीड़ में अकेला होने के इस युग के अहसास में भी मानव मन की कोमल भावनाओं को कोमल शब्दों में अभिव्यक्ति देते आये हैं। साठोत्तरी कविता की उपलब्धि यही है कि इस युग में भाषा, भाव के तोड़-मरोड़ के दौर में भी सूक्ष्मता, पूर्ववर्ती कोमलता, तरलता को बपौती स्वरूप सँभाला गया। तरल अनुभूतियों की यह धारा खंडित न होते हुए अगले

युग में संक्रमित हो गयी। छायावाद ने द्विवेदी युग की सपाटबयानी को जानबूझकर निर्वासित किया था। प्रगतिवादियों ने छायावाद की तरलता को ऐसे ही निश्चयपूर्वक निर्वासित किया था! साठोत्तरी कविता अधिक सर्व समावेशक इसलिए लगती है कि इसने किसी भी प्रवृत्ति को निषिद्ध क्षेत्र नहीं माना। जब इन्होंने सामूहिकता का घोषणा पत्र जारी किया तब भी इनमें वैयक्तिकता बनी रही। साठोत्तरी कविता के बाद आनेवाली कविता क्या यह सर्वसमावेशक प्रवृत्ति को नज रअन्दाज कर पायी? इस कविता में समाज का वर्ग, स्तर, संस्कार, संस्कृति, शोषण का हर प्रकार, शोषक और शोषितों के अनेक रूप, देहात, शहर, पत्थर से लेकर आसमान, मानवीय स्वभाव, हर जटिलता, हर भावना, तरह-तरह की गुत्थियाँ, अलग-अलग स्तर पर पनपे असंख्य शारीरिक, मानसिक सम्बन्ध, प्रकृति और मानव निर्मित जगत् के अनेक कोण व्यक्त हुए हैं। कविता को इतना बड़ा कैनवास प्राप्त हुआ है। प्रेम के इतने पहलू शायद छायावादियों ने अपनी तरलतम आँखों से भी नहीं देखे और प्रेम की ऐसी भौतिकता प्रगतिवादियों ने अपनी व्यावहारिक कुशलता से भी नहीं नापी जो साठोत्तरी कवियों के लिए बायें हाथ का खेल हो गयी थी। प्रयोगवादी चाहकर और प्रयत्न करने के बावजूद शिल्प को इतने 'कलात्मक' रूप से तोड़-मरोड़ नहीं सके जितने कि आलोच्य काल के कवियों ने कलात्मकता के साथ किया। नये-नये अर्थपूर्ण शब्द गढ़ने की स्पर्धा तो छायावादियों से लेकर नयी कविता के कवियों तक चलती रही लेकिन जरा इन शब्दों को तो देखिए बंजराती ज मीन, बुढ़ाती भैंस, डिप्टी साहब दर्शनाए थे, भषणाए थे, व्यापारी जिद्दियाता है, वह पीछियाया, वह उपदेशता था, वे निर्णयाये थे (मनोज सोनकर) इनसे बनी वातावरण निर्मिति सशक्त लेखनी का जादू लगता है। 'मैं शहर से यहाँ बसन्त ढूँढ़ने आया हूँ' कहनेवाला कवि जब लिखता है, 'दिनेश सूटिंग में युशोभित, शहर ने / हमें कभी नहीं बुलाया / लेकिन जैसे गाँव के न चाहते हुए भी / हम उसे छोड़ आये' (मनोज सोनकर) तब सशक्त कलात्मक मानस की त्रासदी तो व्यक्त होती है साथ ही नये प्रयोग का आनन्द पाठक को मिलता है। दरअसल समूची साठोत्तरी कविता आम आदमी का बयान है। 'पहाड़ पर लालटेन' (मंगलेश डबराल) हो, 'शोषित नामा' (मनोज सोनकर) हो, 'दरबार बरख़ास्त करते हुए' (विनोद गोदरे) हो या 'अपनी केवल धार' (अरुण कमल) हो, यह आम आदमी की ज बानी है। हाँ, इस आम आदमी को आम आदमी नहीं समझा जाएगा। इसे समझा जाएगा प्रबुद्ध मध्यम वर्ग ही। जैसा कि हमेशा यह मध्यम वर्ग ही साहित्य से प्रभावित होकर परिवर्तन या क्रान्ति करता है। साठोत्तरी कविता से भी यही उम्मीद रखे तो आश्चर्य नहीं होना चाहिए। साठोत्तरी कविता उस असहाय, दुर्बल, युगों से शोषित किन्तु संवेदनशील वर्ग को अपनी समूची विवशता अपने सुख-दुःख, अपने मानवीय विकार के साथ प्रबुद्ध पाठकों की ज्ञान-संवेदन कक्षा में लायी है। उसने हमें 'हिटलर के गैस चेम्बर' का भोपाल तक चले आने की अद्यावत सूचना तक का सब कुछ बताया है। हर क्षेत्र का भीषण यथार्थ, नग्न यथार्थ वह व्यक्त करती रही है और

उसके अनुरूप भाषा का नया रूप भी प्रस्तुत करती रही है। सुधी पाठक जब अपने आयवरी टावर से निकलकर नीतिमूल्यों के परम्परागत मापदंड त्यागकर, मुलम्मा चढ़ी भाषा को कानों के बाहर फेंककर साठोत्तरी कवियों के धरातल पर उतरकर यह भाव विश्व देखेंगे तो साठोत्तरी कविता की भाव, कथ्य, भाषा, दृष्टि से सम्बन्धित अनेक उपलब्धियों से परिचित हो सकेंगे और खुरदरे मिट्टी के भविष्य की खुरदरी लेकिन सत्य भूमि पर बेहिचक कदम रख पाएँगे। इस युग की कविता में यह भड़ास निकाली गयी और परवर्ती कविता के लिए पुनः अपना यूटोपिया मिल गया।

हिन्दी की गीत विधा

गीत विधा के बिना कविता विधा अधूरी प्रतीत होती है। गेयता, संगीतात्मकता, माधुर्य, कोमलता, भावात्मकता की प्रधानता से युक्त हिन्दी गीतों का संसार भी कविता की तरह समयानुसार, परिस्थितियोंनुसार अपने में अन्तर्बाह्य परिवर्तन करते हुए अपना अस्तित्व अंकित करता रहा। गीत, नवगीत, अ-गीत के पड़ावों को पार करती हुई हिन्दी गीतों की दुनिया ऋजुता, स्निग्धता के दुराग्रह से लेकर अ-तरल, अ-भावुक, अ-मधुर, स्वरूप तक की परिवर्तन यात्रा रही है। भावना के भूचाल, उन के ज्वालामुखी, विचारों के तूफान, अनुभवों के दबाव, संगीत का आग्रह, विचारों का आग्रह, काव्यत्व, अ-काव्यत्व, वैयक्तिक अनुभूतियाँ, सामाजिक प्रतिबद्धधताएँ, समस्याएँ, विचार-लय का आग्रह आदि की पक्ष-विपक्ष की पक्षधर बनती गीत विधा के तेवर हिन्दी कविता यात्रा के विशेष बिन्दु हैं।

नीरज, वीरेन्द्र मिश्र, नरेन्द्र शर्मा, शम्भूनाथ सिंह, भारतभूषण, रामावतार त्यागी, उमाकान्त मालवीय, रामेश्वर शुक्ल 'अंचल', देवराज दिनेश, रवीन्द्र भ्रमर, महेन्द्र भटनागर, मधु अग्रवाल, कुँवर बेचैन, असीम शुक्ल, रामस्वरूप चतुर्वेदी 'चंचल', रामकुमार कृषक, रामदरश मिश्र, गोपाल सिंह नेपाली, वालस्वरूप राही, बालकवि बैरागी, चन्द्रसेन विराट, नयीम, सरोजिनी कुलश्रेष्ठ, नरेन्द्र चंचल, हरेश भादानी, सुरेश श्रीवास्तव, श्रीकृष्ण तिवारी, कैलाशचन्द्र अग्रवाल, सीतेश आलोक, सूर्यकुमार पाण्डे, रमानाथ अवस्थी, आदि गीतकारों ने गीतों को गीत शिल्प के साथ नयी कविता के साथ जोड़ा।

'साथ-साथ हम चले डगर पर/ मैं रो रोकर/ तुम हँस-हँसकर/ वहीं गये हर बार जहाँ हम जीती बाज ी हारे' (लहर पुकारे-नीरज)। 'तुम बिछड़े मिले हजार बार/ इस पार कभी, उस पार कभी/ तुम कभी अश्रु बनकर आँखों से टूट पड़े/ तुम कभी गीत बनकर साँसों से फूट पड़े/ तुम पास रहे तन के, तब दूर लगे मने से/ जब पास हुए मन के, तब दूर लगे तन से (बादल बरस गयो-नीरज)' जैसी अनेकानेक कोमल अनुभूतियों को नज ाकत भरे शब्दों में ढालनेवाले सशक्त गीतकार नीरज ने 'विधवा डाली', 'न गानेवाली कोयल', 'कब्र-सी मौन धरती', 'कफ न-सा घिरा आसमाँ', 'आँधियों के नगर' जैसी समसामयिक सरोकारों की अभिव्यक्तियों से गीत को नवगीत से जोड़ा है। (प्राणगीत 1961, लहर पुकारे 1959, बादल बरस गयो 1961, दर्द दिया है 1967)

वीरेन्द्र मिश्र के गीतों में रंगों का जादू अनोखा आयाम उद्घाटित करता है। 'आओ पूछे सन्नाटे से समय बीतता है कैसे/ ऐसे घने धुँधलकों में भी प्रणय जीतता है कैसे।'

(अविराम चल मधुवन्ती 1967) 'जागृत उप चेतन की घाटी में/ रंगों की भाषा बोलूँगा/...बैंजनी घटाएँ हम जेब में भर न सके रंगों का श्रीनिवास रथ आया चला गया' के साथ वीरेन्द्र मिश्र एक साथ 'कई-कई वल्गनाएँ/ जुती हुई अनगिनत प्रतीक्षाएँ' जैसी अभिव्यक्तियों के पक्षधर बन में नव युग के साथ जुड़ गये।

'हृदय सागर' की सीपियों को खोलनेवाले गीतकार भारतभूषण 'सत्य ही सपने हुए तब सपना सत्य क्या होगा' (सागर सीप 1958) में टूटन की बात इस कदर करते हैं कि वह व्यक्तिगत सच के साथ सामाजिक, राजनीतिक सच भी बन जाती है।

पीड़ा के गायक 'रामावतार त्यागी' के गीतों की प्रेरणा पीड़ा ही रही है। 'गीतों का दर्पण छोटा है/ जीवन का आकार बड़ा है/' (रामावतार त्यागी सम्पा. क्षेमचन्द सुमन 1961) में जो बात वे कहते हैं वह बात 'सपने महक उठे' (1965), 'गुलाब और बबूल वन' (1973) में पुनः रेखांकित करते हैं। 'अपना दर्द भूल जाता हूँ/ जब वे नयन याद आते हैं/ बिकते समय जिन्हें रोने की आज ादी तक नहीं मिली थी' में गीतकार सामाजिक सरोकारों की बात करता नज र आता है। 'आदमी से रूठ जाता है सभी कुछ/ पर समस्याएँ कभी रूठी नहीं हैं'...में नयी धारा का अंकन गीत के विषय और शैली की नवीनता-पथ पर वे दर्शाते हैं बड़ी सहजता से।

कुँवर बेचैन 'नदियाँ जैसे मुहानों को नहीं काटती हैं/ यादें भी गुज रे ज मानों की नहीं काटती हैं/ आओ धागे की जगह प्यार का जल बन जाएँ/ कैंचियाँ जल के उफ ानों को नहीं काटती हैं/ लोग जब उनको लड़ाते हैं तभी काटती हैं/ खुद पतंगें तो उड़ानों को नहीं काटती हैं '। 'आख़री एक दवा नींद थी लेकिन ऐ कुँवर/ अब तो नींदें भी थकानों को नहीं काटती हैं।/ यह भी औरत-सी है लाचार, नहीं बोलेगी/ कुछ भी लिख लीजिए दीवार नहीं बोलेगी।/ हाथ क्या पीले हुए, हो गयी गुड़िया गूँगी/ बोलकर देखिए, इस बार नहीं बोलेगी/ ये तो मजबूर दुल्हन की है हथेली साहब/ इस पे मेंहदी है कि अंगार नहीं बोलेगा।/ जि न्दगी चार दिनों की है चाँदनी ऐ कुँवर/ बीत जाएँगे दिन चार नहीं बोलेगी।' में कुँअर बेचैन की गीत यात्रा के भाव से विचार यात्रा तक के कई पड़ाव दृष्टिगोचर होते हैं।

रूमानियता के मूल्य को अहमियत देनेवाले गीतकार उमाकान्त मालवीय 'मेंहदी और महावर' (1963), 'सुबह रक्त पलाश की' (1976) में 'कन्धों पर सैकड़ों/ सलीब लिए प्रश्न के/ सूर्योदय होते हैं हारे-हारे थके/' कहते हुए नयी भाषा, नयी सोच और नयी प्रतीकात्मकता से परिचय कराते हैं।

देवराज 'दिनेश', 'पुरवैया के नुपुर' (1963), 'गन्ध और पराग' (1973), में 'मैं किसी का था, तुम्हारा हो गया हूँ/ मगर तुम बीती बातें मत पूछो'/ कहकर मूल्यों के टूटने की आहट से सामना कराते हैं।

बालस्वरूप राही जटिल परिवेशों के दबावों को गीत बद्ध करनेवाले गीतकार हैं। 'राहें नहीं क्षितिज धुँधलाया है/ रेशम के तार और मकड़ी के जाले कतते हैं/ साथ-साथ नीले अँधियार में जुगनू के साथ सर्प चलते हैं/ फैशन की तरह लोग रोज घर बदलते

हैं/ घिस गये सभी मंसूबे इस जीवन के/ दफ तर की सीढ़ियाँ चढ़ते और उतरते/ हम उन काग जी फूलों-से शाश्वत हैं/ जो खिलते कभी नहीं कभी न झरते' (जो नितान्त सुन्दर हैं, 1971) कहकर वे गीत को, कथ्य और भाषा शिल्प के सन्दर्भ को सीधे उत्तर आधुनिक सोच के दायरे में ही ला रखते हैं।

'ऋतु वृन्दावन' (1980) में सुरेश श्रीवास्तव नवगीतों के साथ गीत को जोड़ते हैं। 'जंगल सब यतीम हो गये हैं/ बाँस की हमजोली टूट गयी है/ लू के जुलूस साँय-साँय चिल्लाते रहते हैं/ लगता है शायद सूरज ने मौसम को कोई घूस दी होगी/...' 'कोलतार-सी पिघलकर आँसू होती जाती है' आदि अभिव्यक्तियाँ, नवगीत, अ-गीत, उत्तर आधुनिकता के विचार गीत तक की यात्रा अपने समय में ही करते हैं। सुरेश श्रीवास्तव के 'तिनका-तिनका शब्द टूटते/ धरती हो जाती भाषा' की अनुभूति भीड़ में खोये एकान्त को तलाशते हुई गीतकार रामदरश मिश्र के गीतों में नये संदर्भों के साथ दिखाई देती है। (पक गयी है धूप 1968, कन्धे पर सूरज 1977)

हिन्दी गीत और ग ज ल विधा कितनी सशक्त और समृद्ध हैं एवं कितनी बड़ी तादाद में कवियों ने इसमें कलम चलायी है इसे जानने हेतु निम्नांकित सूची स्वरूप एक झलक पर्याप्त होगी **नीरज** प्राण गीत 1961, लहर पुकारे 1959, बादर बरस गयो 1961, दर्द दिया है 1967, **भारत भूषण** सागर के सीप 1958, **नरेन्द्र चंचल** गन्ध बाण 1981, **चन्द्रसेन विराट** दर्द कैसे चुप रहे 1976, **देवराज 'दिनेश'** गन्ध और पराग 1973, पुरवैया के नुपूर 1963, **वीरेन्द्र मिश्र** अविराम चल मधुवन्ती 1967, लेखनी बेला तथा अन्य कृतियाँ 1958, **उमाकान्त मालवीय** मेंहदी और महावर 1963, सुबह रक्त पलाश की 1976, **सीतेश आलोक** गाते गुनगुनाते 1981, रवीन्द्र भ्रमर सवोनमछरी मन बसी 1980, **बालस्वरूप राही** जो नितान्त सुन्दर है 1971, **श्रीकृष्ण तिवारी** सन्नाटे की झील 1981, **वेणु गोपाल** चट्टानों का जलगीत 1980, **रामावतार त्यागी** सपने महक उठे 1965, गुलाब और बबूल वन 1973, **सुरेश श्रीवास्तव** ऋतु वृंदावन 1980, अकेली गौरैया देख 1980, **रामदरश मिश्र** पक गयी है धूप 1969, कन्धे पर सूरज 1977, **कुँवर बेचैन** भीतर साँकल बाहर साँकल 1978, **नईम** पथरायी आँखें 1980, **सूर्यकुमार पाण्डेय** गीत मंजरी 1981, **शम्भूनाथ सिंह** माध्यम मैं, **रामेश्वर शुक्ल** 'अंचल' बर्षान्त के बादल 1957, प्रत्यूष की भटकी किरण यायावरी 1964, अनुपूर्वा 1970, विरामचिह्न 1957, **दुष्यन्त कुमार** साये में धूप 1975, जलते हुए वन का पलाश 1975, **नरेन्द्र शर्मा** प्रवासी के गीत, पलाशवन, **सुरेश ऋतुपर्ण** ऋतु वृन्दावन। **ग ज ल** दुष्यंत कुमार, मुकेश त्रिपाठी 'मनु', अनिरुद्ध नीरव, निश्तरखानकाही, लक्ष्मण, कुलदीप सलिल, सुरेश कुमार, नार्वी, आलोक श्रीवास्तव, अशोक 'अंजुम', रमेश यादव, **उपेन्द्र कुमार** 'हम सब/ लगातार/ बन्द होंठों के बीच/ रहते हैं चीखते/ लौट आओ...' **प्रमोद कुमार तिवारी** 'बहुरूपिया है यह डर/ डराते थे कभी चेचक, कैंसर, प्लेग/ अब मौत पर भारी पड़ती है बेरोजगारी/ बहुत डर लगता है/ रोज गार कालम निहारती/ सेवा निवृत्त पिता की आँखों से...' **सुरेश कुमार** 'कहाँ चले

हो तुम इतनी उदासियाँ लेकर, इन्हें सजाओगे घर जा के फूलदान में क्या'..., नूर मोहम्मद 'नूर' 'खेत के बाहर हैं फसलें और पानी खेत में/ इतना बरसाया खुदा ने मेहरवानी खेत में'/ 'खेतही था गाँव उनका खेत ही था देश भी/ डूब सपनों की गयी यूँ राजधानी खेत में'..., चन्द्रसेन विराट, सीतेश आलोक, सूर्यकुमार पाण्डेय के गीतों में भाषा, विषय, अभिव्यक्ति का गीत अर्थहीन हो गये/ हाशिए महीन हो गये की सच्चाई कड़वाहट भरी है। शम्भुनाथ सिंह (माध्यम मैं), सीतेश आलोक (**गीते** गुनगुनाते 1981), सूर्यकुमार पाण्डये (गीत मंजिरी 1981), श्रीकृष्ण तिवारी (सन्नाटे की झील 1981), मधु अग्रवाल (ऋतुपर्णा), गोपाल सिंह नेपाली (उमंग), राजकुमार चतुर्वेदी चंचल (घटा के घुँघरू), सरोजिनी कुलश्रेष्ठ (बाँसुरी हूँ मैं तुम्हारी), हरीश भादानी (सपन की गली), नरेन्द्र चंचल (गन्धबाण), रवीन्द्र भ्रमर (सोन मछली मन बसी) में गीत से नवगीत, अ-गीत की यात्रा स्पष्ट दिखाई देती है।

हिन्दी गीत-ग ज ल विधा के कुछ सोपानों को देखते हुए पता चलता है कि गीत-ग ज ल विधा के तेवर हिन्दी कविता यात्रा के विशेष बिन्दु हैं। इनमें व्यक्त समय के सच तथा विधागत विकास पर हम नयीम के शब्दों में यूँ प्रकाश डाल सकते हैं

'यूँ तो संवाद चुक गये-से हैं/ एक दूसरे को नये हैं/ साहूकारों के सुराज में/ पिया गये परदेश ब्याज में' (पथरायी आँखों 1980), 'माँ को और पिता को यह कच्चा घर भी एक बड़ी अनुभूति मुझे केवल घटना/ यह अन्तर ही सम्बन्धों की गलियों में/ ला देता है कोई निर्मम दुर्घटना/ जि न्दगी टूटी अटैची लिए लम्बे बियाबान से जा रही हैं...शोक पत्र पर शादी का अल्बम/ घूँघटों के पाँव में मेंहदी नहीं बिवाइयों की दौलत/ घट में बहनेवाली नदियां रेत हो गयी हैं/ बर्तन की उठका-पटकी-दुःखी मन की चिट्ठी।'

अभिव्यक्तियाँ और अनुभूतियाँ गीत को सीधे उत्तर आधुनिकता से भाव और भाषा दोनों की दृष्टि से जोड़ती हैं। यही प्रतीत होता है कि भावात्मक धरातल पर जन्मी-पनपी गीत विधा सही मंजिल, विचार-धरातल पर स्थिर हो गयी है। उसे प्राप्त हो गयी है गीत की समसामयिक सरोकारों के प्रति प्रतिबद्ध होने की ललक। अपने भाव-भाषा, विचार, शिल्प को अ-गीत के बावजूद गीत विधा गन्ध के अन्तःस्रोत सरस्वती-सी सँजोते गयी है। गीत, नव गीत, अ-गीत यानी गीत विधा में के सारे परिवर्तन उत्तर आधुनिकता के सभी पैमानों पर अपने को कसते गये और सभी कसौटियों पर खरे उतरते गये क्योंकि गीतों की मूल भाव भूमि पृथ्वी की तरह ठोस, संयुक्त और जीवन स्रोतों से ओतप्रोत है।

समकालीन कविता में कवयित्रियों का योगदान

सुमित्रा कुमारी सिन्हा बोलों के देवता 1954; शान्ता सिन्हा समानान्तर सुने 1958; कान्ता समयातीत; इन्दु जैन चौंसठ कविताएँ 1964; स्नेहमयी चौधरी एकाकी दोनों 1966; शंकुत माथुर चाँदनी चूनर 1960; अभी और कुछ 1968; किरण जैन स्वर परिवेश के 1966; यात्रा और यात्रा 1968; सुनीता जैन हो जाने दो मुक्त 1978; कौन-सा आकाश 1978; अमृता भारती मैं तटपर हूँ, मिट्टी पर साथ-साथ 1976; मैंने नहीं लिखी कविता 1978, आज या कल या सौ बरस बाद 1979; दुर्गावती सिंह कहीं खुला आकाश नहीं 1969, पत्तियों के बीच से 1981; सरला भटनागर सात देवरोंवाली भाभी 1970; डॉ. सरोजिनी प्रीतम हँसिकाएँ 1982; कुसुम अंसल धुएँ का सच 1980; इन्दु जैन चौंसठ कविताएँ, पंचम स्वर, आँख से भी छोटी चिड़िया, हम से पहले भी लोग यहाँ थे, कितनी अवधि, बुनती आवाज ें, कोना तेरा कौन-सा, यहाँ कुछ तो हुआ था, सबूत क्यों चाहिए; सरोजिनी कुलश्रेष्ठ गीतकार बाँसुरी हूँ मैं तुम्हारी 1978; डॉ. कमल कुमार बयान 1981, गवाह 1989, साक्षी हैं हम 1999।

बीसवीं सदी का अन्त और इक्कीसवीं सदी का आरम्भ हिन्दी कविता विकास की दृष्टि से इसलिए महत्त्वपूर्ण है कि अब कवयित्रियों ने कविता सृजन के साथ साथ समीक्षा लेखन भी आरम्भ किया जैसे डॉ. कमल कुमार ने काव्य परम्परा और नयी कविता की भूमिका 1987, अज्ञेय की काव्य संवदेना 1994 के साथ-साथ कहानी, उपन्यास लेखन भी किया है। वे मानती हैं कि स्त्रियाँ भीतर और बाहरी सच के साथ अन्तर्द्वन्द्वों के रहते भी अपने उद्घाटित सच के साथ, समय के साथ संवाद स्थापित कर रही हैं।

पुष्पलता कश्यप-दर्द के आसपास 1981, झील के किनारे 1998। 'माँ/ तुलसी का पौधा थी तुम/...मुझे मालूम हुआ है/ जो कुछ मैंने सीखा/ सब गलत था/' कहनेवाली कवयित्री मानती हैं कि 'कविता मनोरंजन की वस्तु नहीं है मैं शब्दों की ऐय्याशी नहीं करती।'

अनीता श्रीवास्तव 2004 तक आप की कोई पुस्तक प्रकाशित नहीं हुई फिर भी आपका लेखन में अटूट विश्वास है। 'लोग कहते हैं/ मैं आस्था की जंजीरों में जकड़ी अनास्था हूँ/ भावनाओं में बहती नदी नहीं/ रेत का दरिया हूँ.../...हम से हमारे/ जन्म

जन्मान्तर का हिसाब मत पूछो...मैं डरना भूल चुकी हूँ।' अनीता श्रीवास्तव का यह निडर रूप इनकी कविता की पहचान है। वे मानती हैं 'कविता मेरी आत्मा की पुकार है।'

डॉ. वन्दना केंगरानी (मुट्ठी में बन्द मौसम) 'मेरे आस-पास/ कोई और नहीं/ आग है ज रूर', कहनेवाली वन्दना जी मानती हैं कि 'कविता मेरे लिए एकलाप की स्थिति न होकर संलाप है।'

नीलम सिंह आपकी 2004 तक कोई कृति प्रकाशित नहीं हुई। 1991 में आपको मुक्तिबोध स्मृति सम्मान प्राप्त हुआ। 'शब्दों के जोड़-तोड़ से/ गणित की तरह/ हल की जा रही है जो/ वह कविता नहीं है...' कहनेवाली नीलम जी मानती हैं 'कविता मेरे लिए जीने की शर्त है।'

किरण अग्रवाल (गोल-गोल घूमती एक नाव 2003)। 'जंगल जलते हैं औरत-से/ जवान होती लड़की की देह-से फैलते हैं जंगल/ तब्दील हो जाते हैं भूख में/ लपकते हैं घूरे पर पड़ी रोटी जीभ लपलपाकर' कहनेवाली किरणजी का यह मानना भी विचार करने के लिए बाध्य करनेवाला है कि 'औरतें कविताएँ नहीं पढ़तीं/ लेकिन लिखती हैं/ और गाड़ देती हैं अँधेरे तहखानों में/ भूल जाने के लिए/ जहाँ से युगों के बाद/ कोई पुरातत्त्ववेत्ता/ खोदकर निकालता है एक पूरी सभ्यता/ औरतें इतिहास रचती हैं/ और खाली छोड़ देती हैं अपने नाम की जगह...।

शान्ति सुमन ने (ओ प्रतीक्षित 1970), (परछाई टूटती 1978), (सुलगते पसीने 1979), (पसीने के रिश्ते 1980), (मौसम हुआ कबीर 1985), (समय चेतावनी नहीं देता 1994), (तप रहे कचनार 1997), (भीतर-भीतर आग 2002) के साथ उपन्यास लेखन भी किया है। 'यह सदी रोने न देगी/ सच कहा तुमने/ किसी ने देखा नहीं है/ नदी का हँसना', की सच्चाई बयान करनेवाली शान्ति सुमन का मानना है कि 'गीत समय और समाज की विचारधारा का प्रक्षेपण है। इसलिए इसकी बदलने की आकांक्षा रखनेवाली सक्रिय ऐतिहासिक शक्तियों का साथ देना ही गीत को उचित लगता है।'

मधु प्रसाद (आँगन भर आकाश 2003) 'रोशनी के साँव छूकर/ लोट आयी कामनाएँ' कहनेवाली मधु जी मानती हैं 'कविता है तो समय में स्पन्दन है।'

वन्दना मिश्र 2005 तक इनकी कोई पुस्तक प्रकाशित नहीं हुई है। 'मेरे सामने हर शब्द एक नये अर्थ में आता है', कहनेवाली वन्दना जी मानती हैं कि 'मेरी कविताएँ यदि बेहतर मनुष्य बना सके तो यही उनकी सार्थकता है। मेरे लिए कविता जीवन में पलायन नहीं है वरन् उसे और गहाराई से समझना है।'

सुशील गुप्त 'अक्स-दर-अक्स', 'शब्द साक्षी हैं', 'आग से गुज रते हुए'...की कवयित्री 'मैं हारूँगी नहीं/ बार-बार किया है संकल्प/ फिर भी हारी हूँ हर बार/ अब मैं हूँ/ अँधेरा है/ दुःखों की सुरंग में/ उम्र कैद की सज ा झेलता सबेरा है।' जीवन की सच्चाई का इन शब्दों में पर्दाफाश करते हुए मानती हैं, 'कविता मुझे अपने से मुक्त कराती हैं। कविता हमें कभी-कभी सन्नाटे के हवाले नहीं करती।'

रश्मि रमानी (साज चुप है 1997), 'बीते हुए दिन का यह कैसा समय है/ जिसमें

मुश्किल है फर्क करना/ साधारण-सी घटना और दहशत में.../ ऐसे में/ कविता के शब्द/ खामोश पेड़ों के गिरते पत्ते से अधिक कुछ नहीं'...कहनेवाली रश्मिजी मानती हैं कि 'कविता के ज रिये ही मैंने जीवन में काफी कुछ अच्छा जिया है।' क्रान्ति (अपनी-अपनी धूम 1996) 'मुझे एक शब्द मिल जाता/ कि मैं सारे रिशते हुए जख्मों पर मरहम रखती' शब्दों की तलाश में निकली क्रान्ति जी मानती हैं 'कविता मुझे लगातार भीतर से समृद्ध करती रही हैं।' अर्चना भैंसारे, सीमा सोनी की कविताएँ अनेक पत्र-पत्रिकाओं में प्रकाशित होती हैं। 'अपने पेट से बाँधे परिवार की भूख/ झुकी रहती खेतों के सीने पर (अर्चना भैंसरे)', 'आसान नहीं है/ हरे पत्तों का झर जाना/ चिड़ियों का घोंसला बनाना/ कबूतरों का उड़ जाना (सीमा सोनी)' सविता मिश्र, पुष्पारानी गर्ग की कविताओं में भी स्त्री की वेदनाओं को प्रकृति की ओट में वाणी दी गयी है। 'गिलहरियाँ/ धीमी आवाज में/ कुतर रही थीं अमरूद/' (पुष्पारानी गर्ग); 'औरतें/ जो ईंटों का चूल्हा बनाती हैं/ बाहर के शोर को अनसुना कर/ भीरत के शोर से जूझती हैं/' (सविता मिश्र); रंजना श्रीवास्तव (सक्षम थी लालटेनें) स्त्री जीवन के विविध पहलुओं पर प्रकाश डालती हैं। इनमें स्त्री विमर्श का हंगामा नहीं है फिर भी स्त्री के अपने अस्तित्व की तलाश ज रूर है।

हिन्दी की जानी-मानी उपन्यासकार राजी सेठ की कविता समकालीन कविता में एक नया पन्ना है। 'मैंने जाना जो था/ तुम्हें एक पुरुष/ छतरी/ रोटी/ और सैर/ तुम्हें भी टेरता होगा आकाश/ पतिपन और पितापन की/ खोखल से उचककर/ भूल जाती हूँ/ तुम भी उतना ही रास्ता पार कर चुके हो/ मेरे साथ-साथ/ उतने ही शान्त/ उतने ही क्लान्त...।' राजी सेठ की कविता स्त्री विमर्श के सही मायने समझाती है। स्त्री का पुरुष की सह-वेदना, सम-वेदना, सह-अनुभूति को समझना इससे बढ़कर स्त्री विमर्श में निहित और दूसरी सूझ-बूझ क्या हो सकती है? सविता सिंह 'अपने जैसा जीवन'; राजुला शाह 'परछाई की खिड़की से'; इला कुमार, कंचन शर्मा, अर्चना श्रीवास्तव, तनया नाग, अंजना बख्शी, रेखा व्यास, सरोज व्याय, 'अरुणा शर्मा'; निर्मला जोशी 'दर्पण है सरिता' मौसमी मुखर्जी 'जीने की दिशा'; रूद्राक्षा पाण्डेय, सविता अग्निहोत्री सिसकती देहरी 2002; इला कुमार जि द मछली की 1995, आशा अंशु हथेली पर खंडित सूर्य 1992, सविता बैनर्जी इकेबाना 1992, इन्दु जोशी विश्व रच रहा है मुझे 1992, सुशील गुप्ता शब्द साक्षी है 1992, विद्या भंडारी बना दो मुझे समुद्र 1992, शहनाज नबी मुझे मत छुओ 1993, वरुण कुमारी तिवारी अपने होने का एहसास 2007, पद्मा पाटील दस्यु का घोड़ा 2000, इन्दिरा अग्रवाल उद्वेलित आवेग 2002, संचित संवेग 2003, इन्दिरा पूनावाला सरगोशियाँ, सिलसिले, तस्वीरें, संजीवनी बोकील एक घूँट जि न्दगी, आसावरी काकडे मौन क्षणों का अनुवाद, मेरे हिस्से की यात्रा, डॉ. कान्ति लोधि दस्तक देती आँधियाँ, मंजरी दुबे 'ब्लू फिल्म...', वन्दना देवेन्द्र 'आत्महत्या के पर्याय', कविता कृष्णपल्लवी, रंजना जायसवाल, अमिता प्रजापति, सुषमा सेनगुप्ता, इलेक्ट्रोनिक पत्रिका चलानेवाली कवयित्री रति सक्सेना, साजीना,...इन नामों में भी कई नाम जुड़ सकते हैं।

हिन्दी कवयित्रियों का योगदान और उसमें हिन्दी कविता को मिली हुई समृद्धि, उत्तर आधुनिकतावाद की सोच और परम्परा की प्रज्वलित विरासत, सड़ाँध त्यागी हुई सभ्यता एवं भाषा के नवनवीन प्रयोग, स्त्री विमर्श के नवनवीन सोपान की एक झलक दिखाने हेतु समकालीन कविता में कवयित्रियों के योगदान की संक्षिप्त चर्चा की गयी है। साजीना के शब्दों में 'खंडित मन्त्र का जाप' करते हुए यदि कहें तो कह सकते हैं, 'उन सभी स्त्रियों के नाम जिन्होंने प्रेम को सम्पूर्णता में पाना चाहा और आहत हुई'। सृजनधर्मी कलाकार को कितना कुछ सहना पड़ता है और तब भी वह रचनाशीलता में मग्न रहकर साहित्य को समृद्ध बनाता रहता है, पाठकों के लिए सम्बल बनता रहता है इससे बड़ा योगदान और दूसरा क्या हो सकता है? दुष्यन्त कुमार के शब्दों में कवयित्रियों के योगदान का मूल्यांकन करें तो यह सार्थक है कि 'केवल हंगामा खड़ा करना मेरा मकसद नहीं है। मेरी कोशिश यह है कि सूरत बदल जाए' तो कविता गुप्ता (यूँ ही नहीं रोती माँ कविता संग्रह) 'एक अधमरी चिड़िया/ गर्म तपती रेत पर फड़फड़ा रही चिड़िया/ जिसे चाहिए तिनकों का घर/ खुला आकाश और उन्मुक्त चहचहाना...

डॉ. वसुन्धरा मिश्र 'अँधियारा गहरा रहा था/ रोशनी की एक धारा/ आसमान से उतरकर/ मानो उस एक कोने में/ घर बना रही थी...

शिल्प, प्रतीक, बिम्ब और अभिव्यक्ति की सक्षमता के लिए ये कुछ उदाहरण पर्याप्त हैं आनन्द मंजरी 'माँएँ सिर्फ दूध और ममता से ही/ नहीं सींचती हैं अपने बेटों को/ बल्कि वे अपनी बेटियों के हिस्सों की/ धूपिया उजास और/ अलमस्त जि न्दगी जीने का एहसास/ भी सौंप डालती हैं उन्हें...

नम्रता ठाकुर ('दास्ताँ-दर-दास्ताँ' 2002) 'देखती हूँ मैं हर रोज / चबूतरा बनता आदमी'..., प्रियंका पंडित 'हम जब मिलते हैं/ मौसम के बारे में बातें करते हैं/ पर इस वक्त/ हम मौसम के बारे में/ बातें नहीं करते/'

उत्तिमा केशरी मुहिम के स्वर, प्रभा सरस जब फुलवा हँसी, सविता अग्निहोत्री सिसकती देहरी 2002, निर्मला जोशी दर्पण है सरिता, किरण अग्रवाल गोल-गोल घूमती एक नाव 2003, आदि कई कवयित्रियों की कविता में ये विशेषताएँ नज र आती हैं।

प्रभा सरस 'जब फुलवा हँसी' में 'समझदारी, एक लोटा पानी, पाँवों से/ छूटी जा रही है/ ज मीन/ अहम् का आकाश/ बहुत ऊँचा नहीं होता।' और डॉ. श्यामाश्री 'रिश्ते सभी प्यारे/ विसर्जित हो गये/ देवताओं की तरह/ तैर रहे है।' रजत रानी मीनू 'हमारे साथ/ जब होता है / बलात्कार/ एकल या सामूहिक/ तब क्यों हिलता नहीं पत्ता?/ और जब तुम्हारे साथ हुआ बलात्कार तब क्यों हिल गयी संसद?/ चीख उठी महिला संसद/ क्यों उड़ गयी महिला आयोग के चैन की नींद?' जैसी अभिव्यक्तियाँ स्त्री विमर्श की अदालत में न्याय की माँग है।

प्रियंका वाघेला 'पता नहीं कहाँ से सुन आया है रंगों के बारे में/ कि रंग/ सूरज

के पास पोटली में बँधे हैं/ हम ही हैं जो पास जाते नहीं।' मे जो कहती हैं वह मानो समकालीन कवयित्रियों का नज रिया ही है। झारखंड की सशक्त कवयित्री निर्मला पुतुल की कविता में करारा व्यंग्य, वेदना से उभरने की दुर्दम्य जिजीविषा है, आदिवासियों के तमाम दर्द, जूझने की ताकत की परिभाषा है इनकी कविता। 'वे घृणा करते हैं हम से/ हमारे कालेपन से/ हँसते हैं व्यंग्य करते हैं हम पर! हमारे अनगढ़ पर कसते हैं फब्तियाँ/ मज ाक उड़ाते हैं हमारी भाषा का/ हमारे चाल-चलन, रीति-रिवाज का/ कुछ भी पसन्द नहीं उन्हें/ पसन्द नहीं हमारा पहनावा, ओढ़ावा/ प्रिय है तो बस/ मेरे पसीने से पुष्ट हुए अनाज के दाने/ जंगल के फल, फूल, लकड़ियाँ/ मेरी गदराई देह/ मेरा मांस प्रिय है उन्हें/ कभी ये लोग आते हैं/ तो कभी वे लोग/ कोई इधर खींचता है/ कोई उधर/ सबके सब लगे हैं बोने में/ अपने उर्वर मस्तिष्क से/ हमारे दिलो दिमाग की बंजर ज मीन पर/ अपने मनपसन्द बीज/ ताकि काटी जा सके एक दिन/ अपनी मनचाही फसल/ बहलाओ, फुसलाओ मत/ इन सब चीजों से हमें/ बरगलाओ मत/ उल्टा-सीधा कुछ दिखा सुनाकर/ मत छीनों हमसे अपनी पहचान/ हमारी भाषा/ हमारा पलाश वन मत छीनों हम से/ हमने जन्म से पहाड़ों को देखा/ जंगलों नदियों को देखा/ मन्दिर-मस्जि द-गिरजा/ दूर-दूर तक नहीं थे हमारे आस-पास/ बाँच सको तो ठीक-ठीक बाँचो/ नहीं तो मत लगओ उल्टे-सीधे अर्थ/ मेरा सब कुछ अप्रिय है/ उनकी नज र में धर्म के ठेकेदारों की ठेकेदारी/' जैसी कविताओं के ये अंश आदिवासियों के शोषण और अभिमान को मिली वाणी के द्योतक हैं ही, साथ ही समूची स्त्री जाति के वेदना, शोषण और स्त्री के स्वाभिमान की गरजती आवाज का मुखपत्र है।

निर्मल पुतुल की सोच को आगे बढ़ानेवाली ये स्त्री विमर्श की कविताएँ हिन्दी कविता विधा में नयी राह तलाश कर रही हैं और अस्मिता के नव-नवीन तेवर स्थापित कर रही हैं जैसे कि विद्या गुप्ता (और कितनी दूर 1992) की एक कविता 'उसके हाथ में है काँच का नाजुक खिलौना/ जाना है उसे/ पत्थरों की बस्ती के पार...' समय की सोच और समय की प्रतीक धर्मिता पर प्रकाश डालती है।

बीसवीं सदी के अन्तिम दशकों की कविताओं में और इक्कीसवीं सदी के आरम्भ के दशक मे लिखनेवाली कवयित्रियों की कविता में स्त्री विमर्श के कारण एक खुलापन, अनुभूतियों की गहराई में जाने की ललक, अभिव्यक्ति में नव नवीन प्रयोग करने की क्षमता स्पष्टतः दृष्टिगोचर होती है। इन कवयित्रियों की भाषा में उत्तर आधुनिकता के प्रभाव भी स्पष्ट दिखाई देते हैं। बिम्ब और प्रतीकों में व्यक्त आकाश-सी उड़ान और अतल समन्दर-सी दृश्यात्मकता के कारण ये कविताएँ वर्तमान के जीते-जागते सन्दर्भ और दस्तावेज बन गयी हैं।

हिन्दी कविता : क्रिया-प्रतिक्रिया

हिन्दी कविता हर युग में अपने पूर्ववर्ती युग की कविता के प्रतिक्रिया स्वरूप हो गयी है। भाव, विचार, कथ्य, शिल्प, हर स्तर पर क्रिया-प्रतिक्रियाओं का यह सिलसिला भक्तिकाल की कविता से लेकर आज तक की कविता विकास के हर चरण में, दृष्टिगोचर होता है। भक्तिकाल के मूल्यों और उदात्तीकरण से मानो बगावत करते रीतिकाल की उच्छृंखल प्रणय कविता शिल्प के स्तर पर भी जैसे भक्तिकाल की कविता की प्रतिक्रिया स्वरूप विकसित होती गयी। भक्तिकाल की कविता जितनी अधिक समाज-मानव केन्द्रित थी, रीति-काल की कविता उतनी ही आत्म केन्द्रित बनती गयी। भक्तिकाल मूल्यों, भावनाओं के उदात्तीकरण का स्वर्ण युग था। रीति काल शृंगारिक अभिव्यक्ति, शरीर केन्द्रित प्रेम की उच्छृंखलता का चरम बिन्दु था। आधुनिक युग के आरम्भ बिन्दु पर स्थित भारतेन्दु युग की कविता में मूल्यों और आत्म केन्द्रितता का द्वन्द्व साफ-साफ नज र आता है। यह द्वन्द्व भाषा और शिल्प के स्तर पर भी दृष्टिगोचर होता है। द्विवेदी युग की कविता में एवं युग प्रवर्तक महावीर प्रसाद द्विवेदी जी के दृष्टिकोणों में रीतिकालीन प्रवृत्तियों की प्रतिक्रियाएँ स्पष्टतः नज र आती हैं। प्रेमाभिव्यक्ति, विषय, भाव, भाषा, सम्प्रेषणीयता, अभिव्यक्ति कौशल, शिल्प आदि सभी स्तरों पर द्विवेदी युग की कविता ने नये मानदंड स्थापित करते हुए पूर्ववर्ती काल की सीमाएँ और खामियाँ लाँघते हुए अपने काल के भी आगे बढ़ने का सतत प्रयास किया और सफलताओं को भी चुनौती रूप स्वीकारकर छायावाद ने अपनी प्रतिक्रियाएँ पन्ने-पन्ने पर दर्ज करायीं। भावाभिव्यक्ति, भाषा की तरलता, सूक्ष्मता और अभिव्यक्ति क्षमता की तमाम ऊँचाइयाँ, विस्तार, गइराइयाँ छूकर और उन्हें भी लाँघते हुए आगे बढ़ती हुई छायावादी सोच भाव-विचारों के आन्दोलन, कथ्य और शिल्प के अनेकानेक आयाम और अपने ही मानदंड स्थापित कर, उन्हें लाँघकर नये मानदंड स्थापित करनेवाले छायावादी कवि प्रसाद, पन्त, निराला, महोदवी द्विवेदी युग की कविता की भाव-भाषा भूमि से कविता को कई अन्तराल दूर ले गये। छायावादी कविता कविता को काल का ऐसा व्यापक कैनवास, स्थल के ऐसे मकाम प्रदान करती गयी कि शायद ही हिन्दी कविता में कभी ऐसा हुआ हो। जीवन के किसी भी पक्ष को न नकारते हुए जीवन को अनन्त आकाशों का विस्तार और आकाश की तरलता प्रदान करती छायावादी कविता ने दरअसल मनुष्य की सोच और नज रिये को ये अनन्त आकाश उपलब्ध करा दिये थे।

प्रसाद की 'कामायनी', निराला की अनेकानेक कविताएँ जो अर्चना से 'नये पत्ते', का प्रदीर्घ भाव संसार नापते हुए कविता के लिए कई नज रिये उपलब्ध कराती गयी। महादेवी वर्मा के चार 'याम' भौतिकता, आध्यात्मिकता, रहस्यवादिता, बौद्धिकता, भावात्मकता के वे क्षितिज हैं जिन पर पहुँचकर पाठक की सोच और आस्थाएँ अस्तित्व, आनेवाले जीवन के खुरदरे यथार्थों का सामना करते हुए स्वस्थ सुलझी मानसिकता से जीवनयापन करने के लिए प्रतिबद्ध हो जाती है। 'राम की शक्ति पूजा', 'जूही की कली', 'सरोज स्मृति' के रचियता महाप्राण कवि निराला 'नये पत्ते' में अपने ही स्थापित भाव-भाषा-सोच नज रिये के मानदंड लाँघकर कविता को समसामयिक सरोकारों में ढली सोच, अभिव्यक्ति, शिल्प देकर पाठकों को नये युग से जुड़ने की नयी सामर्थ्य और मानसिकता प्रदान कर जाते हैं। नये युग की कविता के लिए भाव-अभिव्यक्ति के अनन्त द्वार खोल जाते हैं। छायावादी कविता ने जिस कल्पनातीत तरलता, सूक्ष्मता और प्रकृति के मानवीयकरण की क्षमता से पाठकों को रू-ब-रू किया दरअसल अपनी इस कविता से वे पाठकों में खुरदरे, असुन्दर यथार्थ से लड़ने की, उन्हें झेलते हुए आस्था के स्वर बरकरार रखने की सामर्थ्य भर रहे थे।

प्रगतिशील कविता ने पुनः एक बार अपनी पूर्ववर्ती कविता को चुनौती दी और वह करवट बदलती सदी की सोच, मार्क्स की विचारधारा, समाजवाद, जनवाद आदि कई रूपों में ढलती जा रही मानसिकता के बल पर अपनी भाव भंगिमा, विचार, कथ्य और शिल्प को परिवर्तित करती रहीं। प्रगतिशील लेखक संघ के अधिवेशनों से बदलती सोच हिन्दी कविता को अपनी रूमानियत और आकाश-सी सोच, अभिव्यक्ति को भौतिकता के पैमाने पर तौलने की, स्थिर करने की चेष्टा करने लगी। प्रगतिवाद को भारतीय विचार परम्परा में ढालते हुए मुक्तिबोध जैसे सशक्त कवि ने हिन्दी कविता को ज मीन की सच्चाइयों से परिचित कराया और 'हैपी लैंडिंग' की तरह बिना किसी टूटन, संघर्ष, चरमराहट से हिन्दी कविता मार्क्स के भारतीय संस्करण में तब्दील होती रही। नागार्जुन, केदारनाथ सिंह, केदारनाथ अग्रवाल आदि कई नाम जुड़ जाएँगे इस सन्दर्भ में चक्की का उदास रहना...कानी कुतिया का उदास-सा बैठना और कई दिनों के बाद सौंधा धुआँ उठना...की आर्थिक, सामाजिक त्रासदी को वाणी देनेवाले नागार्जुन और अब गिरा अब गिरा...अटका हुआ आँसू और पत्ता भी...के माध्यम से व्यक्ति और परिवेश के यथार्थ को रूमानी सौन्दर्य से व्यक्त करने वाले शमशेर छायावादी ज मीन पर पैर रखते हुए प्रगतिवादी सोच में प्रगतिवादी, प्रगतिशील कविता को ढालते हुए नज र आते हैं।

प्रगतिशील कवियों का प्रयोगशील कविता में अगला सफर तय करना और प्रयोगशील सरोकारों में ढलना एक ओर प्रगतिशील कविता का प्रतिक्रिया स्वरूप विकसित होना है तो दूसरी और छायावादी विरासत की पुख़्ता सोच को समय-काल-युगीन परिस्थितियों, परिवेशों के साक्षी बनते हुए धमनियों में बहाना भी है। अज्ञेय, सर्वेश्वरदयाल सक्सेना, गिरिजा कुमार माथुर आदि सप्तकों के कवि और सभी प्रयोगशील कवि

परम्परा की पूँजी साथ लिए हुए समसामयिक सरोकारों के तनाव, दबाव, माँग के अनुरूप प्रगतिशीलता की प्रतिक्रिया स्वरूप अपनी सोच को नये शिल्प प्रदान कर रहे थे। अस्तित्ववाद का भारतीय रूप, प्रयोगशीलता के विकसित आकाश और भारतीय मानस से प्रयोगशील कवियों को आहिस्ता से नयी कविता की दहलीज पर लाकर कब खड़ा किया और नयी कविता के मूल्य-मानदंडों, शिल्पों में इनकी कविता हौले से कैसे प्रविष्ट हुई यह देखना, अनुभूत करना भी आनन्द की अनुभूति है।

प्रयोगवादी या नकेनवादी 'पसपशा' के तीन कवियों का बाद में कोई अनुकरण नहीं हुआ या वाद नहीं बना, यह ऐतिहासिक कविता तथ्य इस बात पर प्रकाश डालता है कि 'प्रतिक्रिया देनी है' की ठानकर या जि द से किया प्रयोग असफल होता है। प्रतिक्रिया के लिए प्रतिक्रिया नहीं होनी चाहिए। जब प्रतिक्रिया action-reaction उत्स्फूर्त, आवश्यक होती है तभी कई वाद अपनी विशेषताओं के साथ पनपते हैं और युगीन सोच, नज रिये को आगे बढ़ाते हैं। हिन्दी कविता के युगों ने इस सच को बार-बार रेखांकित किया है।

नयी कविता का विशेष यह कि प्रयोगशील कवि और कई प्रगतिशील कवियों ने भी नयी कविता के कवियों के साथ नयी कविता की भूमिका, विशेषताओं को अपनाकर नयी कविता लिखना शुरू किया था। अतः कालखंड की दृष्टि से विस्तृत न होते हुए भी कवियों की संख्या की दृष्टि से नयी कविता का युग समृद्ध रहा। भाव, कथ्य, शिल्प में इन कवियों ने प्रगति, प्रयोग की विशेषताओं को भी प्रत्यक्ष-अप्रत्यक्ष रूप में अंकित किया। भावबोध, भाव-विचार कैनवास, विचार बोध की गहराई और विविधता के कारण नयी कविता अपने स्वरूप में अलग होते हुए भी पूर्ववती-परवर्ती कविता से नाता जोड़ती रही। निरालाजी ने छायावादी प्रवृत्तियों में कविता को ढालते हुए भी नये पत्ते के दौर में प्रगतिशील और नयी कविता इन दो युगों के द्वार खोल दिये थे और पार्श्वभूमि बना रखी थी यह उसी का प्रभाव है। छायावादी निराला जी नयी कविता की सोच से भी प्रतिक्रिया स्वरूप व्यक्त होते हुए उत्तर आधुनिकतावादी भाव-शिल्प में झाँक आये थे।

साठोत्तरी कविता ने पुनः नयी कविता से बग ावत करने की मुद्रा में प्रतिक्रिया स्वरूप अपने को बिल्कुल नये धरातल पर अभिव्यक्त करना चाहा। अश्लीलता, बाज ारू भाषा के एक अलग रूप में ढली साठोत्तरी कविता ने रीतिकालीन कविता की याद ताज ा की। कुत्तों के अभिसार, भाषा पर बलात्कार, तालाब में तैरती छः लड़कियाँ, लुकमान अली आदि कई दृश्य साठोत्तरी कविता में नंगेपन, बाज ारू भाषा में अश्लील, कामुक चित्र उपस्थित करते रहे। फिर भी नयी कविता की परम्परा को खंडित न करते हुए साठोत्तरी कविता में सम्बन्धों के कोमल, स्वस्थ चित्र भी आँके गये यह बात कविता कर्म की सकारात्मक भूमिका की निर्देशक है। विजय देव नारायण साही ने 1995 में लिखित अपने एक लेख में लघु मानव की बात कही थी। वह लघु मानव इस कदर साठोत्तरी कविता में झाँकता, अंकित होता गया।

बाद में कविता को दशकों में बाँटा जाने लगा। प्रवृत्तियों की गुत्थमगुत्था, कवियों की जटिल सोच, प्रवृत्ति वैविध्य के सूचक थे लेकिन यही सीमाएँ भी बनती गयी। जिसके नाम से युग जाना जाए ऐसी विशेषताएँ धारण करनेवाला कोई एक कवि या ऐसी ठोस प्रवृत्ति जिसके नाम से युग का नामकरण किया जाए के अभाव का परिणाम दशकों में कविता को बाँटने के रूप में हुआ। अस्सी, नब्बे के दशकों में और बीसवीं सदी के अन्त में जि न्दगी जिस तरह भटकती, भरमाती बदहवास होती गयी, टेक्नालाजी, आयी.टी., ग्लोबलायजेशन, विश्वग्राम जैसी बड़ी-बड़ी हवाई संकल्पनाओं में और बाज रीकरण की गलियों में नासमझी या आशंकित-सी गुमराह होती रही कविता भी अपना अस्तित्व, अपनी पहचान तलाशती रही। उत्तर आधुनिकता बोध ने भाषा, परम्परा को लेकर और अलगाना शुरू किया। नये मूल्य स्थापित होने के पूर्व पुरानी मूल्य परम्पराओं को नकारा, हटाया गया। पर्यावरण, आतंकवाद जैसे विषयों ने एक ओर जहाँ जीवन की सूझ-बूझ, सोच व्यापक बनायी दूसरी ओर कविता को आतंक, शोषक की गलियों में फँसा दिया। स्पेशलाइजेशन के इस युग में हिन्दी कविता और हिन्दी कवि जनरलाइजेशन की ओर अग्रसर होते गये।

उत्तर आधुनिक सोच की शिकार बनी मानसिकता ने भले ही छायावादी प्रकृति-भाषा प्रवृत्तियों से नाता तोड़ना फैशन रूप लादा होगा लेकिन आज भी कविता से प्रकृति, प्रेम को अलगाया नहीं जा सका। इक्कीसवीं सदी के प्रथम दशक की कविता इसकी साक्षी है।

हिन्दी के कविता युगों की ये क्रिया-प्रतिक्रियाएँ हिन्दुस्तानी-पाकिस्तानी भूमिका जैसी नहीं हैं। ये भारतीय प्रदेशों की मानसिकता-सी यानी एकता में विविधता सँजोयी हुई हैं या यूँ कहें कबीर की झीनी-झीनी बिनी चदरिया के ताने-बाने-सी है। वस्त्र बुनते जाने की समानधर्मा प्रवृत्ति-उद्देश्य से युक्त।

हिन्दी कविता में कवयित्रियों की कविताओं का अपना एक विशेष योगदान है। स्त्री विमर्श के हर पैमाने पर अपने को सिद्ध करती ये कविताएँ, वे मंज र हैं जहाँ से जीवन की समग्र अनुभूतियाँ और अनुभूतियों के अनगिनत पहलू, अनुभवों का बहुस्तरीय विश्व उद्घाटित किया गया है। इनकी भाषा के रूप, शिल्प एक अद्भुत दुनिया है। गीत और ग ज ल को हिन्दी कविता से अलग नहीं किया जा सकता। हिन्दी कविता के ये काबा-काशी हैं। हर युग में कविता के साथ-साथ गीत और ग ज ल में भी क्रिया-प्रतिक्रियाओं स्वरूप परिवर्तन होते रहे हैं।

कविता यात्रा के पड़ाव

'कितनी नावों में कितनी बार' चढ़-उतर-चढ़कर 'अज्ञेय' में बैठे 'भग्नदूत' ने 'चिन्ता' की रेखा से लेकर 'इत्यलम्', 'हरी घास पर क्षणभर', 'बावरा अहेरी', 'इन्द्रधनु रौंदे हुए ये', 'अरी ओ करुणा प्रभामय', 'आँगन के पार द्वार', 'क्योंकि मैं उसे जानता हूँ', 'सागर-मुद्रा', 'महावृक्ष के नीचे', 'पहले मैं सन्नाटा बुनता हूँ' और 'नदी की बाँक पर साया' तक की सारी स्थितियों, सारे परिवेशों, सारी घटनाओं, सारे मोड़ों और उनके भीतर की मानसिक जटिलताओं तक भाव-विचार की समृद्ध यात्रा तय की है। ये कविताएँ साक्षी हैं 'भग्नदूत' के इस कवि मानस की प्रदीर्घ यात्रा किसी सीमित परिवेश या सीमित विचार धारा या जीवन दृष्टि को समर्पित नहीं है। 'महावृक्ष के नीचे' बैठकर कोई सम्पूर्ण ज्ञानी योगी जितनी सम्पूर्णता से 'बावरा अहेरी', 'सागर-मुद्रा', 'अरी ओ करुणा प्रभामय' के विभिन्न रूपों को देखेगा उसी सम्पूर्णता से इस कवि मानस ने इन विशाल व्यापक एवं असीम रूपों को उनके अन्तर्गन को देखा है, परखा है और अपना भावविश्व तथा विचारविश्व समृद्ध किया है। अपनी कविताओं में इस प्रदीर्घ यात्रा को आँकते हुए कवि 'रौदें हुए इन्द्रधनु को' या 'नदी की बाँक पर साया' को भूला नहीं है। रंगों, शब्दों के धनी अज्ञेय में केवल उजले रंगों के प्रति ही मोह नहीं है तो 'साया' के समान हृदय, मन को ग्रसने वाले, उदारा बनानेवाले रंगों की परछाइयों के प्रति भी आत्मीयता है। इसलिए 'हरी घास पर क्षण भर' बैठकर उसे जाननेवाले कवि की 'कितनी नावों में कितनी बार' की जानेवाली ये अनगिनत यात्राएँ सम्पूर्ण एवं समृद्ध बनी हैं। ये यात्राएँ व्यक्ति से समाज तक, चेतन से अचेतन तक, भौतिकता से आध्यात्मिकता तक, मूर्त से अमूर्त तक, ज्ञान-विज्ञान से लेकर भाव-संवेदना तक, अस्तित्व से लेकर लय तक, शिखरों से घाटियों तक, पौर्वात्य जीवन दृष्टि से पाश्चात्य विचार प्रणाली तक और प्रकृति से लेकर पुरुष तक के प्रदीर्घ पथ पर तय की गयी हैं। विशेष यह है कि ये यात्राएँ तय करता है समृद्ध और अति संवेदनशील एक कवि मानस पग-पग स्थित विविध दृश्य, परिवेश, स्थूल-सूक्ष्म घटनाएँ कवि मानस को दिखाने का काम अर्थात् पथ प्रदर्शन का काम करता है एक प्रबुद्ध दार्शनिक और चिन्तनशील आलोचक! यानी यह यात्रा एक साथ तीन व्यक्तित्व-कवि, दार्शनिक और आलोचक-तय करते हैं, अपनी-अपनी वैशिष्ट्यपूर्ण ग्रहण क्षमता एवं चिन्तन की बैसाखियों के बल

पर। ध्यान रखने की बात यह है कि ये दो व्यक्तित्व दार्शनिक का और आलोचक का कवि व्यक्तित्व के पूरक व्यक्तित्व हैं अतः इन कविताओं में कवि और कविता को तनिक भी क्षति नहीं पहुँची है।

'कितनी नावों में कितनी बार' में कवि धूप, चिड़िया, घास की पत्ती, शंखपुष्पी, हवा, लहर, आकाश आदि से उनके वे सभी तत्त्व माँगता है, जो तत्त्व ही उस विशिष्ट की पहचान होती है। यानी इन सभी से वे प्राण तत्त्व माँगकर अपना जीवन समृद्ध बनानेवाला कवि हमें निश्चित ही विशेष लगता है। पर जब 'कोई' (यह कोई इसका ही अरूप ममेतर है) याचक बनकर इन तत्त्वों की माँग करता है तब कवि थर्राता है, व्याकुल बनता है, देने से इनकार करता है (पृष्ठ-15)। निश्चित रूप से यहाँ कवि पाठकों को अपने में से ही कोई एक लगता है। याचक के माँगने पर देने से डरनेवाला यह कवि मन हम सामान्यों का मन है। अन्तर इतना ही है कि कवि का यह पाना, देना, न देना काव्यात्मक धरातल पर सम्पन्न होता है। उसकी अभिव्यक्ति सम्प्रेषण के सारे कौशल से की जाती है अतः उसे काव्यत्व का जामा प्राप्त होता है। पाठक अपनी ही इस अनुभूति की परछाई इतनी कलात्मक रूप से जब 'अज्ञेय' की कविता में पाता है तो बीच के सारे व्यवधान अपने आप गल जाते हैं। यहाँ से पाठक कवि का सहयात्री बनकर उसकी उँगली पकड़कर देखे-अदेखे, स्पष्ट-अस्पष्ट भाव प्रान्तर महसूस करने के लिए चल देता है और इस समान धरातल पर पाठक को लाकर कवि उसे अपनी दृष्टि से देखा-परखा सब कुछ उदारता से सौंपता है। इस अभियान में प्यार, ममेतर, अरूप, बोध आदि संकल्पनाओं की परम्परागत परिभाषाएँ भी परिवर्तित की जाती हैं और अपनी नयी दृष्टि से कवि इन संकल्पनाओं की नयी परिभाषाएँ, नयी व्याख्याएँ पाठकों की ज्ञान कक्षा को अर्पण करता है। इस नये ज्ञान से पाठक भावविभोर होता है, कविता से अधिक जुड़ जाता है। इस तादात्म्य के कारण कवि-कविता और पाठक में बेहतरीन संवाद की स्थितियाँ उपलब्ध हो जाती हैं। इस संवाद के दौरान हम भी द्रष्टा कवि के साथ 'हम नदी के साथ-साथ' हो लेते हैं, 'काँच के पीछे मछलियाँ' देखते हैं 'यात्री' बनकर विविध अनुभूतियाँ ग्रहण करते हैं जिनमें स्वप्न भी होता है, 'एक दिन चुक जाएगी बात का अहसास भी होता है,' 'विदा के चौराहे पर अनुचिन्तन' की स्थिति भी प्राप्त होती है, 'समय क्षण भर थमा' के विस्मयकारी अनुभव से लेकर 'कि हम नहीं रहेंगे' तक का आलोड़न-विलोड़न होता है, 'प्रस्थान' से पहले के कचोटनेवाले दर्द से लेकर 'महानगर-कुहरा', 'युद्ध विराम,' 'इतनी बड़ी अनजान दुनिया' तक की सच्चाइयाँ होती हैं और इन सबके साथ-साथ कवि के श्रद्धायुक्त मानस के 'सन्ध्या-संकल्प,' 'प्रातः संकल्प' भी अनुभूति-विश्व के दायरे बढ़ाने का उपक्रम करते हैं। कवि के अनुभूति-सम्पृक्त विश्व में 'उत्तर-बासन्ती दिन से' लेकर 'सुनी है साँसें' तक का व्यापार समाविष्ट होता है, 'हेमन्त का गीत' से लेकर 'अंगार' की वेदनाएँ उमड़ती हैं। 'प्रातः संकल्प' के साथ 'सन्ध्या-संकल्प' को जोड़नेवाला कवि समय के दो छोरों को, दिन नापनेवाली

दो संकल्पनाओं को ही जोड़ता हुआ प्रतीत होता है। 'प्रातः संकल्प' में आस्था के अरुण हैं, ज्वलन्त घोड़े हैं, नभ का कच्चा आँगन और पैर हैं, यानी विस्तार और विस्तार को नापनेवाली, पार करनेवाली गति है। इस पार्श्व पर खड़ा 'न बँधा हुआ कवि' है, 'दुर्वा की पत्ती-सा नतमस्तक होकर' प्रतीक्षा करनेवाला कवि है, 'अपना न रहा हुआ' कवि है, 'अपने को लुटा चुका हुआ' कवि है। आशा का यह संसार 'सन्ध्या संकल्प' में भी है, पर यहाँ उदासी का न चीरनेवाला झुरमट छाया हुआ है। पूजा का पावित्र्य यहाँ उदासी के रेंगते-से साये में कचोटनेवाला वातावरण उभार देता है। ये दो स्वतन्त्र कविताएँ अपना-अपना स्वतन्त्र अस्तित्व-व्यक्तित्व धारण किये हुए एक-दूसरी के लिए पार्श्व चित्र का और कान्ट्रास्ट प्रभाव का कार्य सम्पन्न करती हैं। कवि रचना-धर्मिता की यह अनूठी पहचान है। ये कविताएँ समय के दो बिन्दुओं को जोड़ने मात्र का उपक्रम नहीं है तो कवि के बहुआयामी व्यक्तित्व की यात्रा में पाना-त्यागना, हँसना-रोना की क्रिया के दो छोर छूने का काव्यात्मक प्रयास है। 'कितनी नावों में कितनी बार' की कविता में कवि बार-बार इस प्रकार के दो छोर छूता है और केन्द्र की ओर लौटता है। अतः यह सारी यात्रा बिन्दु और रेखाओं की पारदर्शी नक्काशीदार जाली बन जाती है। 'डगमग नाव' से 'जगमग नाव' तक 'नंगे अँधेरों से नंगे प्रकाश' तक (पृष्ठ-20) की कितनी ही दूरियाँ कवि कितनी ही बार तय करता है। विशेष यह है कि ऐसी यह यात्रा केवल बाह्य परिवेशों तक सीमित नहीं रहती तो इन्द्रियों से अतीन्द्रियों तक, ठोस यथार्थ से तरल यथार्थ, भावों तक तय की जाती है और शब्दों की सारी शक्तियों द्वारा वह शत प्रतिशत पाठकों तक पहुँचायी जाती है।

अज्ञेय जैसे भावों के धनी हैं वैसे शब्दों के भी। अतः बरसाती नदी की तरह शब्द उनकी सहायता के लिए दौड़ आते हैं। 'प्रकाश' को चित्रित करते हुए कवि 'उघाड़ता, नंगा, तीखा, निर्मम' आदि विशेषणों का एक साथ प्रयोग करता है। इससे प्रकाश के सारे कोण, इस प्रकाश को ग्रहण करनेवाली कवि की संवेदन क्षमता तो व्यक्त होती है साथ ही प्रकाश का क्लोजअप पाठकों को भावाविभोर कर जाता है। ऐसे कितने ही क्लोजअप अज्ञेय हमें देते हैं। ये क्लोजअप केवल चेहरों के, वस्तुओं के नहीं हैं तो प्रकाश, अँधेरा जैसी तरल संकल्पनाएँ भी एक चेहरा प्राप्त कर जाती हैं और क्लोजअप शॉट के लिए बिल्कुल तैयार हो जाती हैं।

'कितनी नावों में कितनी बार' में 'मैं' कितनी ही बार रूप बदल-बदलकर साकार होता है और फिर भी इन सभी 'मैं' में समान ऐसा एक अन्तःसूत्र है जो 'पहचान' के तौर पर व्यक्त-अव्यक्त रूप में समूची कविता में बिखरा हुआ या कविता पर छाया हुआ दृष्टिगोचर होता है। बाहर जो कुछ घटित होता है वह इस 'मैं' में भी घटित होता है और कभी-कभी तो इस 'मैं' में जो घटित होता है वही बाहर भी (पृष्ठ-21)। इस 'मैं' में अविराम भीड़ रूप लेती है तो यह 'मैं' भीड़ में मिटता, डूबता है। तब 'सपना मेरा है या मैं सपने का' इस द्वन्द्व की स्थिति जन्म लेती है और वह छलछलाती धारा-सी प्रवाही

बन जाती है। केकडे की आँखों का वर्णन करते हुए (पृष्ठ-23) कवि ने उसे प्रदान किये विशेषण-ठंडी, निष्प्रभ, निष्कौतूहल, निर्निमेष कवि के शब्द भण्डार का तो पता बताते ही हैं पर उनका क्रम चढ़ती सीढ़ियाँ बन जाता है जिनसे गुज रते-गुज रते वह पाठक के अन्तर्मन की तह तक पहुँच जाता है अपनी सारी विशेषताओं के साथ। झरने की तरह बहनेवाली यह विशेषणों की माला बिम्ब से प्रतीक बना देती है वस्तु को और केवल वह दृश्य, स्पर्श, श्रव्य वर्णन नहीं रहता तो अर्थों की लड़ियाँ बिखेर देता है रसास्वाद लेनेवाले सजग पाठक के सम्मुख। बिम्ब से प्रतीक तक, का यह सिलसिला 'कितनी नावों में कितनी बार' की कविताओं में सहजता से गूँथा गया है। रहस्य सुनकर भी अनसुना कर पत्थर की ओट में सरकनेवाला केकडा और उसके सामने अपने रहस्य के साथ रह गया कवि अकेला, सन्नाटे से घिरा, अप्रस्तुत, अपनी ही जिज्ञासा के सम्मुख निरस्त्र, निष्कवच, बध्य! एक ही रंग को गहरा-हल्का बनाकर उससे कैनवास और चित्र को तूलिका से साकार करनेवाला यह शब्द-चित्र है। कवि चित्रकार केवल चित्र साकार कर रुकता नहीं, तो कुहरा, सागरपर का सन्नाटा महाराशि से कटा हुआ थोड़ा-सा जल, चट्टानों के बीच का निश्चल, पारदर्शी जल आदि को शब्दों में गूँथकर बार-बार अस्तित्व की तलाश करने की प्रवृत्ति का नया संस्करण प्रस्तुत करता है। इस अर्थ से भी प्रस्तुत संग्रह की कविताएँ जीवन से जुड़ी हुईं दास्ताएँ प्रतीत होती हैं।

अस्तित्व की तलाश करनेवाला यह कवि जब जीवन की व्याख्या करने लगता है तो जीवन की विशेषताएँ बताते-बताते कहता है चाबुक खाये/ भागा जाता/ सागर तीरे/ मुँह लटकाये/ मानो धरे लकीर/ जमें खारे झागों की/ रिरियाता कुत्ता यह/ पूँछ लड़खड़ाती टाँगों के बीच दबाये (पृष्ठ-26) तब प्रयोगशील कविता से अ-कविता के युग को नापने की अपनी सामर्थ्य का मानों वह पता बताते जाता है।

इन कविताओं में समय थम जाता है, तारा समय से पूछता है, रात का संगीत आकाश में तिरने लगता है, डैने तोड़कर पंछी क्षितिज की ओर दौड़ता है और कभी-कभी तो इतनी त्रासद स्थितियों के दौर आते हैं कि 'हमारे खिलते-न-खिलते/ सुगन्ध तो/ हमारे बीच में से होती/ उड़ जाएगी (पृष्ठ-38)' और मर्माहत स्वर से कहने की यह स्थिति भी कि 'ओ मेरे प्यार। मैंने तुम्हें बार-बार, बार-बार असीसा/ तो यो नहीं कि मैंने बिछोह को कभी भी स्वीकारा' (पृष्ठ-40)। कितनी ही बार कवि को ऐसी नावों पर सवार होना पड़ा जहाँ केवल उमस, विकलता, सम्भास की स्थितियाँ ही थीं। पर उस अनन्त ऊर्जा की ओर से कवि ने कभी पीठ नहीं फेरी। स्वस्थ मानसिकता छलकानेवाली कविताएँ इसकी साक्षी हैं। इस अनन्त ऊर्जा के प्रति लगाव के कारण ही कवि ने विशालता, व्यापकता, ऊँचाई और गहराई से अटूट रिश्ता तय किया है। कविता में आकाश, नदी, रेत का बार-बार आना ही इस बात का प्रमाण है।

जीवन की समग्रता को विविध पहलुओं से जानने-परखने-समझने के लिए व्याकुल कवि को कितनी ही बार नावें बदलनी पड़ती हैं, दिशाएँ बदलनी पड़ती हैं और ऐसा करने में कभी-कभी उसे 'अप्रत्याशित उजाला' प्राप्त होता है। 'धूप-भरा उत्तर वासन्ती

दिन' देखने को मिलता है। 'चौंककर खिलनेवाले फूलों के रंगों से' और 'झुलसानेवाले एकान्त से' उसकी मुलाकात होती है (पृष्ठ-45)। कभी वह 'शान्त, संझाएँ कमरों' में होता है तो कभी 'थके हारे दिलों के बीच' और इन सब दृश्यों को पाठकों को दिखानेवाला कभी-कभी स्वयं का 'क्लोजअप' ही दे जाता है। अपनी अगरबत्ती के धुएँ के बलखाते डोरे वह दिखाता है, निःशब्द धुन सुनाता है, रागों की शतजिह्वा आग को साकार करता है और फूल मुक्त, धरा बँध जाने की स्थितियों में 'मैं' के चुक जाने की स्थितियों को (पृष्ठ-47) उजागर करता है। भोर के साथ विकसने वाले और साँझ के संग कुचलनेवाले फूल यानी कवि के हृदय के साथ पाठकों की यह यात्रा अनपहचानी सुरसुराहट (पृष्ठ-50) में न जाने कब ढल जाती है। पर कुछ ही देर में 'धड़कन हृदय की/ चेतना में फूट आयी है हठीली/ नये अंकुर-सी/' (पृष्ठ-59) वे फिर नयी चेतना से उगते रहे हैं दोनों, कवि भी और पाठक भी।

'कितनी नावों में कितनी बार' की कविताएँ एक-सा इफेक्ट नहीं देतीं। यह विविधता ही कविता का बल बनता दृष्टिगोचर होता है। 'महानगर' शब्दों के कैमरे से खिंचे हुए स्नैप-सा प्रतीत होता है 'तुम्हें नहीं तो किसे और' तूलिका से बनायी गयी तसबीर का एहसास दिलाती है, 'हम नदी के साथ-साथ' में नदी से सागर तक की यात्रा की फिल्म दिखाई देती है, 'पेरियार' स्केच का इफेक्ट दे जाती है 'फोकिस में ओदिपैस' फ ीचर फिल्म-सी लगती है तो 'कालेमेग्दान' संवेदनशील मानस द्वारा दिया गया रिपोर्त लगती है। साहित्य की अन्य विधाओं का अहसास जगानेवाली ये कविताएँ लेकिन अपने कविता के रूप से कहीं भी भटकती नहीं हैं। सशक्त कवि की पहचान इससे अलग और क्या हो सकती है? 'हेमन्त का गीत' (पृष्ठ-87) का 'कहीं हम ठगे तो नहीं गये?' वाला प्रश्न भाव में बहते जानेवाले पाठक के मन को झटके से ब्रेक लगाता है पर केवल इतना ही नहीं तो वहाँ से तुरन्त अतीत का अवलोकन करने की चेतावनी भी उसे मिलती है। उसी तरह 'आग के कितने रूप/ बसे हैं मेरे मन में' वाली पंक्ति केवल पंक्ति नहीं रहती तो एक अव्यक्त स्पष्टीकरण आग के रूपों के वर्णन के साथ ले आती है और कविता दो पंक्तियों के बीच रची जाती है। पाठक को फिर यहीं पर आकार कविता को जानना-गुनना पड़ता है। अज्ञेय की कविता इसलिए बहुत बार शब्दों के बीच की खाली जगहों पर मिलती है और वहाँ उसे पाकर पाठक भाव-विभोर हो जाता है। यही बात स्वयं अज्ञेय भी करते हैं। 'भाषा की पकड़ में से फिसली जाती हुई/ भावना का अर्थ (पृष्ठ-60) सोने की कनी का हाथ में आना, फिसलना, फिर हाथ में आना, फिर फिसलने की सम्भावनाओं का उपस्थित होना' यह केवल कवि मानस की सच्चाई नहीं बल्कि पाठक मन की भी सच्चाई है। 'अकाल, अकूल नदी से अंजुलि भरने (पृष्ठ-60),' के सुख-दुःख का क्या हमें अनुभव नहीं होता? और इसका समाधान जैसे कवि को 'उसे' बातों के बीच की चुप्पियों में पाकर प्राप्त होता है, वैसे हमें भी बातों के बीच की चुप्पियों में कविता प्राप्त होती है। सचमुच कवि की मौन की भाषा ही (पृष्ठ-62) अधिक सक्षम है। कवि उसे हँसी में उलझाकर अनसुनी हो गयी आहों में

पाता है, भीड़ों में भटकी अनाथ आँखों में पाता है, बरसों पहले गुज र गये यात्रियों की दाल-बाटी की बची-बुझी राख में पाता है। सृजन की प्रेरणा जैसे इन्हीं त्रासद दृश्यों से प्राप्त होती है। वैसे सृजन को उसके सारे समर्थ रूपों के साथ समझने के लिए क्या पाठकों को इन सभी जगहों से तादात्म्य पाना नहीं पड़ता?

प्रेम 'अज्ञेय' की कविता का एक महत्त्वपूर्ण विषय रहा है पर कवि प्रेम के रूपों के विवरण में या प्रेमपूर्ण स्थितियों के फ्लैश खींचने में रस नहीं लेता। कवि प्रेम के फल स्वरूप जो स्थितियाँ निर्माण हुई हैं उन्हें बिम्बात्मक, प्रतीकात्मक, रूपकात्मक रूपों में व्यक्त करता जाता है। अतः कविता दस्तावेज नहीं बनती उसे केवल प्रेम कविता का लेबल भी नहीं चिपकता। होता यह है कि चलती रेल में से यात्री को जो नज ारे दिखाई देते हैं वैसे यह कविता भी दूर-दूर के नजारे पेश करती जाती है और अन्त में हम पाते हैं अपनी स्मृति पटल पर एक 'एलबम'/ 'देने के अहंकार/ पाने की ईहा/ होने के अपनेपन' (एकाकीपन) (पृष्ठ-57) के कारण हमें दिखाई देते हैं फूस की मडिया के छप्पर का हवा के झोंके लिए रह जाना, दीवारों का बेमौसम की वर्षा में बह जाना, बात का बार-बार कही जाने में ही कही जाने से रह जाना, मरू के रेत लदे झोंके का डँसना, (पृष्ठ-60) और इसके साथ सूनी डाले लाल होकर काली पड़ गयी बगीचों की कतारें, सूख चली बेलें में डराता नीला कुहरा, मनहूस बाँझ सन्नाटा, अन्तहीन, अनकही अधूरी बातें, साँसों से नापी रातें, कल्पना की आग में रूपायित हुए सपने, धुन्ध में दुबकी नंगी चट्टानें, राख में सुलग जानेवाली सपने की परछाई (पृष्ठ-87) आदि दृश्य इनके साथ जब हम बुलन्द आवाज में व्यक्त की गयी स्थिति 'और हिमशिखर हमारे साथ आया/ बल्कि चाँदनी का एक मौर लाया' (पृष्ठ-90) को देखते हैं तब महसूस होता है कि ज्वालामुखी के विस्फोट-से सन्नाटे में रहें हम एक झटके से आतंक को भूलकर लुभावने दृश्यों में खो रहे हैं। धीर-अधीर, सहज, डगमग, द्रुत, कुहरे में दिखाई राह कवि ने नापी है (पृष्ठ-99)। जिस तरह कवि ने लय और गति को अंकित किया है उसी तरह जन्म लेती विविध मनः स्थितियों को भी आलेख रूप में प्रस्तुत किया है। रूप, रूपायमान, रूपातीत में दृश्यों के जटिल से जटिलतम होने, स्थूल से सूक्ष्म होने को कलात्मक रूप में साकार किया है। 'कौन कभी फिर वहाँ लौटा आया जिस पथ से/ एक बार वह पार गया है?' जैसी पंक्तियों में प्रश्नार्थक शैली द्वारा कवि ने जिस अधीरता, व्याकुलता का परिचय दिया है वह प्रभावोत्पादकता में सहयोगी सिद्ध होता है। 'वह कैसे होती यात्रा/ पहुँचाकर चुक जाती?' जैसे प्रश्नों में जीवन के अनुत्तरित रहनेवाले अनगिनत किस्सों की मानो कवि झलक ही प्रस्तुत करता है। 'झूठा होगा वह तीर्थ' जैसे मत प्रदर्शन में कवि ने जिस निर्णायक स्वर को गुँजाया है उसका खंडन करना शायद ही सम्भव हो। यह टिप्पणी प्रबुद्ध मस्तिष्क का आविष्कार लगती है। 'पार दिखाकर पार जाने का उपाय जो नहीं बताता' वह सब कुछ कवि के लिए निरर्थक है। भले ही फिर वह सरोवर, नदी या महासागर हो। यह तर्कशुद्ध मन कवि की बात को, उसके

नकार-स्वीकार को एक विलक्षण बल देता है। यह बल 'कितनी नावों में कितनी बार' की कविता में निर्भयता से छाया है, उसी पैमाने पर पाठकों तक सम्प्रेषित भी होता है।

कभी-कभार वर्णन के बहाव में आकर कवि स्थितियों का विवरण देने लगता है, तब लगता है कविता सपाट, नीरस बयान मात्र बनकर रहेगी पर कवि मन का सजग प्रहरी झट से कलम को जागृत करता दृष्टिगोचर होता है। तब कसे हुए शिल्पी की तरह वह सँवार लेता है कविता को। कविता झट से ऊँचाई की ओर उन्मुख होती है। 'हमारा जन्म लेना ही पक्षधर बनना है' (पृष्ठ-41) जैसी अनेक पंक्तियाँ इस बात की साक्षी हैं। कभी-कभी कवि ब्रैकेट में अपनी बात का स्पष्टीकरण देता हुआ दिख जाता है पर दरअसल यह स्पष्टीकरण नहीं पहली पंक्ति' में व्यक्त संकल्पना की पूरक बात वह ब्रैकेट में देता है। इस शैली के कारण उनकी कविता प्रयोगवादियों की गद्य शैली के या अ-कविता की बात को पुष्टि देनेवाली प्रवृत्ति के करीब लगे भी, पर जो बात ब्रैकेट में आती है वह अर्थ के स्तर पर स्वतन्त्र बात है। बीच-बीच में भावावेग में कवि 'हमें लड़ना है निरन्तर,' जैसी उक्तियों द्वारा प्रगतिवादी विचारधारा की याद अवश्य दिलाता है पर इस स्थिति में भी वह निरी 'भाषणबाजी' प्रतीत नहीं होती। ऐसी उक्तियाँ कलाकार में छिपी युयुत्सु प्रवृत्ति का मात्र परिचय देती हैं। और इस युयुत्सु प्रवृत्ति के होने को कोई नकार नहीं सकता। 'प्यासी है, प्यासी है गागर वह/ मानव प्यार की (पृष्ठ-43),' जैसी नारा लगानेवाली पंक्तियाँ जब 'नारायण के सम्मुख की गयी विश्वव्यापी अर्चना में परिणत होती है' तब नारे के स्वरूप के कहीं नामोनिशान तक नहीं रहते और ईश्वर को न भूलने के लिए लगातार दुःखों की माँग करनेवाली कुन्ती के किसी वंशज के रूप में कवि हमारे सामने रह जाता है।

'अज्ञेय' की 'काँच के पीछे मछलियाँ' (पृष्ठ-86) कवि नागार्जुन की मछलियों की भरसक याद दिलाती है। शोषण के प्रति देखने का नज रिया वही, शोषण के अंकन में की चित्रात्मकता वही, शोषण के प्रति आक्रोश वही, पर प्रगतिवादी नागार्जुन की 'मछलियाँ' एक प्रकार मुखर उपदेशात्मक चीख़ती आक्रोशयुक्त वाणी को जन्म देकर अभिधा पर ही समाप्त हो जाती है वहाँ अज्ञेय की 'मछलियाँ'-'जिन्दगी के रेस्त्राँ में यही आपसदारी है/ रिश्ता नाता है/ कि कौन किसका खाता है/' की वाणी में लक्षणा, व्यंजना को समाविष्ट कर पाठक के लिए द्वार के बाद द्वार खोल देती है। अज्ञेय 'एक दिन चुक जाएगी ही बात' (पृष्ठ-94) में 'हम नहीं/ बात बोलेगी/ भेद खोलेगी/ बात ही' की अगली कड़ी प्रस्तुत कर बात को 'पूर्णत्व' देने की चेष्टा करते हैं। बात का रहना, कवि का न रहना और कवि का रहना, बात का चूक जाना इस आँख मिचौनी के कारण उत्पन्न अनेकानेक स्थितियों को सांकेतिक रूप से पाठकों की ज्ञान कक्षा में पहुँचानेवाले अज्ञेय शब्द-भाव-विचार के धनी और साथ-साथ सम्प्रेषण कला में माहिर भी लगते हैं।

स्वप्न के मनोविज्ञान पर प्रकाश डालते-डालते मनोविज्ञान थका नहीं। अज्ञेय भी

'स्वप्न' (पृष्ठ-81) में कुछ ऐसे तथ्य सामने लाते हैं जो काव्य के धरातल पर रहकर भी मनोवैज्ञानिक विश्लेषण की माँग करते हैं। यहाँ व्यक्त कुकुरमुत्ते और भीमकाय कुत्ते 'निराला' की कुकुरमुत्ता और भिखारी की सिर्फ याद नहीं दिलाते तो 'अज्ञेय' पर चिपकाये गये व्यक्तिवादी लेबल से उन्हें बाहर निकालकर उनकी समाजोन्मुख प्रवृत्ति का समर्थन करने में भी सक्षम प्रतीत होते हैं। हाँ, यह बात बार-बार महसूस होती है कि इस समाजोन्मुख प्रवृत्ति के साथ-साथ तीव्र अंतर्मुखता भी इस कवि में है। अतः अपने से बाहर के संसार की बात करते-करते वह एक अव्यक्त धागे से बार-बार अपने 'मैं' में झाँकते हैं, डूबते हैं, पर अपनी अभिव्यक्तियाँ उदात्तीकृत रूप में, व्यापक आयाम के साथ अपने से परे खड़े घेरे को सौंपते हैं। यही पाठक के घेरे से उसका तादात्म्य होता है। यही वह जुड़ने की ऊर्जा और चाह है जो सुन्न करनेवाले दुःख-दर्द को झेलते हुए भी कवि मन में कटुता उभरने नहीं देती, कटाव नहीं लाती बल्कि जिस क्षण में सारे अपनावे सुन्न हो जाते हैं उसी क्षण में 'यह एक और घर/ पीछे छूट गया/ एक और भ्रम/ जो जब तक था मीठा था/ टूट गया/ (पृष्ठ-84)' बुद्ध की तटस्थता को जन्म देकर व्यक्तित्व का सन्तुलित रखने के लिए कवच का काम करती है।

कवि अज्ञेय आलोचक हैं। अनजाने में यह आलोचक कवि पर हावी होता है तब 'अन्धकार में जागनेवाले सभी अकेले होते हैं (पृष्ठ-49)' जैसी टिपण्णियाँ दे जाता है। वे शहर दिखानेवाले 'गाइड' भी हैं अतः पाठक बनकर उनके भाव, अनुभव विश्व का शहर देखने निकले हुओं को वे उतनी स्नेहार्द्र तटस्थता से, 'जो गिरे और प्रतीक्षा में रहकर भी उठाये नहीं गये' के पुराने खँडहर दिखाते हैं। वे बड़े कमाल के विश्लेषक हैं अतः 'मैंने छुआ है और मैं छुआ गया हूँ (पृष्ठ-35)' वाली सूक्ष्मतर स्थितियों के अन्तर को समझते हैं। वे भारतीय मिट्टी में जन्मे-पले दार्शनिक हैं अतः अपने अनास्तित्व में 'उसे पाना' (पृष्ठ-62) तथा 'जो मेरा है वही ममेतर है' (पृष्ठ-14) जैसी परिभाषाएँ देकर भारतीय चिन्तन प्रणाली में बार-बार व्यक्त हुई द्वैत-अद्वैत की संकल्पनाओं को समझाने की चेष्टा करते हैं। इसके साथ वे मनुष्य की कर्त्तृत्व शक्ति पर पूरा-पूरा विश्वास रखनेवाले मानव हैं अतः 'हम सागर को नापते क्या पहचानते भी हैं' (पृष्ठ-63) का दृढ़ विश्वास व्यक्त करते हैं। पर इतना सब होने के बावजूद सबसे पहले वे कवि हैं और उसके साथ प्रेम की शक्ति पहचानने वाले प्रेमी हैं। अतः 'हमने/ शिखरों पर जो प्यार किया/ घाटियों में उसे याद करते रहे/ फिर तलहटियों में पछताया किये/ कि क्यों जीवन यों बरबाद करते रहे' (पृष्ठ-39) की प्रदीर्घ यात्रा तय करते हैं और यह सब जाना, परखा, निरखा और सोचा हुआ विश्व कविता के द्वारा रसास्वाद के लिए व्यक्त करते हैं। यह कवि 'कितनी नावों में कितनी बार' की अनुभूति-अभिव्यक्ति को सक्षमता से प्रस्तुत करता है, इसकी साक्षी ये कविताएँ आप हैं। ये कविताएँ अपने संवेदनशील मानस में बैठे यात्री को लेकर 'मैं' से जगत् तक और जगत् से 'मैं' तक की गयी प्रदीर्घ, बहुआयामी, बहुस्तरीय यात्राओं के दस्तावेज हैं जिनमें सबकुछ का नया होना, यात्री का भी नित्य नया, नूतन होना अनिवार्य है, स्वाभाविक है। यह यात्री

कितना नित्य नूतन है, 'कितनी नावों में कितनी बार' की कविताएँ स्वयं कथन करती हैं। साथ ही 'पथ रुकता है पर चुकता नहीं हैं' की गवाही देनेवाला यह कवि निरन्तर प्रयास में रत दृष्टिगोचर होता है कि उसकी रचना भी पाठकों के मन से चूक न जाए। अतः अपनी नूतन अनुभूतियों को निरन्तर नये-नये आयाम देने में रत यह कवि अपनी कविता के रूप में पाठकों के अतल मन में कितना धँस चुका है इसके साक्षी तो सहृदय पाठक स्वयं हो जाते हैं। 'कितनी नावों में कितनी बार' की कविताओं में अनगिनत स्वस्थ, विकसित 'मैं' बार-बार सहृदय पाठकों को चुनौती देते हैं। अपनी पहचान कराने के लिए कवि और कविता का सामर्थ्य इससे और क्या हो सकता है?

टी.एस. इलियट का निर्वैयक्तिकता का सिद्धान्त

'मैं राजनीति में राज-तन्त्रवादी (Royalist), धर्म में एंग्लो कैथोलिक और साहित्य मे क्लासिकवादी हूँ' कहनेवाले इलियट पर ह्यूम, एज रा पाउण्ड और प्रतीकवादियों को गहरा प्रभाव था। स्वच्छंदतावाद का विरोध करते हुए हयूम ने कहा था, 'मेरा भविष्य कथन है कि शुष्क, सख़्त और क्लासिक कविता का युग आ रहा है। यह नयी कविता इस बात को प्रमाणित करेगी कि तुच्छ, शुष्क वस्तुओं में सौन्दर्य हो सकता है।' अज्ञेय की 'कलगी बाजरे की', 'नाच' कविताएँ तुच्छ, शुष्क वस्तुओं में छिपे सौन्दर्य का उद्‌घाटन करती हैं। प्रेयसी के लिए प्रयुक्त किये जानेवाले परम्परागत उपमानों-चम्पे की कली, ललाती साँझ के नभ की अकेली तारिका के स्थान पर कवि प्रेयसी का वर्णन बिछली घास, लहलहाती हवा में कलगी छरहरी बाजरे की आदि शब्दों में करते हुए दावा करता है कि 'न तो मेरा हृदय उथला-सा सूना है और न ही मेरा प्यार मैला है।' बाजरे की छरहरी कलगी के द्वारा प्रेयसी की कमनीयता, सुन्दरता, चंचलता, स्फूर्ति, गतिशीलता आदि कई स्वभाव वैशिष्टयों को कवि उद्‌घाटित करना चाहता है। इससे सम्प्रेषणीयता में कोई व्यवधान उपस्थित होता हुआ प्रतीत नहीं होता। 'नाच' कविता का विषय भी ऊपरी तौर पर तुच्छ, शुष्क प्रतीत होता है लेकिन इस कविता का सौन्दर्य सर्वविदित है।

ह्यूम मनुष्य की शक्ति सीमित मानते हैं, उसमें परिपूर्णता की सम्भावना नहीं मानते। कविता की वस्तुनिष्ठता पर बल देते हुए वे वैयक्तिक अनुभूति के प्रकाशन को हेय, ताज्य मानते हैं। उनके मत से कवि का कार्य वैयक्तिक अभिव्यक्ति करना नहीं है। एज रा पाउण्ड मानते हैं कि कवि अपने भावों का निवेदन नहीं करता बल्कि उसका समाज-वस्तुनिष्ठ रूप प्रस्तुत करता है। यह कार्य आत्मनिरपेक्ष होता है। इलियट कविता को निर्वैयक्तिक (Impersonal) घोषित करते हुए कवि को विशिष्ट माध्यम मात्र मानते हैं। यानी कवि व्यक्तित्व की अभिव्यक्ति नहीं करता, मात्र माध्यम होता है। कवि मस्तिष्क में अनगिनत अनुभूतियाँ, वाक्यांश, बिम्ब आदि पड़े रहते हैं जब नवमिश्रित वस्तु को रूप प्रदान करना होता है तव ये सभी तत्त्व एक साथ उपस्थित हो जाते हैं। इलियट कविता को अपने व्यक्तिगत भावों की अभिव्यक्ति नहीं, बल्कि उससे पलायन मानते हैं। स्वच्छन्दतावाद की भावनात्मक आत्माभिव्यंजना के प्रबल आग्रह को वैयक्तिकता की बढ़ती रुचि को रोककर अनेकता में एकता लाने के लिए इलियट

आत्मनिष्ठ कविता का विरोध करते हैं और परम्परा का आग्रह धरते हैं। वे मानते हैं कि परम्परा को छोड़ देने से हम वर्तमान को भी छोड़ बैठेंगे। परम्परा का सम्बन्ध संस्कृति से है। वे परम्परा में विकास के भाव को अन्तर्निहित मानते हैं। अतः जीवन साहित्यिक परम्परा का नितान्त आवश्यक तत्त्व बन जाता है।

अज्ञेय की जो कविताएँ आज भी व्यक्तिवादी, आत्मनिष्ठ, अहं की अभिव्यक्ति से युक्त मानी जाती हैं, उन कविताओं में भी कवि की वस्तुनिष्ठता ही दिखाई देती है। 'नदी के द्वीप', 'यह दीप अकेला' 'जैसी कविताओं को आत्मनिष्ठता का लेबल चिपकाया गया है। लेकिन उनमें व्यक्त हम, मैं आत्मनिष्ठता के द्योतक नहीं है। 'नाच' कविता में रस्सी पर नाचने वाला 'मैं' मैं होकर भी 'मैं' नहीं, बल्कि व्यापक समूह का वस्तुनिष्ठ रूप में प्रतिनिधित्व करता है। अपने निर्वैयक्तिकता के सिद्धान्त को यीट्स की कविताओं के सन्दर्भ में पुनर्व्याख्यायित या पुनर्विश्लेषित करते हुए इलियट ने कहा था निर्वैयक्तिकता के दो रूप होते हैं एक कुशल शिल्पी की निर्वैयक्तिकता (Skillfull Craftsman) और दूसरी प्रौढ़ कलाकार की (Mature Artist)। प्रौढ़ कलाकार अपने उत्कट और व्यक्तिगत अनुभवों के माध्यम से सामान्य को व्यक्त करने में समर्थ होता है (General Truth) वह अपने अनुभव की सम्पूर्ण विशिष्टता को सामान्य प्रतीक से प्रस्तुत करने के लिए बनाये रखता है। (उनका यह मत भारतीय रस सिद्धान्त के साधारणीकरण के समीप लगता है।) यानी कवि के भाव सर्वसामान्य के भाव बन जाते हैं और उनकी विशिष्टता भी बनी रहती है। कवि के व्यक्तिगत भावों की विशिष्टता का सामान्यीकरण कला की निर्वैयक्तिकता है। इस सन्दर्भ में देखा जाएँ तो हो सकता है 'द्वीप, 'अकेला द्वीप', 'नाच' कविता का नाचनेवाला 'मैं' कवि के व्यक्तिगत विशिष्ट भाव रहे हों लेकिन कविता में उनका सामान्यीकरण हो गया है।

'यह दीप अकेला' कविता का वह अकेला दीप गर्व भरा, मदमाता, स्नेह भरा, अपनी लघुता में न काँपनेवाला, पीड़ा की गहराई को स्वयं ही नापनेवाला, कुत्सा, अपमान, अवज्ञा के धुँधुआते कड़ुवे तम में सदा द्रवित, चिर जागरूक, जिज्ञासु, प्रबुद्ध, श्रद्धामय है। हो सकता है दीप की ये सारी विशेषताएँ कवि अज्ञेय की (इलियट के शब्दों में वास्तविक जीवन के भाव emotions और कलागत भाव feelings यानी कवि व्यक्तित्व के दो अंश होते हैं एक वास्तविक भावों का भोक्ता और दूसरा जो कविता निर्मिति के लिए माध्यम बना होता है।) यानी वास्तविक जीवन के भावों के भोक्ता की हो लेकिन कविता में कलागत भाव ही दृष्टिगोचर होते हैं यानी कवि का दूसरा व्यक्तित्व कविता निर्मिति के लिए माध्यम बना व्यक्तित्व ही व्यक्त हुआ है और यह कलागत भाव कविता निर्मिति के लिए माध्यम बना व्यक्तित्व बार-बार कहता है 'इसको भी पंक्ति को दे दो।' यह पंक्ति इलियट के शब्दों में परम्परा, संस्कृति, विकास की द्योतक हो सकती है। क्योंकि चाहे व्यक्ति या कवि कितना भी श्रेष्ठ, मदमाता, गुणों से युक्त क्यों न हो उसका श्रेष्ठत्व, अस्तित्व समाज, परम्परा, संस्कृति के परिप्रेक्ष्य में ही सिद्ध होगा। चाहे वह परम्परा यानी 'पंक्ति' काव्य की परम्परा हो, कला

की हो या समाज के किसी आदर्श जीवन की। 'यह अद्वितीय : यह मेरा : यह मैं स्वयं विसर्जित/' यह पंक्ति इस सन्दर्भ में लक्षणीय है। विजर्सन में अपने व्यक्तिगत भावों की विशिष्टता का सामान्यीकरण है। इलियट परम्परा का अंशतः या पूर्णतः खण्डित होना भयावह मानते हैं। परम्परा यानी रूढ़ि पालन नहीं बल्कि अतीत को न केवल उसके अतीतत्त्व में वरन् कर बल्कि उसके वर्तमानत्त्व में देखना होता है। इस कविता मे परम्परा को वर्तमानत्त्व में देखा गया है। वही बात 'नदी के द्वीप' की है। नदी के द्वीप में तो परम्परा को वर्तमानत्व में देखने की बात का चरमोत्कर्ष प्रतीत होता है। द्वीप होना शाप नहीं, प्लवन, ढहना, उखड़ना न हो इसलिए न बहना : नदी का चाहे जो रूप हो उसे स्वीकारना और अपने पैर जमाना, नये व्यक्तित्व का आकार पाना, फिर संस्कार पाने की अभिलाषा व्यक्त करना, इन सब में परम्परा का अतीतत्त्व और वर्तमानत्व दोनों साथ-साथ हैं। ये दोनों कविताएँ आत्मनिष्ठ तत्त्व को नियन्त्रित कर, वस्तुनिष्ठ स्वरूप को प्रमुख करने की सहज गति है। सहज गति इसलिए कि इलियट ने कहा है, कवि कविता लिखता नहीं, कविता स्वयं कवि के माध्यम से काग ज पर शब्द विधान के रूप में उतर आती है और कविता पूरी हो जाने पर कवि को असह्य भार से एकाएक मुक्ति मिल जाती है (इसे इलियट नकारात्मक आनन्द की प्राप्ति कहते हैं।) साथ ही वे यह भी कहते हैं कि कविता में वास्तविक जीवन के भावों का महत्त्व नहीं बल्कि दबाव की उत्कटता महत्त्वपूर्ण होती है जिसके कारण मिश्रण तैयार होता है। इस दृष्टि से यदि ये दोनों कविताएँ देखें तो गति का बोध अपने आप हो जाता है। 'नदी के द्वीप' कविता की अन्तिम पंक्ति 'मातः उसे फिर संस्कार तुम देना', 'कलगी बाजरे' की अन्तिम पंक्ति 'शब्द जादू हैं मगर क्या समर्पण कुछ नहीं है? 'नाच', कविता की अन्तिम पंक्ति 'और वही मेरा नाच है जिसे सब देखते हैं मुझे नहीं/रस्सी को नहीं/ खम्भे नहीं/ रोशनी नहीं/ तनाव भी नहीं/ देखते हैं नाच! ये सभी पंक्तियाँ उनके समाज से जुड़ने की ओर संकेत करती हैं।

इन कविताओं की ये अन्तिम पंक्तियाँ इलियट द्वारा व्यक्त दबाव की उत्कटता, कविता स्वयं कवि के माध्यम से काग ज पर उतर आती है आदि मुद्दों पर प्रकाश डालने में सक्षम हैं। यदि पाठक परकाया प्रवेश करने की कला में माहिर है तो कविता पूरी हो जाने पर कवि को असह्य भार से मिलने वाली मुक्ति को सहज जान सकेगा क्योंकि इससे पाठक को भी भार मुक्त का एहसास होता है। 'नाच' कविता में आरम्भ से अन्त तक एक असह्य तनाव है। इस कविता में दो खम्भों के बीच तनी हुई रस्सी पर नाचनेवाले 'मैं' इतना वस्तुनिष्ठ है कि उसका तनाव, उसकी आन्तरिक मनःस्थिति, रस्सी, खम्भा, रोशनी, दर्शक आदि सब पाठकों की रोंगेटे खड़ी कर देनेवाली अनुभूति का विषय बन जाते हैं। जान मुट्ठी में लिए देखा जानेवाला खेल, खेलनेवाला मैं, आतंकित प्रतीक्षा, वैसा कि वैसा बना रहनेवाला सब कुछ तनाव-कवि मस्तिष्क में पड़ी ये तमाम अनुभूतियाँ, वाक्यांश, बिम्ब न जाने कब से वहाँ पड़े रहे होंगे और अब नवमिश्रित वस्तु को रूप प्रदान करने के लिए जिस प्रबलता, आवेग, तनाव से दौड़ पड़े होंगे इसका

अहसास कविता स्वयं कराती है। ज्वालामुखी जब फट पड़ता है जिस दबाव, तनाव के अन्तर्गत और सारा स्फोटक बाहर आ जाने पर जो नकारात्मक मुक्ति, आनन्द उस ज्वालामुखी को एवं आसपास के लोगों को प्राप्त होता होगा कवि व्यक्तित्व की उस स्थिति का अहसास यह कविता कराती है। इस अर्थ में इलियट के 'कविता व्यक्तित्व से पलायन हैं' को भी स्पष्ट रूप से समझा जा सकता है।

इलियट के लिए क्लासिक शब्द का अर्थ है परिपक्वता या प्रौढ़ता। (maturity) इलियट मानते हैं कि जब मस्तिष्क (mind), शील (manners) और भाषा में प्रौढ़ता आती है तब क्लासिक की रचना होती है। विश्वजनीनता भी क्लासिक का गुण है। 'नाच' कविता की भाषा-शब्द-वाक्य रचना कवि के प्रौढ़ शब्द को स्पष्ट करने में पर्याप्त योगदान देते हैं 'मैं' जो नाचता हूँ। जो जिस रस्सी पर नाचता हूँ। जो जिन खम्भों के बीच है', सम्पूर्ण कविता में वाक्य रचना इस प्रकार की है जो तनाव, औत्सुक्य जगाने में, बिम्ब प्रस्तुत करने में, दृश्यात्मकता का आतंक जमाने में पर्याय सहयोगी हुई है। 'वस्तु' अपना रूप स्वयं लेकर आती है। इस अर्थ में भी कविता निर्वैयक्तिक होती है। नदी के द्वीप, दीप अकेला, कलगी बाज रे की, नाच इन चारों कविताओं की भाषा, शब्द चयन, वाक्यांश, संरचना, आरम्भ-अन्त देखने के उपरान्त तुरन्त पता चलता है यह दूसरे प्रकार की यानी प्रौढ़ कलाकार की निर्वैयक्तिकता है न कि कुशल शिल्पी की। वस्तु, कथ्य भाव चाहे जो हो इतना प्रबल, तनावयुक्त है कि बाँध के दरवाजें तोड़ सरपट दौड़ने वाले पानी जो आप ही आकार धारण करता है के जैसे रूप धारण कर अवतरित हुए हैं। अतः नियतिवादी भूमिका से लेकर अस्तित्ववादी भूमिका धारण कर सुसंगत अर्थ इन कविताओं में ढूँढ़े जा सकते हैं। यह प्रौढ़ वस्तु, प्रौढ़ रूप और प्लटिनम की तरह वहाँ पड़े रहे हुए कवि व्यक्तित्व का कमाल है।

*(इलियट के सिद्धान्त का अनुप्रयोग अज्ञेय की कविता के सन्दर्भ कर एक प्रयोग किया गया है। ऐसे भारतीय, पाश्चात्य कई काव्य सिद्धान्तों का अनुप्रयोग कर यदि हम नयी कवियों की कविता को नये परिप्रेक्ष्य में देखें तो कई स्वस्थ निष्कर्ष, परिणाम सामने आयेगे और बरसों से कैद किसी कटघरे में लेबल चिपकाकर खड़े किये गये कवियों की कविता को नये नज रिये से देखा जा सकेगा। सहृदय पाठक के माने यह करना चाहिए प्रौढ़ पाठक का निर्वैयक्तिकता का प्रमाण देने हेतु!)

'तृष्णा' के सन्दर्भ तलाशते हुए 'बोधिवृक्ष'...

'मृग और तृष्णा', 'बरगद के चिकने पत्ते' और 'त्रिकोण पर सूर्योदय' व्यासजी की कवि यात्रा के वे मोड़ हैं जिनसे गुज रा हुआ कवि मृग क्रमशः तृष्णा, बरगद के चिकने पत्तों से लेकर सूर्योदय तक पहुँचता हुआ दृष्टिगोचर होता है। ऊर्ध्वगामी विकसित होनेवाले व्यासजी के कवि-मानस की यह यात्रा काव्य-यात्रा तो है ही साथ ही प्रेम-स्नेहसिक्त व्यक्तित्व के उदात्तीकरण की भी यात्रा है। 'तृष्णा' का बौद्ध दर्शन में एक विशेष स्थान है अर्थात् तृष्णासिक्त जीवन से तृष्णा को उदात्तीकरण के मार्ग से निष्कासित कर जीवन को मुक्ति पथ पर अग्रसर करने के दर्शन का प्रस्थान बिन्दु ही यह 'तृष्णा' है जो 'बोधिवृक्ष' के साये में 'सिद्धार्थ' को 'बुद्ध' तक ले जाती है। यह लक्षणीय बात है कि प्रयोगशील कवि हरिनारायण व्यासजी का 'कवि-मानस-मृग' अपनी काव्य यात्रा का प्रस्थान इसी 'तृष्णा बिन्दु' से करता है और बरगद के यानी अपनी ही जड़ों में बार-बार जीवित हो उठनेवाले, अपनी ही जटाओं से पुनःपुनः पुनर्जन्म पानेवाले जिजहविषु, जीवनोन्मुख पेड़ के साये से होते हुए भौतिकता से गुज रते हुए 'त्रिकोण पर सूर्योदय' तक अर्थात् 'एबस्ट्रैक्ट' (abstract) संकल्पना तक पहुँच जाता है।

'मृग और तृष्णा' के 'यक्ष का सन्देश' में सदियों के बीतने पर भी शाप का अन्त नहीं हुआ, यक्ष का विरहणी से मिलन नहीं हुआ इसलिए कवि चिन्तित है। 'मैं दर्पण की अविभाजित कुंठा हूँ/ और दर्पण है मेरी टूटी हुई पीड़ा' (पृष्ठ-15) कहनेवाले कवि को 'चिरन्तन व्याकुलता', प्रेयसी के और अपने अस्तित्व का बोध, अनुभूतियाँ आदि का तीव्र अहसास होता है (पृष्ठ-19) वे 'फूल और फ सल' की बातें करना चाहते हैं (पृष्ठ-21)। यहाँ बच्चों की स्लेट की रेखाएँ हैं, पदचिह्न हैं (पृष्ठ-23) जि न्दगीभर मौत जीनेवाला, तिनके के भ्रम से मुक्त न होनेवाला आदमी है (पृष्ठ-24-25), महानगरों में पराया बना हुआ अकेलेपन के शाप को ढोता संवेदनशील मानस है (पृष्ठ-38-39), 'सशरीर स्वप्न' हैं (पृष्ठ-40), 'मनुष्य द्वारा मनुष्यता के आखेट का भय है' (पृष्ठ-43), 'मरने के बाद जीने' की हविश में जीवनभर मरते रहे लोग हैं (पृष्ठ-67) 'जहाँ कभी तिरछी नज रें चुभा करती थीं' वहाँ चुभनेवाले बन्दूक के छर्रे हैं (पृष्ठ-79), तपेदिक के कीड़े हैं, मातम हैं, भूख के डर से बीमार को डराने वाला डॉक्टर है (पृष्ठ-78-79), प्रतीक्षा में बीत जानेवाली धोबी के कुत्ते की जि न्दगी है। (पृष्ठ-108)

'बरगद के चिकने पत्ते' में 'बीमार पत्ते ज रूर झर जाएँगे, मौसम बदलने का स्वर

होगा', 'मानव पत्थर को उर्वरित बनाता है' (पृष्ठ-9-10) का विश्वास है। सुखों का सूक्ष्मतर लोक है, घरौंदे बनाने से ज्यादा सार्थक पहाड़ काटने का भाव है (पृष्ठ-12-13), बूढ़े बरगद पर लटके बेतालों के प्रेतमुक्त होने का दृश्य है (पृष्ठ-18), आयामोंवाला अस्तित्व है (पृष्ठ-25), आकर्षण के दबाव से बेबस पतिंगा की उलझन से मुक्ति पाने की चेष्टा है (पृष्ठ-38), सम्भावनाओं को बोकर नया देश उगाने की इच्छा है (पृष्ठ-46), अँधेरी इच्छाओं में रंगीन उजाले के टुकड़े की खोज के कारण काले पहाड़ों पर हथियार चलानेवाले हाथ हैं (पृष्ठ-70), 'अस्तित्व को सार्थक बनाने के हेतु समूची निरर्थकता में भटकन है' (पृष्ठ-71), हर पत्ते का अपने अलगाव को सुरक्षित रखने के लिए जूझना है (पृष्ठ-72)।

'त्रिकोण पर सूर्योदय' तक आते-आते व्यासजी की कविता में शून्य में जलनेवाले इतिहास के सन्दर्भ आते हैं (पृष्ठ-18)। वहाँ स्थूल और सूक्ष्म अस्तित्व के परे प्रकाश की खोज में चलने की बात है (पृष्ठ-21), त्रिकोण बनने की प्रक्रिया है (पृष्ठ-35), टुकड़ों को जोड़कर कोई पूर्णता नहीं बनती का बोध है (पृष्ठ-36), 'आयामों से मुक्त हो गयी' का चित्र है (पृष्ठ-43), और 'रोशनी से आँखें चुराने पर पत्थर बन ही जाता है' का बोध है (पृष्ठ-56), रेती की छाती पर से गुज रे हुए इतिहास को शब्दों की आँखों से देखनेवाले और शब्दों के परे कुछ नहीं है कहते-कहते शब्दों के परे पहुँचने की मानसिकता है।

प्रेम की सनातन अनुभूतियों को ग्रहण करने वाला एवं काव्य के रूप में चित्रित करनेवाला व्यासजी में का कवि-मानस परम्परा और आधुनिकता की सन्धिरेखा पर खड़ा चश्मदीद गवाह की भूमिका निभाने वाला सृजनशील मानस है अतः इस मानस को 'मेघदूत' के यक्ष का और उसकी प्रेयसी का विरह व्याकुल बनाता है लेकिन युगों से झेलते आये हुए इस शाप के कारण व्यासजी की प्रेम कविता में कहीं भी जीवन को कलंकित या शापित करने वाले चित्र नहीं उभरे बल्कि 'हम-तुम तो कमल के फूल के समान/ इस दलदल से खींचते हैं...प्यार बरसाते हुए शरद के सूरज को देखते हैं' (मृग और तृष्णा, पृष्ठ-17) की व्यापकता झलक पड़ी है। प्रेयसी कवि को शब्द और अर्थ में अनवरत इकाई का प्रवाह लगती है, थरथराती हुई बिजली की लपट-सी वह कौंध उठती है। कवि और वह फूल और फ सल की बातें करना चाहते हैं (वही, पृष्ठ-21)। अर्थात् कवि मन में यथार्थबोध के साथ सौन्दर्य बोध भी सजग है। शब्द यानी शरीर के साथ-साथ अर्थ यानी आत्मा, मन का अस्तित्व भी प्रतीत होता है इसीलिए व्यासजी की कविता में खुरदरे यथार्थ के अनुभवों के बावजूद प्रेम में कहीं erotic motives नहीं धँस पाये। वहाँ हमेशा रूप को अरूप बनाने की बात, स्थूल को सूक्ष्म बनाने की बात ही होती रही है (पृष्ठ-22)। अतः वहाँ मृत्यु की चाँदनी है और प्रेयसी के योगदान के प्रति सजग, श्रद्धावान प्रेमी। अपनी असीमता से छूकर सीमाहीनता से मुक्त करानेवाले अनादिकाल से छटपटाते ये प्रश्नचिह्न जो अनके शरीर पहनकर इस जन्म तक आये हैं की सुन्दर अभिव्यक्ति है और कवि उसे अपनी स्नेह सीमाओं में बाँधने के पहले ही उसकी अनन्त सीमाओं में समर्पित हो जाता है (पृष्ठ-28)। अपनी स्नेह सीमाओं में

जगत् को बाँधनेवाला गौतमबुद्ध यशोधरा की अनन्त सीमाओं के प्रति किस कदर समर्पित था इसका अलग से निवेदन करने की आवश्यकता नहीं है। व्यासजी में साधक की वह दृष्टि है अतः आज के कुंठाग्रस्त प्रेमाभिव्यक्ति के दृश्यों से परिचित होने के बावजूद (पृष्ठ-35) उनका प्रेमासिक्त हृदय नायलान के सतरंगी पर्दों से लपलपाती रेगिस्तानी तृष्णाओं, पाशवी मूर्खताओं के बीच (पृष्ठ-38) अपनी प्रेयसी के बीच अशरीरी दूरी फैलने पर, शिशिर-वसन्त-वर्षा में कभी भी कोंपलें न फूटेंगी का सत्य जानते हुए जि न्दगी को दुर्वह मत बनाओ (पृष्ठ-46) की बात कर सकता है। कवि विभाजनों से उगनेवाले बीज का शाप धारण किये हुए युग में जी रहा है, सिंथेटिक एसेन्स के खोखले वर्तमान में साँस ले रहा है, नकली जूड़े खरीदनेवाली लड़कियों के बीच जीवनयापन कर रहा है, सपने जब पीछा करनेवाले जासूस बने हैं ऐसे समय को ढो रहा है लेकिन अभी भी वह 'कमलिनी के बीज-सी तुम/ अंकुरित, पल्लवित होकर/ कलियों के तीर-सी/ पानी की गहराई का अन्तराल और सघनता/ बेधकर/ ऊपर आओ/ खिल पड़ो/ तटस्थ मैं/ शीर्षस्थ आलोक/ और पार्श्वस्थ परिवेश/ तुम्हारे दर्शन की प्रतीक्षा कर रहे हैं' (पृष्ठ-60) वाली प्लेटानिक प्रेम की प्रतीक्षा में रत है। यानी अपने युग की, अपनी भटकन में, तृष्णा में कवि सत्त्व, बोधिसत्त्व का आश्रय पकड़कर अचल खड़ा रहा है। अस्तित्व को सार्थक बनाने के लिए समूची निरर्थकता में भटकनेवाली प्रेयसी की याद इसलिए कवि को चाँद देखकर, चाँदनी देखकर आती है। विशेष यह कि उस याद में उसका मन, स्नेह, सुगन्ध सम्मिलित है (बरगद के चिकने पत्ते-पृष्ठ-71) 'धरती/ आकाश की असीम बाहुओं में/ समर्पित होकर इन्द्रधनुष का गहना/ पहनने लगी' (वही, पृष्ठ-37) की अनुभूति है। अर्थात् व्यासजी की प्रेम कविता में फूल, पत्तियाँ, धरती, आकाश हैं और परिणाम स्वरूप सुगन्ध, इन्द्रधनुष हैं। रूप-रस-गन्ध क्रमशः स्थूल से लगातार सूक्ष्म होती जा रही यह प्रेम तृष्णा अन्ततोगत्वा मृग की मृत्यु में नहीं मुक्ति की कामना में परिणत होती है। यह प्रेम कवि को राग की लय-सा शब्दों से परे फैले हुए संसार को समेटकर कविता में बाँधने की सामर्थ्य प्रदान करता है (पृष्ठ-11)।

हरिनारायण व्यासजी की कविता में चित्रित प्रेम मात्र प्रेयसी-प्रियकर के बीच का प्रेम नहीं है। एक संवेदनशील मानस मनुष्य से जितने आयामों से, जितने स्तरों पर प्रेम के पारदर्शी धागे से जुड़ सकता है उन सारी सम्भावित स्थितियों में, सम्बन्धों में, रिश्तों में और रिश्तों से परे व्यासजी की सृजनशील संवेदना मनुष्य से, अपने वर्तमान से अतीत और भविष्य से जुड़ी है और इस जुड़ने में देश-काल के परे पहुँच गयी है। गौतमबुद्ध को अन्तिम सत्य की खोज में प्रवृत्त करनेवाले दृश्य चार ही थे लेकिन जब उसकी भटकन शुरू हुई और ज्ञान प्राप्ति के बाद बुद्ध मुक्ति का पथ प्रदर्शन करने हेतु पुनःमानव समाज से जुड़ गया तब वह केवल उन चार बिन्दुओं से नहीं जुड़ा था बल्कि मनुष्य, देश और काल से अपनी सद्भावना, संवेदना का रिश्ता जोड़ते-जोड़ते वह मनुष्य, देश और काल के परे पहुँच गया था। व्यासजी की कविता में व्यक्त यह प्रेम ऐसा ही मनुष्य के आर-पार होते हुए मनुष्य के परे जानेवाला प्रेम है। 'तुम्हें देने के

लिए' ('बरगद के चिकने पत्ते', पृष्ठ-68) कविता में पुत्र को देने के लिए माँ-बाप के पास कुछ क्यों नहीं बचा की वेदना व्यक्त करते हुए कवि 'हमारे पास तुम्हें देने के लिए/ सीधा और साफ   रास्ता भी नहीं है' की कचोटनेवाली असमर्थता व्यक्त करता है। 'सोये हुए बच्चे' को बिवाईवाली पथरीली हथेलियों से, बीमार होठों की छुअन से 'स्पर्श' करना या जलाना नहीं चाहता (वही, पृष्ठ-66) अपने मित्र 'धनंजय वर्मा के लिए दो खत' में जि   न्दगी और वक   त के रिश्तों को आत्मीय सरोकार के रूप में लाजवाब पद्धति से शब्द बद्ध करता है। और यह मित्र प्रेम तक ही सीमित नहीं रह जाता तो 'नयी नस्ल जब घिसने लगती है/ तब वह जुलूस बन जाती है' (पृष्ठ-56) के व्यापक स्तर पर पहुँचकर समूची मानवता से जुड़ जाता है। कवि अखाड़े की मिट्टी को बग   ीचे में परिवर्तित करना चाहता है। यानी युद्ध, शत्रुता आदि की जगह पर कोमलता, सौन्दर्य चाहता है। 'शमशेर बहादुर सिंह से' (त्रिकोण पर सूर्योदय   पृष्ठ-53) लिखी कविता में 'मैं' तुम्हारी कविता को/ नदी समझ/ नहाने लगा' की भावना व्यक्त कर अपने समानधर्मा कवि के प्रति जो प्रशंसा, आदर का भाव व्यक्त करता है, वह कोई स्वस्थ मनसा कवि ही कर सकता है। अपने समानधर्मा के प्रति का यह भाव व्यासजी की कविता में न केवल अपने वर्तमान युग तक सीमित है बल्कि युग पार कर कालिदास, भवभूति तक पहुँच जाता है। 'दिन/ शहर का भय भरा हादसा है' ('बरगद के चिकने पत्ते'   पृष्ठ-33) कहते हुए शहर से मानव हृदय तक पहुँचता है और 'मत नोचो/ हार जाओगे/ अंकुर और आदमी/ वक   त आने पर/ अंकुआने लगते हैं/ (वही, पृष्ठ-22), कहकर व्यासजी की कविता मनुष्य की सामर्थ्य को ललकारती है। कवि की अनुभूति सीमा में कुत्ते की आत्मकथा से विश्वामित्र तक की दुनिया समा।थी हुई दृष्टिगोचर होती है, चन्दन के वृक्ष से लेकर भूत बँगला तक का भाव विश्व खुल जाता है, शहरवाली से लेकर श्रवण के पिता के प्रलाप तक के प्रलापों की आवाजें गूँजती हैं, बर्फ के समुद्र से लेकर घाटियों की ढलान पर के दृश्य उजागर होते हैं, मकड़ी से लेकर फैलते हुए ब्रह्मांड का दृश्य खुल जाता है, टी.वी. के पर्दे से त्रिकोण पर सूर्योदय की भौतिकता-पारदर्शी का लोक खुलता है और चाँदी के रुपये से लेकर सन्त नामदेव से संवाद का वातायन खुल जाता है।

'बरगद के चिकने पत्ते' के सन्दर्भ में अशोक वाजपेयी जी ने लिखा है : 'उनकी कविता आज के युवा कवियों की तरह निजी और अकेले के प्रोटेस्ट की नहीं, सामाजिक और सम्मिलित विरोध की कविता है।...टकराव की भाषा व्यास के यहाँ युवा कवियों की तरह सुथरी, चुस्त, पैनी नहीं है, उनके यहाँ सामाजिक सचाई और अपने बारे में आक्रामक ढंग से बात करने के ताज   ातरीन मुहावरे नहीं हैं...' लेकिन 'त्रिकोण पर सूर्योदय' की कविताओं की भाषा अपने सूक्ष्म और पैने रूप में आज के ताज   ातरीन मुहावरे से एक कदम आगे बढ़ी दिखाई देती है। इस भाषा में बाज   ारूपन या तोड़-मरोड़ की बात निश्चित ही नहीं है लेकिन अपने पाठकों से यह भाषा निश्चित ही aesthetic dialogue स्थापित करती है और वह भी आज के परिवेश में। 'नहाती हुई धुँधली

पगडंडियाँ, रात के खुले हुए बाल, पूँछ-सा दिन, सूरज एक पुच्छलतारा है, समुद्र में साँपों की बस्ती, चेतना में टीसता नासूर, टिनपाट बुद्धिवादियों का, वे सब बना मुंड के वीर थे, अपनी मक्कारी में नहलाकर भटकता हुआ अन्धड़, कच्ची नींद, नदी की सेज, गुमशुदा नदी, घरेलू आदमी, सूखी नदी/ पूरी तरह नंगी/...सूरज कहीं अनभ्यस्त रास्ते पर खो गया है/...वही रोशनी एकाएक बीमार हो गयी...' आदि कई अभिव्यक्तियाँ अपने समय की भाषा के ताज ा रूप को प्रदर्शित करती हैं। साथ ही...कागज ी नश्तरें, आदर्शों से सम्भावनाएँ जनमती हैं, जमें हुए पहाड़, खामोश अँधेरे-उजाले, भयभीत सपने, आवश्वस्त उजाला, सीपियों के खोल, बीमार पत्ते, बच्चों की स्लेट की रेखाएँ/ हमारे उलझे हुए रास्ते हैं, लड़खड़ाती पगडंडियाँ, आदिम पहाड़, अन्धे कुएँ वक त के मुर्दाघर, तमतमाती दोपहर, मृत्युहीन शिलाएँ, रंगीन उजाले, सुरमई सन्ध्या जैसी अभिव्यक्तियाँ कवि की बिम्ब निर्माण की सामर्थ्य एवं प्रतीकात्मक शैली पर प्रकाश डालती हैं।

व्यासजी की कविता में व्यक्त भाव या 'थीम' अतीत, वर्तमान से जुड़कर भविष्य को द्रष्टा की भूमिका से अंकित करते हैं और उनकी भाषा अतीत-वर्तमान के बीच पुल बन जाती है भविष्य की भाषागत सम्भावनाओं की ओर संकेत करते हुए। कवि कभी भी सम्पूर्णतः अतीतोन्मुखी या वर्तमान के दायरे तक सीमित नहीं रहता न ही भाव के सन्दर्भ में और न ही भाषा के प्रयोग सन्दर्भ में। इन दोनों के जोड़ से उसमें छिपा द्रष्टा भविष्य में झाँकता रहता है। व्यासजी की कविता-यात्रा में भी समय के ये तीन बिन्दु 'त्रिकोण' बनाने में अपना योगदान देते हुए नज र आते हैं...सूर्योदय देखने...दिखाने के हेतु...ठीक वैसे, जैसे घर से बोधि वृक्ष बोधि वृक्ष से फिर घर तक की यात्रा के दौरान कभी हुआ होगा 'त्रिकोण पर सूर्योदय' (पृष्ठ-31) में ठीक यही हो रहा है 'इतिहास के अन्तिम पृष्ठ को/ स्वर्णिम बनाने के लिए'...क्या यह युगान्त उनके लिए सुखद होगा? का प्रश्न पूछनेवाला मन, इस प्रश्न का उत्तर तलाशनेवाला मन मानवता से, देश से, काल से, प्रेम करनेवाला, सिर्फ प्रेम करनेवाला ही हो सकता है। इनकी उन्नति, मुक्ति के लिए चिरन्तन व्याकुल मन! व्यासजी की कविता इस चिरन्तन व्याकुल मन की अभिव्यक्ति की कविता है।

---

*(त्रिकोण पर सूर्योदय देखने के बाद व्यासजी की कविता यामा 'आउटर पर रुकी ट्रेन' (1994) और 'निद्रा के अनन्त में जागते हुए' (2006) तक पहुँची है। इन दो पुस्तकों की चर्चा अगली पुस्तक में की गयी है।)

रघुवीर सहाय की कविता

आधुनिक हिन्दी कविता को लगातार कई सैद्धान्तिक वादों और कलागत आन्दोलनों से गुज रना पड़ रहा है। परिणाम स्वरूप हर मोड़ पर हिन्दी कविता के रूप-विन्यास में परिवर्तन होता गया। इन सैद्धान्तिक वादों एवं आन्दोलनों ने कवि की दृश्य जगत् के प्रति प्रतिक्रियाओं को भी प्रभावित किया। 'जब तर्क और अनुमान की अपेक्षा वस्तु की प्रत्यक्ष संवेदना को अधिक महत्त्वपूर्ण सिद्ध किया गया तब काव्य क्षेत्र में अमूर्त भावना के स्थान पर मूर्त ऐन्द्रिय चित्र अथवा बिम्ब का आग्रह अपनी एक विशेष भूमिका लिए छा गया।' (ह्यूम तथा लॉक)

आज बिम्ब से तात्पर्य मात्र स्थूल शब्द चित्र नहीं है। छायावाद, प्रगतिवाद, प्रयोगशील कविता, नयी कविता में बिम्ब उत्तरोत्तर जटिल मानसिकता की उपज स्वरूप साकार होते रहे। बिम्ब व्यापक रूप से परिभाषित करते हुए कहा गया है कि जो काव्यगत विशेषताएँ पाठक को ऐन्द्रिक चेतना के किसी भी स्तर पर एक साथ कई स्तरों पर प्रभावित करती हैं वे बिम्ब हैं। पाश्चात्य एवं भारतीय विद्वानों ने बिम्ब की व्याख्या-परिभाषा प्रस्तुत करते हुए बिम्ब निर्माण, बिम्ब का स्वरूप आदि सम्बन्धी जो अवधारणाएँ प्रस्तुत की हैं, उनमें व्यक्ति का मन, मन का अचेतन स्तर, स्वप्न स्मृति-बोध, अतीत की संवेदनात्मक अनुभूति, स्वप्न-बिम्ब, अचेतन के भीतर से मानसिक धरातल पर कल्पना शक्ति का विशिष्ट प्रकार का प्रकाशन, सामूहिक अचेतन आदि को महत्त्वपूर्ण स्थान दिया है। बिम्ब निर्माण के प्रति एक धारणा यह भी है कि स्वप्नगत बिम्ब ही स्थानान्तरित होकर काव्यात्मक बिम्ब का रूप लेते हैं और अपने रचयिता की किसी अवदमित इच्छा का उद्घाटन करते हैं।

एज रा पाउंड ने बिम्बवादी सिद्धातों की चर्चा करते हुए अपने ऐतिहासिक घोषणा पत्र में कहा है

1. काव्य के रूप अथवा रचना तन्त्र को सर्वोपरि महत्त्व देना...
2. नयी संवेदना के अनुकूल नयी लय-पद्धतियों की खोज...
3. विषय निर्वाचन में पूर्ण स्वतन्त्रता...
4. ताज ा और मूर्त बिम्बों के अन्वेषण तथा अमूर्त शब्दों का पूर्ण बहिष्कार...
5. ऐसी कविताओं का निर्माण करना जो संक्षिप्त, कठोर, स्पष्ट हो...

बिम्ब की परिभाषा देते हुए एज रा पाउंड कहते हैं, 'बिम्ब वह है जो काल की

तात्कालिकता में बौद्धिक और भावात्मक संसृष्टि को उपस्थित करता है।'

रघुवीर सहाय की कविता 'दूसरा सप्तक' (1951), सीढ़ियों पर धूप में (1960), आत्महत्या के विरुद्ध (1967), हँसो-हँसों जल्दी हँसो (1975), और लोग भूल गये हैं (1982) में अमूर्त बिम्बों से आरम्भ हुई यात्रा का मूर्त बिम्बों तक का विकास दृष्टिगोचर होता है। कवि का काव्य-व्यक्तित्व जैसे-जैसे रूमानियत से बौद्धिकता की ओर, भावना से विचार की ओर, व्यक्तिगत 'मैं' की सामूहिक 'मैं' की ओर अग्रसर होगा वैसे-वैसे उसके द्वारा निर्मित बिम्ब भी अमूर्तता से मूर्त की ओर, सूक्ष्मता के कठोरता की ओर, व्यक्ति से समाज की ओर अपनी यात्रा तय करेंगे।

'पतझर के बिखरे पत्तों' पर चल आया मधुमास/ आती उड़कर गन्ध बोध से थकती हुई सुवास/ उजड़ी डालों के अस्थिजाल से छनकर भू पर गिरी धूप/'...(पृष्ठ 140, दूसरा सप्तक), 'कोरे कागज पर तुरन्त लिखे गीले अक्षर/ जो सुख रहे हैं मेरी आँखों के आगे' (वही पृष्ठ-150), में बिम्ब रचयिता का कोमल, तरल भाव-विश्व उद्घाटित हुआ है। ऐसा नहीं है कि कवि सिर्फ वैयक्तिक अनुभूतियों को व्यक्त कर रहा है, इन अनुभूतियों के साथ सामाजिक चेतना है, लेकिन उसकी अभिव्यक्ति में वह कठोरता नहीं है जो 'हँसो हँसो जल्दी हँसो' में है। 'खुलकर बरसा पहला पानी/ जितनी बूँदें/ उतने जौ के दाने होंगे/ इस आशा में चुपचाप गाँव यह भीग रहा है/' में सर्वसाधारण रूप से पाठक बिम्ब से जिस मोहक प्रभाव की अपेक्षा करता है उसकी झलक दृष्टिगोचर होती है।

'सीढ़ियों पर धूप में' रघुवीर सहाय नयी संवेदनाओं के अनुकूल नये बिम्ब निर्माण करते हैं। 'तुम में कहीं कुछ है/ कि तुम्हें उगता सूरज, मेमने, गिलहरियाँ/ कभी-कभी का मौसम/ जंगली फूल-पत्तियाँ, टहनियाँ/ भली लगती हैं/ आओ उस कुछ को हम दोनों प्यार करें'...(पृष्ठ-99 स्वीकार), तथा 'सुबह : दूर घोर वन में मूसलाधार वृष्टि/ दुपहर : घना ताल : ऊपर झुकी आम की डाल/ शाम : खिड़की पर खड़े, आ गयी फुहार/ रात : उजली रेती की पार, सहसा दिखी शान्त नदी गहरी मन में पानी के अनेक संस्मरण हैं' (पानी के संस्करण-पृष्ठ-101) में बिम्ब के साथ-साथ प्रतीकात्मक रूप से कई अर्थ सम्प्रेषित होते हैं। 'दुनिया' (1935) कविता में हिलती हुई मुँडेरे, चटखें हुए पुल, धँसते हुए चबूतरे, बररे हुए दरवाज ` और 'दुनिया का चुरमुराई हुई, पपड़ियायी हुई, चिपचिपायी हुई, फँफुदियायी हुई, बजबजायी हुई, चीज बनना में' उदास, सन्त्रस्त यथार्थ का बिम्ब, जिन शब्दों के द्वारा साकार हुआ है वे शब्द नयी कविता के नये भाव-बोध की पहचान है। 'सीढ़ियों पर धूप में' की कविता में लुजलुजे, हिचकिचाते, गिजगिज, खौखियाते, किंकियाते, गिलगिल घुन्नाते, मिनमिनाते कुड़कुड़ाते, रिरियाते, हिनहिनाते, घिघियाते, थुलथुल, लिबलिब (पृष्ठ-140-141) शब्द प्रयोग से कवि जिस निरर्थकता का, बौनेपन का बोध कराना चाहता है। और दुनिया का जो चेहरा पाठकों के सामने प्रस्तुत करना चाहता है वह मात्र इतना बीभत्स नहीं है। क्योंकि कवि मानस में 'किसी महीने की आखिरी रात चाँदनी से उजली होती है' (पृष्ठ-156) 'आज एक छोटी-सी बच्ची आयी, किलक मेरे कन्धे चढ़ी' (पृष्ठ-165) के साथ 'गौरैया के घोंसले की कई कहानियाँ', 'ऐसा नीला आसमान जिसमें

धुआँ नहीं है, बरामदे में धूप और हल्की-सी हवा, एक वसन्त है' (पृष्ठ-169) जो कवि को अ-कलात्मक होने से बचा रहा है।

'आत्महत्या के विरुद्ध' तक आते-आते कवि का आक्रोश स्वर स्वस्थ-सन्तुलित हो गया है अतः बिम्बों में काल की तात्कालिकता, बौद्धिकता तथा भावात्मकता के सन्तुलित सम्मिश्रण से प्रस्तुत हुई है। 'देश की व्यवस्था का विराट वैभव व्याप्त है चारों ओर/ एक कोने में दुबक ही तो सकता हूँ' (पृष्ठ-11), 'महासंघ का मोटा अध्यक्ष/ धरा हुआ गद्दी पर खुजलाता है उपस्थ...आँख मारकर पचीस बार वह हँसे/ पचीस बार हँसे बीस अख़बार...एक नयी ही तरह की हँसी यह है'/ (पृष्ठ-12); 'सिंहासन ऊँचा है सभाध्यक्ष छोटा है/ हँसती है सभा/ तोंद मटका/ ठठाकर' (पृष्ठ-16-17), 'सूने मैदान में हम नहीं हैं/ सिर्फ एक दिशा है/ और एक गति है/ और जिसमें ठिठके खड़े थे हम वह क्षण था' (पृष्ठ-37), आदि उदाहरणों में यथार्थदर्शी बिम्ब हैं क्रोध का उबाल पचाकर पैना व्यंग्य करने की क्षमता रखनेवाले कवि मानस की सृष्टि! बच्चे को गोद में लिए चलती बस में चढ़नेवाली स्त्री को देखकर जब कवि लिखता है, 'और मुझ में कुछ दूर तक घिसता जाता हुआ' (पृष्ठ-39) तब पाठकों के मन में भी बहुत कुछ घिसटता जाता है चित्रात्मक रूप में।' 'जब शाम हो जाती है तब खत्म होता है मेरा काम/ जब काम खत्म होता है तब शाम खत्म होती है'...'कितना अकेला हूँ मैं इस समाज में/ जहाँ सदा मरता है एक और मतदाता' (पृष्ठ-68-69), तथा 'रोज-रोज थोड़ा-थोड़ा मरते हुए लोगों का झुण्ड/ तिल-तिल खिसकता है शहर की तरफ'...(पृष्ठ-46), में आज की सभ्यता का आकर्षण, उसमें जीने की मजबूरी, मशीन-सा जीवन, बलि चढ़ाये जानेवाले जीवन के अमूल्य क्षण आदि बिम्बों में साकार हुए हैं। इस संग्रह की 'आत्महत्या के विरुद्ध' दीर्घ कविता में सड़ी-गली देश की राजनीतिक, आर्थिक, सामाजिक, सांस्कृतिक व्यवस्था में पीसे जानेवाले संवेदनाशील आम आदमी की त्रासदी बिम्बों की एक शृंखला में गूँथी गयी है जिसे बिम्ब शिल्प का सुन्दर उदाहरण माना जा सकता है। कई टुकड़ों में जीवन के यथार्थ को क्यूबिस्ट शैली में प्रस्तुत करने की इस कला का विकास 'लोग भूल गये हैं' की कविता में हम पाते हैं। 'न टूटे न टूटे तिलिस्म सत्ता का मेरे अन्दर एक कायर टूटेगा टूट/ मेरे मन टूट एक बार सही तरह' (पृष्ठ-20), 'भीमकाय/ भाषाविद् हाँफते डकारते हँकाते/...अध्यापक याद करो किसके आदमी हो तुम' (पृष्ठ-23), मे तिलिस्म कायर, भाषाविद् अध्यापक आदि शब्द अपने साहचर्य अर्थ से कई सन्दर्भ पाठकों के मन में जागते हैं और वर्तमान स्थितियों की भीषणता को और भीषण बना देते हैं।

'हँसो-हँसों जल्दी हँसो' में रघुवीर सहाय द्वारा निर्मित बिम्ब सघन और व्यामिश्र हैं। 'आपकी हँसी' कविता की प्रत्येक पंक्ति में एक बिम्ब है जो अन्तिम पंक्ति में आकर अपना वृत्त पूरा करता है 'सहसा मुझे अकेला पाकर फिर से आप हँसे' (पृष्ठ-16), में नेता-जनता के बीच का त्रासद सम्बन्ध, शोषण की समूची व्यवस्था आद आदमी की खुद्दारी और असहायता आदि को यह बिम्ब समेटे हुए है। 'हँसो जल्दी हँसो, बाराबंकी, बुद्धिजीवी का वक्तव्य, औरत की जि न्दगी, भय, आज का पाठ' आदि कविताओं के

बिम्ब स्वतन्त्र हिन्दुस्तान में व्यक्ति के किये जानेवाले मानसिक, भावात्मक, शारीरिक, आर्थिक शोषण को युगीन मुहावरे की शैली में वाणी देते हैं। सहृदय पाठक के मन मे कई सन्दर्भ, स्थितियों को जागृत कर जाते हैं। इन बिम्बों में कवि ने वर्तमान भारतीय ख़तरनाक राजनीति के चेहरे को बेपर्दा कर दिया है। 'पानी-पानी/ बच्चा-बच्चा/ हिन्दुस्तानी/ माँग रहा है/ पानी-पानी,' कविता में नयी संवेदना के अनुकूल नयी लय है।

रघुवीर सहाय की कविता पर पत्रकारिता की भाषा का आरोप किया जाता है। दरअसल यह पूर्वाग्रहदूषित मनोवृत्ति है। किसी अन्य क्षेत्र से कोई संवेदनशील, चिन्तनशील व्यक्ति कविता के क्षेत्र में आयेगा तो अपने क्षेत्र की भाषा, भाव, संवेदना लेकर आयेगा जिससे कविता का क्षितिज और विस्तृत ही होगा। उसके अपने क्षेत्र के अनुभव, उन अनुभवों को व्यक्त करनेवाली भाषा संप्रेषण का नया आयाम खोल सकती है। रघुवीर सहाय की कविता, उनका बिम्ब विधान इसका समर्थन करता है।

युग के मनोविज्ञान के आधार पर कुछ आलोचक बिम्ब निर्माण की प्रक्रिया को 'सामूहिक अचेतन' (कलेक्टिव अनकॉन्शस) के स्तर पर देखते हैं। रघुवीर सहाय की कविता के बिम्ब योजना का आधार यही सामूहिक अचेतन है। 'लोग भूल गये हैं' के बिम्ब इस आधार पर बिम्ब रचना की चरम परिणति प्रतीत होते हैं।

इस संग्रह की 'कला क्या है' कविता में आया हुआ कुएँ का बिम्ब एक ओर व्यक्ति मन के अचेतन स्तर की ओर संकेत करता है और दूसरी ओर तथाकथित अद्वितीय लोगों की सामूहिक मानसिकता को दर्शाता है। कविता की अन्तिम पंक्तियों में साकार बिम्ब 'कला बदल सकती है क्या समाज? नहीं, जहाँ बहुत कला होगी परिवर्तन नहीं होगा/' (पृष्ठ-14), हमारे समाज की समूची स्थिति, समाज की मानसिकता, समाज के भविष्य को साकार कर जाता है। 'रंगों का हमला' और 'लोग भूल गये हैं' में बिम्ब योजना की दृष्टि से अत्यधिक सशक्त कविताएँ प्रतीत होती हैं। 'रंगों का हमला' में मुक्त अनुषंग पद्धति की बिम्ब योजना है, यानी ऊपरी तौर से सभी बिम्ब एक-दूसरे से असम्पृक्त प्रतीत होते हैं, बिम्ब शृंखला में वैचारिक अनुबन्ध दिखता नहीं लेकिन समूची कविता में क्यूबिस्ट शैली में प्रस्तुत की गयी बिम्ब योजना पाठक के मन मे समूचा, सम्पृक्त बिम्ब उपस्थित कर जाती है। सद्यः स्थितियों के प्रति कवि मन का आक्रोश पाठक के अपने-अपने अनुभवों को उकसाता हुआ, उसकी दृश्य-श्रव्य संवेदनाओं के स्तर पर साकार हो जाता है। कला की दृष्टि से बिम्ब का एक महत्त्वपूर्ण कार्य 'भाषा को संक्षिप्त, केन्द्रित और संगठित करना' माना गया है। बिम्ब अपनी ध्वनियों-संकेतों से भाषा को अधिक संवेदनशील और पारदर्शी बनाता है। 'रंगों का हमला' कविता में बिम्ब यही कार्य करता है। 'शब्दों को तो यों ही कह देते हैं ब्रह्म-शब्द के अर्थ/ निकल सकते हैं दो, रंगों के नहीं/ इसलिए रंग बनाने और बेचनेवाले चित्रकार लेकर आते हैं/ तस्वीरें रंगीन बनाने को अकाल की' (पृष्ठ-21), इस बिम्ब का आधार वे कोशगत शब्द नहीं बल्कि सम्पूर्ण विस्तृत जीवन और इतिहास है। बिम्बों के सन्दर्भ में कहा गया है

कि 'बिम्ब शब्द की अपेक्षा अधिक सन्दर्भ सापेक्ष होता है।' इस बिम्ब में व्यक्त कला, कलाकार, रंग, तस्वीर आदि के कोशगत अर्थ उतने सन्दर्भ सापेक्ष नहीं हैं जितने कि उनके पारदर्शी अर्थ। इसी कविता की इन पंक्तियों में मैं तो केवल चित्रकला सीखना चाहता हूँ पर मुझको/ एक तेज आलोक एक आकाश एक या एक अँधेरा/ कहाँ मिलेगा जो कि कुँआरे रंगो में है/ मुहावरों में नहीं बचा है' (पृष्ठ-21), में 'एक या एक अँधेरा' की योजना ध्यान देने योग्य है। यह छायात्मक बिम्ब अपने समस्त पूर्ववर्ती और परवर्ती वैविध्यपूर्ण बिम्ब की असम्पृक्त शृंखला को जिस अद्‌भुत कलात्मकता से जोड़ता है और उसमें सन्तुलन पैदा करता है वह कवि की समृद्ध कलात्मकता का द्योतक है ही, साथ ही जीवन और जगत् के बृहत्तर यथार्थ से कवि के स्थापित हो चुके गहरे रागात्मक सम्बन्धों का निर्देशक भी। ऐसे रागात्मक सम्बन्ध ही सफल, सघन एवं वैविध्यपूर्ण बिम्ब सृष्टि का निर्माण कर सकते हैं। 'लोग भूल गये हैं' (पृष्ठ 47 से 51), कविता में चित्रित 'भुतही मुस्कान', 'रुग्ण रिश्ते', 'बूचे उटंगे मकान', 'सूखी टाँगे', 'पैबन्द इतिहास', 'शब्द रहित भय', 'ज ख्मी आग', 'गुदगुदे हाथ', 'फ़ुरसती वर्ग' आदि भाषा वैज्ञानिक बिम्बों में सन्दर्भों के कई आयामों के साथ जो वर्तमान परिप्रेक्ष्य-परिवेश अंकित हुआ है वह पाठकों की दृश्य-श्रव्य स्पर्श संवेदनाओं के मिश्रित स्तर तक सम्प्रेषित होता है और पाठक जब सह-अनुभूति क्षमता के तहत कवि के अनुभवों को अपने अनुभवों-अनुभूतियों के साथ जोड़ने लगता है तब बड़ी सहजता से वह कवि का सहयात्री बन जाता है। इस दौरान ये बिम्ब पाठकों के मन में कई समानधर्मा बिम्बों को जनम देते हैं। इस कविता का समूचा कथ्य ही एक बिम्ब है जो कभी प्रेमचन्द के 'ठाकुर का कुआं' की याद दिलाता है तो कभी वर्तमान भोग विलासी पीढ़ी से होते हुए आतंकवादियों के कारनामों की। 'रंगों का हमला' कविता के समान यह कविता भी बिम्बों का एक चलचित्र है जो पाठक के मन-बुद्धि के कई स्विच ऑन-ऑफ करता है।

'ईश्वर' कविता का (पृष्ठ-27) ईश्वर और कवि के सम्बन्धों का बिम्ब अपने साथ दूसरे समानान्तर बिम्ब की रचना पाठक के मन में करने में सक्षम है। पाठक मन में स्थित कई सन्दर्भों को बिम्बात्मक रूप में प्रदान करने की कला कवि की बिम्ब योजना की सामर्थ्य है। 'हिंसा' (पृष्ठ-33) कविता की पंक्तियों 'गाँधी के शिष्यों में फिर-फिर कर प्रहार/ हिंसा का निश्चित किया है देश भर प्रचार' मे निर्मित ऐतिहासिक बिम्ब साहचर्य के नियमानुसार पाठकों के मन में अतीत, वर्तमान की कई घटनाओं को जागृत कर जाता है। 'स्त्री' (पृष्ठ-44) कविता की इन पंक्तियों में साकार बिम्ब 'स्त्री के गर्भ में रहते हैं/ उसके आनेवाले क्लेश', में स्त्री की दीनता-बेबसी है और अगली पंक्तियों 'पर उसका चेहरा उसका विद्रोह है/ यह कितनी कम औरतें जान पाती हैं/ इस भ्रम में भूली हुई कि वह भविष्य है/ वह घुटने मोड़कर करवट लेट जाती हैं' में उसकी सामर्थ्य, विद्रोह शक्ति, भ्रम, भटकन, आदि को समेटा हुआ जटिल बिम्ब (complex) हमारी संवेदनाओं में उभरने लगता है। 'लोग भूल गये हैं' संग्रह की कविताओं में रघुवीर सहाय ने एक ओर समाज, राजनीति, अर्थ, संस्कृति में होनेवाले परिवर्तनों को झेलने-पचाने

वाले सामान्य व्यक्ति की जटिल मानसिकता, संघर्ष, प्रतिक्रियाएँ, गुत्थियाँ आदि को बिम्बों के माध्यम से पाठक की ऐन्द्रिय संवेदनाओं के दायरे में दृश्य-श्रव्य-स्पर्श रूप में पहुँचाया है तो दूसरी ओर कविता निर्माण की प्रक्रिया उसका मनोवैज्ञानिक, सामाजशास्त्रीय विवेचन, कवि दृष्टि आदि को बिम्ब योजना के द्वारा संकेत बद्ध किया है। कला निर्मिति से लेकर रोज मर्रा के चरमराते जीवनानुभवों तक का व्यापक कैनवास बिम्बों के माध्यम से पाठकों के संवेदन विश्व तक सम्प्रेषित करना किसी सक्षम कवि का कवि कर्म हो सकता है। 'आनेवाला कल' (पृष्ठ-57) में बिम्बों की ऊर्ध्वगामी शृंखला है। 'हर थका चेहरा तुम गौर से देखना/ उसमें वह छिपा कहीं होगा गया कल/ और आनेवाला कल भी वहीं होगा', पंक्तियों में अतीत, वर्तमान, भविष्य की जटिलता, भयावहता, आतंक को पर्त-दर-पर्त खोलने वाला यह बिम्ब देश-काल संकल्पना की संरचना में जकड़े व्यक्ति की त्रासदी को जिस कलात्मकता से अभिव्यक्त-दृष्टिगोचर कराता है वह देखकर एज रा पाउंड का कथन याद आता है कि 'बिम्ब व्यक्ति चेतना के धरातल पर एक प्रकार का जीवित कालबोध है।' कवि की बिम्ब सम्पृक्ति ने इस जीवित काल-बोध को हमारी अनुभूति का विषय बनाया है।

हम सब भाषा की सीमा से भली-भाँति परिचित हैं। यह एक ऐसा माध्यम है जो वस्तु का हू-ब-हू अनुवाद नहीं कर पाता। अतः पुनर्निर्माण उसकी पहली और अन्तिम आवश्यकता बन जाती है। 'लोग भूल गये हैं' की कविताओं के बिम्ब कवि द्वारा किये गये पुनर्निर्माण का पुनर्निर्माण पाठक की किसी न किसी संवेदना के स्तर पर करने में सक्षम हैं। यही कारण है कि इन कविताओं में बार-बार आनेवाला समाज, घर आदि का बिम्ब पाठक के मन में समाज, घर से जुड़ी कई संकल्पनाओं, प्रवृत्तियों, आयामों को साकार कर जाता है। इतना ही नहीं ये बिम्ब कई बार पाठक मन में कान्ट्रास्ट बिम्ब जगा जाते हैं। घर का बिम्ब कई बार हमारे मन में 'बेघर' का बिम्ब जगाता है या समाज का बिम्ब 'अ-समाज' का। तब ये बिम्ब प्रतीक सदृश्य दृष्टिगोचर होते हैं। सूसान लैंगर ने कहा है, 'हर बिम्ब तत्त्वतः प्रतीकात्मक होता है।' 'दूसरा सप्तक' से लेकर 'सीढ़ियों पर धूप में', 'आत्महत्या के विरुद्ध', 'हँसो-हँसो जल्दी हँसो' तथा 'लोग भूल गये हैं' तक की बिम्ब-विधान यात्रा में रघुवीर सहाय की बिम्ब सृष्टि क्रमशः प्रतीकात्मक बनती गयी है। 'लोग भूल गये हैं' में बिम्ब की यह प्रतीकात्मकता चरम उत्कर्ष पर पहुँची हुई दृष्टिगोचर होती है।

'लोग भूल गये हैं' की कविताओं में बिम्ब एक शब्द में, कभी कुछ पंक्तियों में, कभी शृंखलाबद्ध रूप में, कभी वर्णन-विश्लेषण के उपरान्त कवि द्वारा प्रस्तुत की गयी टिप्पणीनुमा प्रतिक्रिया में, कभी विशेषणों के प्रयोग में साकार हुए हैं। कवि द्वारा वर्णित स्थितियाँ जितनी अधिक त्रासद, तनाव युक्त तथा सम्प्रेषण की आकुलता, छटपटाहट जितनी अधिक उतनी ही गतिशीलता, सम्पृक्ति (गहराई), सघनता, हारमोनी एवं कान्ट्रास्ट बिम्ब विधान में परिलक्षित हुई है। 'लोग भूल गये हैं' के बिम्ब अर्थलय का संवहन-सम्प्रेषण करने में सफल सिद्ध हुए हैं। यही कारण है कि इन कविताओं में अधिकांश मुक्त

अनुषंग पद्धति की बिम्ब रचना होते हुए भी अर्थलय सम्पृक्त होने के कारण ये बिम्ब पाठकों के मन में शृंखलाबद्ध अनुभूति जागृत कर पाते हैं।

बिम्बधर्मी विशेषणों के कारण भी इन बिम्बों का सघन (Compact) प्रभाव पाठक मन पर होता है। 'दूसरा सप्तक' से लेकर 'लोग भूल गये हैं' तक के बिम्ब मात्र शैली की दृष्टि से ही मौलिक हैं सो बात नहीं बल्कि रघुवीर सहाय की वस्तु जगत् के प्रति देखने की, प्रतिक्रिया देने की विशिष्ट भावात्मक तथा वैचारिक दृष्टि के कारण भी ये बिम्ब मौलिक बन सके हैं।

बिम्ब के सन्दर्भ में कहा गया है कि 'बिम्ब वास्तविकता के विभिन्न स्तरों तक पहुँचने का नितान्त व्यक्तिगत और आत्मपरक मार्ग है। वह वस्तु की अनुकृति नहीं, उसके समानान्तर एक नयी और अभूतपूर्व कृति हैं।' इस कथन का प्रत्यक्ष हमें 'दूसरा सप्तक' की कविताओं से लेकर 'लोग भूल गये हैं' कविताओं में उत्तरोत्तर ऊर्ध्वगामी विकास के रूप मे आता है। बिम्बवादी ह्यूम ने कहा था, 'मेरा भविष्य कथन है कि शुष्क, सक्त और क्लासिक कविता का युग आ रहा है। नयी कविता इस बात को प्रमाणित करेगी कि तुच्छ और शुष्क वस्तुओं में सौन्दर्य हो सकता है।' रघुवीर सहाय की कविता में अंकित बिम्ब इस कथन को सार्थक सिद्ध करने की क्षमता रखते हैं।

लघुमानव की कविता और 'मछलीघर' : नयी संवेदनाओं के हस्ताक्षर

'मछलीघर', 'साखी और संवाद तुम से' कविता संग्रहों के कवि विजय देव नारायण साही कहते हैं, मैंने भी भीतर चलते हुए उस आन्तरिक एकलाप को पकड़ने की कोशिश की है जो आज के इस अनैतिक और विशृंखल युग में बहुत बड़ी जिम्मेदारी की तरह महसूस होता है।' 'तुम चाहो तो/ उसे हाथ में लेकर/ उसके नरम शरीर को/ सहला सकते हो/ लेकिन उसकी गरदन लटकी रहेगी/ और पंजे सिकुडे होंगे...' कंकरीट के नीचे दबा हुआ जंगल/ इस समूचे शहर को/ एक दिन/ निगल जाने का अवसर ताकता है।...हमने अपने को/ इतिहासों के विरुद्ध दे दिया है/ लेकिन जहाँ तुम्हें इतिहासों में/ छूटी हुई जगहें दिखें/ और दबी हुई चीख़ का एहसास हो/ समझना हम वहाँ मौजूद थे...' का सच निर्भिकता से आँकनेवाले साही जी 'आज की रात/ मैं फिर अकेला छूट गया हूँ/ कल्पित आकाशों पर उड़ते हैं पक्षी दूर-दूर/ धूप भरे आकाश में चक्कर काटते हैं' जैसी अभिव्यक्तियों में व्यक्ति मन का सच आँकते हैं।

'जिस दिन हमने तोड़ी थीं पहली दीवारें / (तुम्हें याद है?)...और हमें तब ज्ञात हुआ था (तुम्हें याद है?) इसके आगे अभी और भी हैं दीवारें.../अजब तरह की हैं यह कारा/ जिसमें केवल दीवारें ही/ दीवारें हैं/ अजब तरह के कारावासी/ जिनकी किस्मत सिफ ' तोड़ना/ सिफ ' तोड़ना/' में साहीजी ने अपने समय और आनेवाले समय का कड़वा, निडर, उदास, भयावह सच व्यक्त किया है। साहीजी की कविता दीवारें तोड़ने के प्रयासों की कविता है और दीवारें तोड़ने का 'काव्यात्म न्याय' पाने का प्रयास इक्कीसवीं सदी के आरम्भ के दशक तक चल ही रहा है। शायद आगे भी चलता रहेगा। और तब साहीजी के मछलीधर की संवेदनाओं की ताज गी याद आती रहेगी। शायद साहीजी का 'लघु मानव' तब अधिक ही प्रासंगिक होगा और साहीजी तब भी नयी संवेदनाओं के हस्ताक्षर प्रतीत होंगे।

धूमिल और मुक्तिबोध की लम्बी कविता

लम्बी कविता (दीर्घ कविता) कविता की कसौटी है। प्राणशक्ति है। हिन्दी कविता विधा में समय-समय पर लिखी गयी दीर्घ कविताएँ हिन्दी कविता की सामर्थ्य के मानदंड हैं। निराला, मुक्तिबोध, नागार्जुन, सर्वेश्वरदयाल सक्सेना, अज्ञेय, बलदेव बंशी, धूमिल, दिविक रमेश आदि कवियों ने हिन्दी कविता-दीर्घा में लम्बी कविता का दालान खोलकर कविता को आश्वस्त एवं सप्राण किया। लम्बी कविता के विस्तृत कैनवास, कथ्य का विस्तार और जटिलता, शिल्प-शैली-भाषा के प्रयोगों को प्राप्त अवसर स्थल-काल की व्याप्ति को समेटने के लिए अवकाश, अवसर, प्रतीकात्मकता और बिम्बात्मकता के सौन्दर्यों के उद्घाटन के लिए पर्याप्त पटल लम्बी कविताओं में सहजता से सुरक्षित रहता है। मुझे लगता है लम्बी कविताएँ आपातूकालीन मार्ग एवं सुरक्षा व्यवस्थाएँ, दमकल व्यवस्था-सी होती हैं जिनसे आवश्यकतानुसार सहायता या सोच की प्रेरणाएँ प्राप्त की जा सकती हैं।

उत्तर आधुनिकतावाद में खड़े हर बवंडर के उत्तर तलाशती धूमिल की कविता ('संसद से सड़क तक' (1972), '1966-70 के बीच की कविताएँ, 'कल सुनना मुझे' (1977), 'सुदाम पाण्डे का प्रजातन्त्र' (1984) संग्रह की हर कविता') अर्थ, विचार, सन्दर्भ और परिवेश की दृष्टि से लम्बी कविता है। 'अकाल दर्शन', 'मोचीराम', 'प्रौढ़ शिक्षा', 'नक्सलबाड़ी', 'पटकथा', शिल्प की दृष्टि से और लम्बी कविता के स्थापित मानदंडों के आधार पर सिद्ध होती हुई लम्बी कविताएँ हैं लेकिन धूमिल की कविता की 'पंक्ति-पंक्ति' लम्बी कविता के आकाश को अपने में धारण किये हुए है। ये सोच-विचार की कविताएँ हैं। समसामयिक सरोकारों की कविताएँ हैं और द्रष्टा की कलम से झरी अपने पूर्ववर्ती सरोकारों की भी कविताएँ हैं। कबीर की तरह धूमिल आधुनिक एवं उत्तर-आधुनिक काल के 'वाणी के डिक्टेटर हैं।'...वे सबके सब तिजोरियों के दुभाषिये हैं। वे वकील हैं। वैज्ञानिक हैं। अध्यापक हैं। नेता हैं। दार्शनिक हैं। लेखक हैं। कवि हैं। कलाकार हैं। यानी कि कानून की भाषा बोलता हुआ/ अपराधियों का एक संयुक्त परिवार है' (पटकथा)।

'चाँद का मुँह टेढ़ा है' (1964) में की दीर्घ कविता 'अँधेरे में' में मुक्तिबोध अपराधियों के इसी संयुक्त परिवार की बात करते हैं। शायद 'उनमें कई परिचितों के चित्र समाचार पत्रों में छपे थे। उनके लेख देखे थे, यहाँ तक की उनकी कविताएँ पढ़ी

थीं/ उनमें कई प्रकांड आलोचक, विचारक, जगमगाते कवि गण, मन्त्री, उद्योगपति और विद्वान्, यहाँ तक कि शहर का हत्यारा कुख्यात गुंडा डोमाजी उस्ताद भी था/ उसने देख लिया हमको/ वह जान गया सब/ मार डालो उसको खत्म करो उसने आदेश दिया है'...मुक्तिबोध तमाम संघर्षों के बाद इस नतीजे पर पहुँचते हैं 'अब अभिव्यक्ति के सारे खतरे/ उठाने ही होंगे...तोड़ने ही होंगे मठ और गढ़ सब'। धूमिल भी ये अभिव्यक्ति के ख़तरे अपनी कविता में उठाता है। 'संसद से सड़क तक' की कविताएँ कवि के अभिव्यक्ति के ख़तरे उठाने के साहस की कविताएँ कवि के अभिव्यक्ति के ख़तरे उठाने के साहस की कविताएँ हैं इसलिए 'प्रौढ़ शिक्षा' हो, चाहे 'अकाल दर्शन' या 'नक्सलबाड़ी' या 'मोचीराम'...धूमिल व्यवस्था पर प्रहार के प्रहार करते हैं। 'बच्चे तो बेकारी के दिनों की बरकत हैं'...'वह कौन-सा प्रजातान्त्रिक नुस्ख़ा है कि जिस उम्र में मेरी माँ का चेहरा, झुर्रियों की झोली बन गया है/ उसी उम्र की मेरे पड़ोस की महिला के चेहरे पर, मेरी प्रेमिका के चहरे-सा लोच है'...(प्रौढ़ शिक्षा) जैसी कविताएँ सरकारी नीतियों पर लगे भयावह प्रश्नचिह्नों से उत्तर माँगती हुई कविताएँ हैं।

धूमिल की कविता नाट्यात्मकता, दृश्यात्मकता, फिल्म-कैमरे की गतिशीलता, क्लोजअप्स, लांगशॉट्स, ब्लैक एण्ड व्हाइट फिल्मों के प्रभाव, गुरुदत्त के फिल्मों के छाया-प्रकाश के इफेक्ट्स, संवादों की अतल गहराई, रात्रि के अन्धकार में सागर की लहरों की दहाड़ से बेचैन होनेवाले माहौल और अन्धकार को चीरते जानेवाली साँय-साँय हवाओं के बीच अचानक खिले वसन्त की आहट सँजोती कविता है।

'तारों भरा आसमान और मरियल खौरहा कुत्ता' (सुदाम पाण्डे का प्रजातन्त्र) 'कहीं कोई भाषा नहीं है/ भूख के केन्द्र में/ हत्यारे वे स्वस्थ और सुन्दर हैं/ ठीक अपने दाँत की तरह/ शत-प्रतिशत देशी और निजी/ प्रयोगशालाएँ उनके वर्गीकरण से घबराती हैं/ यह संसद है/ यहाँ शोर करना मना है/ स्त्री पूँजी है/ बीड़ी से लेकर/ बिस्तर तक/ विज्ञापन में फैली हुई/ सूर्योदय/ घोड़े के टाप के नीचे/ नींद का कुचला हुआ चेहरा है/ और मुँह के फीके स्वाद में/ एक सपना तैर रहा है/ देह के अँधेरे में/ नीली नस-नाड़ियोंवाला/ उत्तेजित चमड़ा चिल्लाता है/ और मेरी जाँघें भाषा के खिलाफ/ शहर-कानून का उल्लंघन करती हैं/'...(सुदाम पाण्डे का प्रजातन्त्र) उत्तर आधुनिकतावाद के भाव, विचार, नज रिये भाषा के विरोध में उठे बवंडरों के उत्तर हैं धूमिल की कविता।

मुक्तिबोध की कविता फैन्टसी के माध्यम से उत्तर आधुनिकतावाद में उपस्थित प्रश्नों को उत्तर देती हुई कविता है। फैन्टसी का सक्षम प्रयोग और लम्बी कविता का समीकरण मुक्तिबोध के अलावा शायद ही किसी ने किया हो। रेल की खिड़की से दिखते, भागते मंज र और विस्तारित होते जाने वाले आकाश और एक-दूसरी से जुड़ी, भागती, फैलती पटरियों-से रास्तों के सम्भावनाओं की कविता है मुक्तिबोध की कविता। कुएँ के सच, रहस्य, और भूतों की सम्भावनाओं से त्रस्त वर्तमान में जीने के साक्षात दर्शन हैं मुक्तिबोध की दीर्घ कविताएँ। गुफाएँ, कुएँ, प्रोसेशन, मध्य रात्रियाँ, पोपले गिरी दीवारों के मकान, काले डैश की पट्टियाँ, कमरे के भीतर के कमरे, पर्दे के भीतर के

पर्दे, भुतहा जंजीरें, वीरान हवाएँ सूँघता कमरा, ऐसे कई सच के आतंक मुक्तिबोध की कविता में उत्तराधुनिकता वाद को चुनौती देते खड़े हैं। 'चाँद का मुँह टेढ़ा है' जैसी अभिव्यक्त भाषा को नकारने, विद्रोह करनेवाली भाषाई अभिव्यक्ति शायद ही और कहीं मिले। परित्यक्त सूनी बावड़ी के भीतर ठंडे अँधेरे/ पुराने घिरे पानी में डूबी अनेक सीढ़ियाँ?, 'पथ भूली चाँदनी/' (ब्रह्मराक्षस) 'नगरों के बीच की, अँधेरे की काली स्याही, सँवलायी चाँदनी, भुसभुसे उजाले का फुसफुसाता षड्यन्त्र, बरगद की घनघोर शाखाओं की गठियल अज गरी मेहराबें, मरे हुए ज माने, पक्षियों पर कर्फ्यू, चाँद की ऐयारी रोशनी, नपुंसक पंखों की छटपटाहट/ सत्य की/ देवदासी चोलियाँ उतारी गयीं/ उघारी गयीं/ सपनों की आँतें सब/ गालियों का सिन्दूरी विकराल' (चाँद का मुँह टेढ़ा है)। अभिव्यक्तियाँ और भाषायी प्रहार-प्रयोग देखकर उत्तर-आधुनिकतावाद पर नाज करती भाषा भी अपना दम तोड़ देगी।

'भूरी-भूरी खाक धूल' (1981) में के 'काले एकांकी आसमान, वीरान हवा चीरते हुए उड़ गये पंख, प्राण त्यागती प्रतिक्रियाएँ', 'दुनिया को हाट समझ/ जन-जन के जीवन का/ मांस काट-रक्त-मांस विक्रय के/ प्रदर्शन की प्रतिभा का नया ठाठ/ अंगारी संज्ञाओं का दर्दीला उभार/ खूँखार दरिन्दों के चेहरों की ताक/ झाँक/ युद्ध के लाल-लाल/ धड़ाकों के ठहाके/' लगता है एक हादसा अभी-अभी हुआ है और कई हादसे प्रतीक्षा में हैं।

मुक्तिबोध की कविताएँ बिल्कुल आज का सच हैं। इक्कीसवीं सदी के आरम्भ के दशक ने इसकी प्रामाणिकता सिद्ध कर दिखायी है।

बेख़्त की तरह मुक्तिबोध को भी मालूम है कि 'जो हँसता है उसे भयानक ख़बर बतायी नहीं गयी है।' मुक्तिबोध भयानक ख़बर के कवि हैं। हिन्दी में शायद अकेले। (फ्लैप से)

मुक्तिबोध की कविता श्मशान में उगे पीपल के नन्हे से पौधे की तरह जीवन की असहायताएँ, भयावहताएँ, त्रासदियाँ, आतंक के हादसे देखती-पचाती आम आदमी के खामोश बयान की कविता है। फैन्टसी के माध्यम से उत्तर आधुनिकतावाद में उपस्थित प्रश्नों को उत्तर देती हुई मुक्तिबोध की कविता इसीलिए आम आदमी की त्रासदियों की चश्मदीद गवाह प्रतीत होती है। इस अर्थ में धूमिल और मुक्तिबोध समानधर्मा कवि हैं।

‘कुआनो नदी’ और ‘अँधेरे में’ : समय के साथ फैलने वाले अर्थवृत्त के प्रतीक

1969-1973 के बीच लिखी गयी ‘कुआनो नदी’ ‘शब्द पड़ने लगे छोटे/ दर्द बढ़ने लगा/ कहे भी थे जो कभी सब हो गये, अनकहे’ की पीड़ा जगाने वाली कविता है जो समय के आवर्तनों में कभी धुँधली नहीं पड़ सकती। मुक्तिबोध की ‘अँधेरे में’ ‘उन्होंने मुझे देख लिया है/ अब इसकी सज ा मुझे मिलेगी ही’ कहनेवाले कलाकार के अन्तर्मन की पीड़ा को मिली वाणी है जो कभी समय के आवर्तनों में धुँधली नहीं पड़ सकती। कुआनो नदी ‘सँकरी नीली शान्त/ जाने कब होगी अक्षितिज,/लाल, उद्दाम/ बहुत गरीब है यह धरती/ जहाँ यह बहती है/’ तो ‘अँधेरे में’ ‘काली डैश की पट्टी है जो कवि की आँखों पर बाँधी जाने वाली है।’

‘कुआनो नदी’ वर्तमान के उदासियों की अन्तर्मुख करनेवाली कहानी है जो कहीं भी, किसी भी वक्त, किसी के साथ भी घटित हो सकती है। ‘लेकिन जाने कैसी यह आग है/ जो बुझती नहीं है/’ का जीवन-सच कुआनो नदी है। कवि के ही शब्दों में ‘कुआनो नदी किसी देश में, किसी भूगोल के मानचित्र में नहीं मिल सकती। लेकिन यह नदी हममें से हर एक के जीवन में, मन-मस्तिष्क-हृदय में ज रूर किसी दिन उभरती है, बहने लगती है और फिर इसे अपने से अलगाना या ख़ारिज करना सम्भव नहीं होता।’ इस नदी के साथ जीना कितना भयावह है, इसके साक्षात् दर्शन हर पल, हर शब्द में कवि ने कराये हैं।

‘फिर बाढ़ आ गयी होगी उस नदी में/ मेरी निगाह कुछ कमजोर हो गयी है/ दिल्ली की सड़कें दिखती हैं जैसे कुआनो नदी।’...कुआनो नदी से पीछा शायद ही कोई छुड़ा सकता होगा। नदी, बाढ़, बदहवास लोग, निर्वासित लोग आदि का दृश्यात्मक बिम्ब प्रस्तुत करते-करते कवि सहसा इस कुआनो नदी को प्रतीकात्मकता में ढालता है और तब यह नदी जीवन के अनगिनत हादसों की प्रतीक बन जाती है। कुआनो नदी (1970), कुआनो नदी के पार (1972), कुआनो नदी-ख़तरे का निशान (1972) में ‘फैली कुआनो नदी की बाढ़ से राहत पाने ‘मैं’ लालटेन लेकर बाहर दौड़ता हूँ/ शायद यह रोशनी काम आ जाए’ कवि के ये प्रयत्न आम आदमी के जीवन संघर्ष की दास्ताँ को बयान करते हैं। स्पर्श, नाद, गन्ध, बिम्बों की बाढ़ कवि लाया है इस कुआनो नदी

के खतरे बयान करते-करते।

'कुआनो नदी वैसी ही पसरी रहती है/ हर समय मेरी आँखों के सामने/' कवि ने पहली बार इस नदी को 'गरीब जिला, बस्ती में देखा था जब मेरे नानाजी इस नदी में कूद पड़े थे/ तट पर न रेत न सीपियाँ/ झाड़ियों में एक चिड़िया का शोर करते झूलना/' और कवि का कलम बनाने नरसल की छड़ियाँ काटने सँभल-सँभल कर जाना। दूसरे बच्चों का उसे पिपिहरी बना देना (जिन्हें बाँसुरी कहते थे) और इन पिपिहरियों की आवाज का कवि को आज भी दिल्ली की सड़कों पर सुनाई देना यह सब प्रतीकात्मक है। 'कुआनो जाने का मतलब किसी को फूँकने जाना...' मेरे पिता को हर शव-यात्रा में जाने का शौक था। पिताजी देर रात लौटकर कहते थे अभागे होते हैं लोग, चिताएँ जल्दी नहीं जलतीं। कवि कहता है 'हर अभागे की यही आख़री कहानी मैं आज भी सुनता हूँ।'

इस नदी के किनारे न मेला लगता है न पूर्णिमा स्नान होते हैं। नदी पर के पुल पर आते-जाते दही बेचने वाले अहीरों, बन्द मन्दिर की सीढ़ियों पर बैठनेवाले अहदियों, लकड़ियों के गट्ठर या सौदे सुलुफ लेकर जाने वालों की शान्त जल पर परछाइयाँ अच्छी लगती हैं।

सायेदार दरख्त, बाँध, भेड़-बकरियाँ, बैलगाड़ियाँ, साइकिल चलाते बच्चे, एक्का में बैठी औरतें, पीला सूरज, अँधेरा...सर्वेश्वर की कुआनो नदी सार्त्र, काफ का, कामू के उपन्यासों में फैली उदासी-सी, मौत की उदासी-सी, अस्तित्व की तलाश में मौत की परछाइयों में भटकने की मजबूरी से अपना नाता जोड़ती है। मुझे लगता है भाषा, शब्द, चित्र, प्रस्तुति के स्तरों पर एवं चिन्तन के स्तर पर सर्वेश्वर हिन्दी के अस्तित्ववादी कवि, लेखक हैं।

'इस नदी का/ इस शहर से कोई सम्बन्ध नहीं है/...फिर भी नदी शहर की है'... में, नियति और मनुष्य का इकतरफा सम्बन्ध जो यूरोपीय अस्तित्ववादी लेखकों में मिलता है, ठीक यही सम्बन्ध-सन्दर्भ सर्वेश्वर की कुआनो नदी में दिखता है। आवारा औरतों के लिए सिगरेट पीने का स्थान, ग्राहकों के साथ घूमने की जगह, धोबी के लिए कपड़े साफ करना, कत्ल, लाशें, स्त्री का फेंका हुआ नया जन्मा बच्चा कभी जि न्दा-कभी मरा, पुलिस के टार्चों की भारी रोशनी, सियार, चमगादड़ों की चीखें, अकेली चिता, आख़री लपटें, नदी का चुपचाप बहना...क्या ये वर्णन 'कॉन्स्ट्रेशन कैम्प' की भयावहता से मेल नहीं खाते? 'नीचे नदी चुपचाप बहती जाती है/ यह नदी कगारे नहीं काटती/ अपना पाट नहीं बदलती/'...में नियति की गति-स्थिति है। 'बरसात का पानी/ आज भी गाँवों में भरता है/ पानी में बैठी औरतें खाना पकाती हैं...। ढिबरियाँ जो शाम को केवल घंटे भर के लिए जलती हैं/ फिर रात भर अँधेरा छाया रहता है। इस नदी ने मुझे अन्धा कर दिया है...। एक बंज र भूमि में/ बढ़े हुए नाखून लिए मैं खड़ा हूँ/'...में हर व्यक्ति का सच है तो यातना तन्त्र से गुज रनेवाले मानस का सच है। जीवन फिर भी रुकता नहीं है क्योंकि व्यक्ति की जिजीविषा कभी मरती नहीं...। खेत उगते हैं, काँसे

की चूड़ियाँ खनकती हैं...बोआयी के गीत...पीली धोती अनवासे साँवली लड़की का दौड़ना...ज मीन का बंज र होना...आदमी का नदी में बहते जाना...और कवि का कुआनो नदी के पार जाने की कोशिश...तट के कीचड़ में नाव का फँसना, खेतिहर मजूदर का भूख से मरना, लू में टपकना, रेलगाड़ियों का तेजी से निकलना...दलदल, जड़ से सड़े पेड़...काली पत्तियाँ...छाल की काई पर मकोड़ों का रेंगना...'बस यही है यहाँ सब का आखिरी बयान। चाहे पेड़ हो या आदमी/ मैं सोचता हूँ और भागता हूँ/ मैं भागता हूँ और सोचता हूँ/ बच्चे का कटा धड़, बस्ता लिए स्कूल के फाटक पर पड़ा है/ पुलिस, बन्दूकें-नदी के पार कुछ नहीं है/ सिवा लाशों के...' नाझियों के कॉन्स्ट्रेशन कैम्प से भागे किसी डायरी के पन्नों के वर्णन-सा यह वर्णन भारतीय मिट्टी का सच है...। अधजले मकान, नारे, दम तोड़ती मछलियों से शब्द, बम, लाल किताब, न घृणा, न प्यार, 'मैं चाहता हूँ और भागता हूँ/ मैं भागता हूँ और पूछता हूँ/ क्यों हम आदमी/ को आदमी की तरह नहीं देख पाते?' व्यवस्था से पूछा गया यह प्रश्न आज भी पूछा जा रहा है उत्तर आधुनिक काल में भी और इक्कीसवीं सदी में भी...'क्यों यहाँ कोई जि न्दा नहीं है? मैं एक मक्खी की तरह/ खुद अपने ऊपर भिनभिनाने लगा हूँ/ दिल्ली की इन सड़कों पर...कुआनो नदी उतनी ही उथली है/ नाव उतनी ही छोटी कीचड़ में फँसी हुई/ मुर्दे उतने ही बेशुमार/...और ख़तरे का निशान करीब आता है...भँवर, गन्दगी, अन्धावेग...मटियाला प्रवाह...आधी रात वह मेरी साँकल खटखटाता है...किसी भी समय बाँध टूट सकता है...।' गैस चेम्बर में की भयावहता और मृत्यु से बचने की आखरी कोशिशें... क्या ये हर समाज की सचाई है? सर्वेश्वरदयाल सक्सेना की कविता हिटलर के कॉन्स्ट्रेशन कैम्प के भारतीय संस्करणों में अपने समाज की विभीषिकाओं को वाणी दे रही है।

आधी रात साँकल मुक्तिबोध के 'अँधेरे में' भी कोई बजाता है। आज तक न की गयी अभिव्यक्ति है वह। मुक्तिबोध कहते हैं 'अब अभिव्यक्ति के सारे खतरे उठाने ही होंगे/ तोड़ देने होंगे गढ़/ मठ।' कुआनो नदी में सर्वेश्वर साँकल का खटखटाना सुनकर 'मैं शब्दों को सन्दूक की तरह/ मेज पर कुर्सियाँ और कुर्सियों पर चारपाइयाँ रखकर जमाता हूँ/'...यह लड़ाई अब नहीं चलेगी...मुझमें अभी भी/ बहुत कुछ बचा ले जाने का मोह है...और नदी को सब कुछ तोड़ने का जोश।' मुक्तिबोध और सर्वेश्वर दोनों समानधर्मा कवि बहुत कुछ बचाना चाह रहे हैं हादसों के बीच दोनों व्यवस्थाओं के खिलाफ लड़ रहे हैं एक अँधेरे में और दूसरा कुआनो नदी में रहकर। दोनों के संघर्ष का टेक्स्चर एक है।

सर्वेश्वर बाढ़ से बचपन में पढ़ी किताबें बचाना चाहते हैं। मुक्तिबोध दबी हुई अभिव्यक्ति को अभिव्यक्ति देकर बचाना चाहते हैं। 'तुम्हारे पास रोशनी तो होगी? मैं पूछता हूँ?' सर्वेश्वर

'वह आते ही पपोले गिरी दीवारें चमकने लगती है' मुक्तिबोध

'हर अँधेरा खुद/ रोशनी को जन्म देता है' सर्वेश्वर

'अँधेरे में निकल पड़ो/ तो अँधेरा, अँधेरा नहीं रह जाता' सर्वेश्वर

यही रोशनी मुक्तिबोध को रात के 'अँधेरे में' गुफा में दिखाई देती है।

'कुआनो नदी' में निरपराधों को गोली मारी गयी है। 'अँधेरे में' अपराधियों का संयुक्त परिवार है। पानी कभी ख़तरे का निशान पार नहीं पाया, हर बार पछाड़ कर शान्त हो गया है/ मैं अपनी पसलियाँ टटोलता हूँ/ जैसे जेल के ठंडे सींकचे हो/ ...चन्द कोयले ही अगर जल उठे/ तो बाकी गीले कोयले भी आग पकड़ते हैं...। कुआनो नदी का यह सकारात्मक दृष्टिकोण मुक्तिबोध के 'अँधेरे में' 'वह मेरी गुरु है/ शिष्य हूँ मैं'...में इसी बखूबी से व्यक्त हुआ है। चाहे 'कुआनो नदी' हो चाहे 'अँधेरे में', सृजन की ताकत की उड़ान से व्यवस्था को बदलने या फिर झेलने की दुर्दान्त इच्छा का बयान है ये कविताएँ।

'फैसले पर न पहुँचा हुआ आदमी/ फैसले पर पहुँचे हुए आदमी से/ ज्यादा खतरनाक होता है।' सर्वेश्वर के उद्घाटित ये खतरनाक आदमी 'अँधेरे में' के भी सच हैं लेकिन उससे भी बड़ा सच इन दो इस्पाती आकाशधर्मा कवियों में है। वह सच यह है कि 'और मैं फिर निकलने के पहले/ चीज ों को अच्छी तरह देखता हूँ/ कहीं कुछ हिल तो नहीं रहा है...' सर्वेश्वर

और मुक्तिबोध में यह सच है 'आत्मसम्भावना', यही सच दोनों की कविता को समय के साथ फैलते जाते हुए अर्थवृत्तों के प्रतीक की कविता बना देते हैं।

हिन्दी कविता का सच : दुष्यन्त कुमार

दुष्यन्तकुमार के कविता संग्रह-सूर्य का स्वागत, आवाज ों के घेरे, जलते हुए वन का वसन्त और अन्तिम काव्य संग्रह 'साये में धूप' (1975) की कविताएँ सामाजिक सरोकारों की कविताएँ हैं। उनका मानना है कि 'ग ज ल के माध्यम से गालिब अपनी निजी पीड़ा को सार्वजनिक बना सकते हैं तो मेरी दुहरी तकलीफ (जो व्यक्तिगत भी है और सामाजिक भी) इस माध्यम के सहारे एक अपेक्षाकृत व्यापक पाठक वर्ग तक क्यों नहीं पहुँच सकती?' (फ्लैप से)

'हाथों में अंगारो को लिए सोच रहा था/ कोई मुझे अंगारों की तासीर बताये।' यही दुष्यन्त कुमार की ग ज लों में व्यक्त समय का सच है। दुष्यन्त की ग ज लों की भाषा वह मुहावरा है जो एक बार मन-मस्तिष्क-हृदय को झकझोरता है तो बस झकझोरता ही जाता है और पाठक की सोच का हिस्सा बन जाता है।

'कैसे-कैसे मंज र सामने आने लगे हैं/ गाते-गाते लोग चिल्लाने लगे हैं'...में भीड़ की बदहवासी का सच जिस कॉन्ट्रास्ट शैली में व्यक्त किया है वह पाठक की सोच मे हमेशा परछाई की तरह झिलमिलाता रहता है। 'यहाँ तो सिफ ं गूँगे और बहरे लोग बसते हैं/ खुदा जाने यहाँ पर किस तरह जलसा हुआ होगा' कहनेवाले दुष्यन्त समाज और समय की नब्ज पर जैसे उँगली रखते हैं। ठीक वैसे 'यह सारा जिस्म झुककर बोझ से दुहरा हुआ होगा। मैं सजदे में नहीं था। आपको धोखा हुआ होगा', में व्यक्तिगत त्रासदी को व्यक्त करते हुए सामाजिक, राजनीतिक, आर्थिक, परिस्थितियों की ओर संकेत करते हैं। 'इस शहर में हो कोई बारात या वारदात अब किसी भी बात पर खुलती नहीं हैं खिड़कियाँ' में बात तो आत्मकेन्द्रित समाज की की गयी है लेकिन समाज के ऐसे बनने में या उसे बनाने में जो परिवेश, परिस्थितियाँ कारण रही हैं उनकी ओर संकेत भी हैं।

दुष्यन्त की ग ज लें परिवेश की त्रासदियों में पीसते मन के अहसासों के चित्र हैं। ये परिवेश के चित्रण हैं, सन्दर्भों, हकीकतों के बयान हैं जो आम आदमी के रोज मर्रा जीवन होते हुए भी संवेदनशीलता के पारस स्पर्श से झिलमिलाता आकाश बन गये हैं।

एक ही ग ज ल में दुष्यन्त कुमार हिन्दी कविता के कितने युगों की यात्रा करते-कराते हैं यह देखना भी भाव विभोरता के चरम क्षण हैं, देखिए

- बाढ़ की सम्भावनाएँ सामने हैं
  और नदियों के किनारे घर बने हैं (छायावादी सांकेतिकता)

- आपके कालीन देखेंगे किसी दिन
  इस समय तो पाँव कीचड़ में सने हैं (प्रगतिवादी सोच)
- चीड़ वनों में आँधियों की बात मत कर
  इन दरख्तों के बहुत नाज ुक तने हैं (प्रयोगशील प्रवृत्ति)
- इस तरह टूटे हुए चेहरे नहीं हैं
  जिस तरह टूटे हुए ये आईने हैं (नयी कविता)
- जिस तरह चाहो बजाओ इस सभा में
  हम नहीं हैं आदमी, हम झुनझुने हैं (उत्तर आधुनिकता)

कवि वादों, विचारधाराओं के परे होते हुए भी अपने पूर्ववर्ती, परवर्ती विचारधाराओं में कैसे जीता है और स्थल-काल के परे जाते हुए स्थल को कैसे समेटता है इसका इन ग ज लों के अलावा उत्तम उदाहरण शायद ही कोई होगा। 'मेले में भटके होते तो कोई घर पहुँचा जाता/ हम घर में भटके हैं कैसे ठौर-ठिकाने आयेँगे'...का खुरदरा यथार्थ व्यक्त करते हुए भी स्रष्टा कवि किस कदर जिजीविषा, आशा से युक्त होता है इसे दर्शाती 'मेरे सीने में नहीं तो तेरे सीने में सही/ हो कहीं भी आग लेकिन आग जलनी चाहिए' ये पंक्तियाँ अभिभावक कवि की प्रार्थना है। सच्चा अभिभावक दुष्यन्त कुमार की इन पंक्तियों में बद्ध स्वरूपा होता है 'सिर्फ हंगामा खड़ा करना मेरा मक्सद नहीं/ मेरी कोशिश है कि ये सूरत बदलनी चाहिए।' इन पंक्तियों में व्यक्त सच ही समूची हिन्दी कविता का सच है क्योंकि हिन्दी कविता के हर युग की कविता ने प्रामाणिकता से ये सूरत बदलने की कोशिश की है।

सोयी हुई संवेदनाओं का आवाहन करने वाली कविताएँ

'जाने लड़की पगली' कविता संग्रह में संगृहीत कविताओं का विषय माँ है। बेटी की दृष्टि से माँ। भारतीय समाज में वंश नैरन्तर्य से लेकर बुढ़ापे का सहारा तक कई कारण हैं जिनको ढाल बनाकर पुत्र प्राप्ति हेतु न जाने कितने उपचार किए जाते हैं, अभियान रचे जाते हैं। बेटे के जन्मावसर के उल्लसित चेहरे और बेटी को पाकर बनने वाले मात जी चेहरे घर-घर का आम दृश्य है, चाहे वह घर कितना ही उच्च वर्ग का हो, अत्याधुनिक हो, शिक्षित हो या प्रगतिशील होने का दावा करता हो। प्रतिक्रियाओं में अन्तर हो सकता है लेकिन बेटा-बेटी में भेद करने की मानसिकता को न अनुभव बदल सके हैं, न सरकार की नीति, न वैज्ञानिक दृष्टिकोण और न ही प्रौढ़ शिक्षा जैसे उपक्रम। संयुक्त परिवार की अनिवार्यता को लाँघकर स्वातन्त्र्योत्तर काल की पीढ़ी जब भारतीय मूल्य-संस्कारों से नाता तोड़ पाश्चात्यों का अन्धानुकरण एवं अधूरा अनुकरण करने लगी तब इस 'बुढ़ापे का सहारा' नामक बैसाखी की भूमिका भी बदल गयी। पीढ़ियाँ अब बूढ़े माँ-बाप को सम्भव हो तो पैसे भेजकर उत्तरदायित्व निभाने के फैशन का शिकार हो गईं। व्यक्ति स्वतन्त्रता के नाम पर कर्तव्यपूर्ति से विमुख होती रहीं। पीढ़ी संघर्ष के नाम पर या नौकरी, विदेशागमन, महँगाई, शहर-गाँव की भिन्नता आदि कई कारणों की ओट में अपनी इस विमुखता को डिफेन्स मैकनिज म के सहारे न्याय घोषित करती रही। बूढ़ें माँ-बाप या दोनों में से शेष रहा एक शिकायत करता रहा, मनाता रहा, आँसू ढालता रहा, कई झूठे कारण दे-देकर मन को बहलाता रहा, पोते-पोतियों के साथ हँस-खेलकर दिन बिताने के सपने देखता रहा, बेटों-बहुओं के वापस लौटने की मानसिक वापसी की प्रतीक्षा करता रहा लेकिन ये बढ़ती दूरियाँ वैसे ही रह गयीं। सन्दर्भ अलग-अलग हो सकते हैं, लेकिन वेदना का, अकेले बूढ़े व्यक्ति की वेदना का, खीज-प्रतीक्षा का, अपेक्षाओं का अन्तर्मुखी, खामोश संवाद की बुनावट एक ही होती है जिसे सुनीता जैन की 'जाने लड़की पगली' कविताएँ अभिव्यक्त करती हैं। भारतीय समाज में कई अन्तर्विरोध हैं। बेटी पाकर उदास, दुःखी होने वाले माँ-बाप भी मन के किसी कोने में निश्चित जानते रहते हैं कि वक त आने पर बेटी ही काम आयेगी, बेटों-सी मुक्त न होने पर भी, ससुराल के बन्धनों में जकड़े रहने के बावजूद वह हमारे लिए मानसिक सहारा बनेगी। दो आँसू बहायेगी। संवाद उसी के साथ सम्भव होगा। यह भी हमारे समाज में रचा-बसा अन्तर्विरोध है। 'जाने पगली लड़की' की कविताएँ

माँ-बेटी के इस संवाद को कई स्तरों पर मुखर करती हैं। ये कविताएँ दृश्यात्मकता, बिम्ब, प्रतीकात्मकता, काव्य-कला, के सभी पहलुओं की दृष्टि से प्रभावोत्पादक हैं, साथ ही ये हमारे समाज की त्रासदी का, बदलते परिवेश-परिस्थितियों का, उनमें पिसती बूढ़ी-असहाय, निराश्रित-अकेली पीढ़ी की वेदना के दस्तावेज हैं। समाजशास्त्रीय और मनोवैज्ञानिक दृष्टि से इन कविताओं का अध्ययन यदि किया जाए तो हमारे समाज की कई प्रवृत्तियों, व्यक्ति के अन्तः सम्बन्धों, व्यक्ति-समाज की पारस्परिक क्रिया-प्रतिक्रियाओं का एक आलेख उपलब्ध हो सकेगा और इसके पार्श्व में छिपे कई तथ्यों पर, 'अर्थ' की दखल अंदाज ी पर प्रकाश डाला जा सकेगा। संग्रह के फ्लैप पर एक प्रश्न उपस्थित किया गया है। 'क्या कारण है कि बेटों की माँ उनके बड़े होने पर 'कलह प्रिय, लालची, दकियानूसी इत्यादि हो जाती हैं जब कि बहू की माँ का ऐसा कायाकल्प नहीं होता?' आज जब विवाह में बेटा-बहू क्रय-विक्रय की वस्तु बन गये हैं तब किस का पलड़ा भारी होगा यह अलग से कहने की आवश्यकता नहीं। धन राशि की वर्षा करनेवाला औरों को नचायेगा ही। 'भिजवा देते थे पैसे नियत तिथि पे/ फिर सुध तो क्या नाम नहीं लेते थे/ हाँ गर्वित रहते थे कि अपनी/ माँ का मिल सब इतना करते हैं (पृष्ठ-97) नोट भिजवा देते हैं सारे/ जैसे नोट चबा लूँ/ जगह अनाज के...' (पृष्ठ-18), 'अर्थ' के ये सन्दर्भ इन कविताओं के पात्रों की मानसिकता पर प्रकाश डालते हैं लेकिन इन कविताओं में एक सामाजिक पार्श्वभूमि छिपी है जिसके परिवर्तन की ओर इस परिवर्तन को झेल न पा सकी माँ की पीढ़ी की टूटन पर सुनीता जैन ने बिना किसी टिप्पणी के मात्र अनुभव कथन पर प्रकाश डाला है। माँ की वेदना, प्रतीक्षा, अकेलेपन को दिखाते-दिखाते कवयित्री बेटों में छिपी राजनीति, स्वार्थ लोलुपता, संवेदनशून्यता के भयावह संसार का पर्दाफाश करती है। विशेष यह है कि यह किसी एक बेटे के दोषों का विवरण नहीं बल्कि किसी भी माँ-बेटे के रिश्ते का दर्पण हो सकता है। इन कविताओं की माँ किसी भी घर में पायी जा सकती है और कवयित्री न तो दोषों का पहाड़ा बाँचना चाहती है न ही किसी को कटघरे में खड़ा करना। वह स्वयं भी पाठक की भूमिका ग्रहण करती हुई दिखाई देती है। कवयित्री स्वयं इस बात को स्वीकारती है और कविता स्वयं इस भूमिका की पुष्टि करती है। मेरी सारी भाभियाँ/ बेकसूर हैं/ और तुम्हारी भी/ तुम्हारी या मेरी माँ ने/ बेटों को गर्भ में रखा था/ बहुओं के नहीं/ (पृष्ठ-10)', जैसी पंक्तियाँ बेटों को, बहुओं को भी न्याय दिलाती हैं। कवयित्री का तटस्थ दृष्टिकोण किसी पात्र को अभियुक्त नहीं ठहराता। इसलिए ये कविताएँ व्यक्ति के क्रिया-कलाप के पार्श्व में कार्यरत परिस्थितियों-परिवेशों, मानसिक जटिलताओं को जानना-समझना चाहती हैं। जड़ों तक जाना चाहती है। त्रासद या बोझ बने, दरारों में फँसे रिश्तों की बात करते-करते कवयित्री जब अपने और माँ के आत्मीय सम्बन्धों की बात करती है तब तथ्यात्मकता के साथ-साथ काव्यत्व, बिम्बात्मकता अधिक आ जाती है जिससे कविता पाठक के हृदय की गहराइयों को छू जाती है 'हम दोनों का रिश्ता/ फलियों में दाने-सा/ भीगे सूरज-सा/ गयी-गयी सर्दी के/ गरमाते दिन-सा' (पृष्ठ-127) पंक्तियों के

बिम्ब पाठक के मन में कई भाव चित्र साकार करने की क्षमता रखते हैं।

अतीत के उस हिस्से के साथ व्यक्ति हमेशा रहना चाहता है जो उसकी संवेदनाओं-भावना-विचारों को हमेशा तरोताज ा बनाता रहता है। बचपन के दिन शायद सभी अपने मन में इसलिए सँजोकर रखते हैं कि वर्तमान के संघर्ष पीड़ा से कुछ पल राहत मिले। सुनीता जैन के पास भी बचपन का वह घर यहीं कहीं पर है 'किन्तु अपने आँगन/ कूड़ा कैसे/ आया इतना/ करो सफाई...' (पृष्ठ-9-10), जैसी प्रतीकात्मक पंक्तियाँ इन कविताओं में पर्याप्त हैं जो पाठकों को एक साथ वैचारिक-भावात्मक स्तर पर ले जाती हैं और काव्य-सौन्दर्य से उनका साक्षात्कार भी कराती हैं।

इन कविताओं में माँ के साथ बिताए सुखद पल हैं, माँ की वेदनाओं के साथ तय की गयी सहयात्राएँ हैं, बचपन की स्मृतियाँ हैं, 'लावारिस माँएँ हैं, बिज नेस करते बेटे हैं, बेटी के विवाह के बाद माँ से ली विदाई है, माँ की बेटी से मिलने की बेचैनी है, माँ की मृत्यु के बाद के रीते दिन हैं, बहू का अलग चूल्हा जलाना है, दीवारों का बँटवारा है, माँ के पुनर्जन्म की कल्पना करनेवाली बेटी है, रास्ता चलती बुढ़िया में अपनी माँ को ढूँढ़ने की ललक है, कई बार मरनेवाले माँ या पिता हैं, 'मर के छूट गयी' कहने के लिए मजबूर करनेवाली स्थितियाँ हैं, भारी सन्दूक के साथ जुड़ी माँ की यादें हैं, माँ की मृत्यु के बाद सन्दूक को बेचनेवाले बेटे-बहुएँ और उसे जबरदस्ती अपने घर ले आनेवाली बेटी है, माँ के चले जाने के बाद 'नैहर छूटा' की अनुभूति है। इन कविताओं में वे तमाम मोड़ वर्णित हैं जो किसी कहानी-उपन्यास में हो सकते हैं। कहानी की कथावस्तु, उपन्यास को वर्णनात्मकता, जीवनी-संस्मरण की तथ्यात्मकता, नाटक की नाट्यात्मकता, कविता की स्पर्श-दृश्य-श्रव्य संवेदनाएँ 'जाने लड़की पगली' की कविताओं में एक साथ हैं। सभी विधाओं की विशेषताओं को कविता में लाने की सुनीता जैन की कविता-सामर्थ्य का परिचय ये कविताएँ स्वयं देती हैं।

माँ कोई भी माँ हमेशा कुछ तो देती ही रहती है, मृत्यु के बाद भी। इच्छा-आवश्यकता-सामर्थ्य के अनुसार लेनेवाले लेते रहते हैं। 'जिसने तुम से/ जैसा चाहा/ वैसा-वैसा पाया/ जिसने चाहा/ स्वर्णाभूषण/ पाया/ लोहे में/ बन्द किया/ जिसने चाहा/ ईंटों का घर/ लड़की का दर/ पाया/ ताला बन्द किया/ मैंने चाहा / साथ तुम्हारा/ याद तुम्हारी/ रोम-रोम सब/ गीत किया (पृष्ठ-33)', पंक्तियाँ दुनियादारी हिसाब और भावात्मक लगाव की एक ही घर में बसी दो अलग-अलग दुनियाओं पर प्रकाश डाल रही हैं, टीस को अंकित कर रही हैं, पैने व्यंग्य से विदारकता को दर्शा रही हैं। ये कविताएँ वेदना के जितने सक्षम उद्‌गार हैं, माँ-बेटी के बीच के नाजुक भाव सम्बन्धों के जितने गहरे चित्र हैं उतने ही सामाजिक-मानसिक स्थितियों पर उत्तम भाष्य भी हैं।

'नहीं जानती थीं माँएँ, न पिता/ कि बेटों के राजपाट में/ होती नहीं अक्सर/ बेटों की सत्ताएँ/ कि कोने होते नहीं/ बिना दिलों के/ कहीं भी घरों के कोनों में/' (पृष्ठ-104-105) में सम्पूर्ण आज का परिप्रेक्ष्य जैसे उपस्थित किया है वैसे ही काव्य का

मर्मस्पर्शी संसार भी। 'माँओं को/ मखमल पे रखो/ झूला दो/ फूलों पे/ वे हैं आज/ मगर कल होंगी न?/ सोचों तब/ क्या-क्या/ खो जाएगा/ जीवन से?/ (पृष्ठ-91) में जो प्रश्न है वह किसी भी स्तर के मनुष्य को अन्तर्मुख बनाने वाला है, चिन्तन करने को बाध्य करनेवाला है। 'क्या-क्या खो जाएगा' में कई अमूर्त-अदृश्य, सहारे-सन्दर्भ सम्बद्ध कई भावात्मक पहलू-संसार हैं जो हर एक को खोने की आशंका से दहला सकते हैं बशर्ते कि पढ़नेवाले में अनुभूत करने की कुछ संवेदना शेष हो। ये कविताएँ सोई हुई संवेदनाओं को आवाहन करने में, सप्राण संवेदनाओं को सौन्दर्य अनुभूतियों से भाव विभोर करने में और निष्प्राण संवेदनाओं में धुगधुगी जलाने में सक्षम-समर्थ हैं। माँ-बेटी के नाजुक रहस्यमयी, बहुस्तरीय स्नेहिल-आश्वासक मूक संवादों में आदान-प्रदान करनेवाले रेशम-से जीवट और वटवृक्ष से विस्तृत-दीर्घायु रिश्ते को सुनीता जैन ने 'जाने लड़की पगली' की कविताओं में बद्ध किया है।

महानगरीय संवेदनशून्य दोहन संस्कृति को सँजोती कविताएँ

'चौथे पहर का सपना' में डॉ. भगवती प्रसाद निदारिया उन त्रासद सपनों की अन्तहीन कहानी (जिस कहानी के हम सब पात्र होते हैं, किसी न किसी रूप में प्रत्यक्ष या अप्रत्यक्ष रूप में) को प्रतीकात्मक रूप में हमारे सामने प्रस्तुत करते हैं जिन्हें देख-सुनकर पाठक उन तमाम भोगी हुई स्थितियों को, मनःस्थितियों को, उन व्यक्तियों को, आतंकों को पुनश्च अपने सामने सजग-सक्रिय पाता है और स्मृति के द्वारा फिर-फिर उनमें प्रवेश करने के लिए विवश हो जाता है। यह 'सपना' दिन के चौथे पहर का या रात के चौथे पहर का है? यदि यह दिन के चौथे पहर का सपना है तो दिवास्वप्न की क्षमता रखनेवाला सपना है। जब कहीं भी, कभी भी हमारी साधारण-सी इच्छाएँ भी पूरी नहीं हो पाती, तब बेबस होकर हम दिवास्वप्नों का आश्रय लेते हैं। जब यथार्थ हमारी पकड़ में नहीं आ सकती तो फिर दिवास्वप्नों के बारे में क्या कहा जाए? वे तो फिसलनेवाले ही हैं। इसलिए होता यह है कि 'श्वेत कबूतर बन आकाश की ऊँचाइयों को छूनेवाले के सामने काले छाते ताने जाते हैं,...अश्वमेध का अजेय घोड़ा बननेवालों के मनोबल को टुकड़ों में बाँटा जाता है,...पारम्परिक सद्भावनाओं के नाम पर खोखले शब्दों का मीठा वार किया जाता है' (पृष्ठ 5, 9)। यहाँ वर्णित यथार्थ इतना भयावह है कि दुःसह सपने से कहीं भी कम नहीं है।

कवि ने अपने चौथे पहर के सपनों को 'क्यों होता है ऐसा', 'भयावह अँधेरों के भीतर', 'बीच की रिक्तता', 'कब शुरू होगी लड़ाई', 'अँगड़ाई भरे मोड़ पर', 'स्वप्निल आलोक की वीथिका', उप शीर्षकों के अन्तर्गत बाँट दिया है। सपनों का क्रमिक विकास है यह, साथ ही सपने देखनेवाले आज के मानव का और जिसके सपने भी भीषण यथार्थ में परिणत होने के लिए ही जन्मते हैं। ऐसे संघर्षरत मानव की मानसिकता का, अनुभवों से सम्पृक्त बनते जाने वाले व्यक्तित्व का और प्रतिक्रियाओं के रूप में अपना अन्तुर्मुखी व्यक्तित्व, बहिर्मुख करनेवाली प्रक्रिया से गुजरनेवाले जिजीविषा से सम्पृक्त सामान्य व्यक्तित्व का भी यह सहज विकास है जिसे कवि ने सांकेतिकता के और बिम्बों के माध्यम से दृश्यात्मकता दी है। 'क्यों होता है ऐसा' में कवि त्रासद स्थितियों से गुज रते हुए कई प्रश्नचिह्नों के बीच घिर जाता है ऐसे प्रश्नचिह्न कि जिनके उत्तर शायद ही मिलते हैं अतः 'तुमने अपनी खातिर/ मुझे निशाना बनाना

चाहा/ और मैंने अपनी खातिर स्वयं को!' (पृष्ठ-11) वाली त्रासदी है फिर भी आज के न हारने वाले आदमी का 'सारी सेना सहित जयद्रथ तुम्हारे और/ अकेला कृष्ण मेरे साथ है।' (पृष्ठ-14) विश्वास भी प्रकट हुआ है। 'भयावह अँधेरें के भीतर' पहुँचते-पहुँचते यह आम आदमी 'अपने घर की देहरी से चौथे पहर का सपना देखना तो शुरू करता है लेकिन सूत्रधारों के इशारों पर तांडवनृत्य करती बीभत्स मशीनी जि न्दगियाँ, जली-अधजली लाशों, घर की देहलीज तलाशती उखड़ती साँसें ही देख पाता है' (चौथे पहर का सपना)। इस भयावह अँधेरों में अन्धा परिवेश है, 'महायुद्ध है, चुनाव में कुर्सी तक न पहुँच पानेवाला धृतराष्ट्र है, अपंग होती धरा है। तब बीच की रिक्तता कैसे भरे का अहम् सवाल है। यह रिक्तता भरती नहीं बल्कि 'एक बाढ़/ अजगर बनकर/ निगल गयी जीवन-ढर्रा' (पृष्ठ-25)। 'जिस अहसास को कवि ने मरने नहीं दिया वही अहसास उसे जीने नहीं देता' (पृष्ठ-26) वाली दर्दनाक स्थिति है, 'दम घोंटती गहराइयाँ', 'सीलन भरा अँधेरा है', अपहृत 'मैं' है, भरे-पूरे कोलाहल के बीच उदास 'मैं' है।' तब 'कब शुरू होगी लड़ाई' के अलावा और 'किस की प्रतीक्षा की जा सकती है?' यह लड़ाई भी कपटी और आतंकवादी मानसिकता के खिलाफ है, 'चिलचिलाती धूप में/ किये हैं स्वाहा अपने सपने' (पृष्ठ-38) की स्थिति के लिखाफ है। यह लड़ाई 'आदमी की/ खुँखार आँखें रहती हैं तलाशती/ आदमी को' के बीच की लड़ाई है...' और इन दुःसह स्वप्न या कि दिवास्वप्नों के बाद जागे हुए आदमी को 'अँगड़ाई भरे मोड़ पर' कवि दिखाता है शृंगारी रेशे, झूम उठनेवाला खोया मन, गुलाबी मुस्कान, रोमांचित नेपथ्य, सतरंगा गीत, अलसायी अँगड़ाई ओसकरण ढुलकाती मुग्धा पत्तियों की रक्तिम लज्जा, इन्द्रधनुषी भावनाएँ', और अन्त में 'स्वप्निल आलोक की वीथिका' के मोड़ पर कवि को मिल जाती है छोटा-सा जीवन रंग-बिरंगा हो' वाली इच्छा मुस्कुराती, रातरानी-सी, चटकती पारिजात-सी, झरती सुगन्ध बिखेरती मृत्यु, मिल जाता है नियन्त्रण कक्ष और प्रयोगशाला-सा कवि का अस्तित्व जो कि जीवन का सत्य-असत्य समझ नहीं पाता, काम या आराम न करने की इच्छा भी मिल जाती है। 'चौथे पहर का सपना' में कवि इस कदर हमें आज के तमाम सन्त्रासग्रस्त यथार्थों से लेकर स्वप्निल आलोकों के कण-कण बिखरनेवाले आदमी की आशावादी जिजीविषा तक उँगली पकड़कर घुमा लाता है। इन तमाम स्थितियों, मनःस्थितियों को दिखाता है, अहसास कराता है और ऐसे संकेतसूत्र भी देता है कि कवि के दर्शाये, दिखाये, अहसास कराये दृश्यों के आगे हम अपने अनुभवों की कड़ियाँ जोड़ते जाएँ।

स्वप्न को फ्राइड ने 'सेफ्टी बाल्व' कहा है। आज के तनावपूर्ण अहसासों में ये सेफ्टी बाल्व और भी महत्त्वपूर्ण बन गये हैं। अचेतन की सुप्त भावनाएँ, आशा-इच्छाएँ प्रतीकात्मक रूप धारण कर अस्पष्ट-सी पकड़ में आती हैं स्वप्न के माध्यम से। अचेतन का यह सूक्ष्म, परदर्शी धरातल पर चलनेवाला कार्य व्यापार शब्दों जैसे दृश्य, स्थूल, धरातल, साकार करना चुनौती भरा है जिसे डॉ. भगवती प्रसाद निदारिया ने अपनी शब्द सामर्थ्य के सहारे सफलता से प्रस्तुत किया है। 'सतरंगी कोलाहल-, 'सतरंगी मनोविज्ञान', 'सतरंगी यादें', 'सतरंगा गीत', 'इन्द्रधनुषी रंग', 'इन्द्रधनुषी भावना'

में कवि ने कोलाहल या चुप्पियों को जो विविध आयाम दिये हैं वे ध्यान देने योग्य हैं। सलेटी रंग की कितनी स्थितियाँ या वस्तुएँ कवि ने हमारे संवेदन कक्षा में लाने की चेष्टा की है वह कवि की कला क्षमता का महत्त्वपूर्ण पक्ष है। 'सलेटी अँधेरा', 'सलेटी सन्नाटा', 'सलेटी अंक', 'सलेटी बवंडर', 'सलेटी खाइयाँ', में जिन कोणों से कवि ने आतंक का अहसास कराने की चेष्टा की है वह कवि की कलाक्षमता का परिचय प्रस्तुत करता है। 'सीलन भरा अँधेरा', 'खुंखार आँखें', 'गिलगिलाई कोठरी', 'अँधेरी खामोशी', 'मृत्युगन्ध' आदि प्रयोग कवि की प्रयोगशीलता की सक्षमता को उद्घाटित करते हैं। 'चौथे पहर का सपना' में नयी कविता की विशेषताओं के साथ या कहीं-कहीं वर्णनात्मकता का मोह संवरण न कर पाने के बावजूद काव्यात्मक तत्त्वों को कवि ने हानि नहीं पहुँचायी है। आक्रोश के बीच भी कविता को अधिक बोलने न देने में कवि ने जिस सजगता का परिचय दिया है उससे 'चौथे पहर का सपना' की अधिकांश कविताएँ काव्य-संवेदना की रक्षा कर पायी हैं। साथ ही पाठकों के लिए 'दो पंक्तियों के बीच की खाली जगह पढ़ने के लिए कई अवसर छोड़ गयी है'। कविता पाठकों को चुनौती दे इसमें कविता का भी बड़प्पन होता है और कवि ऐसी 'खाली जगहें' निर्माण करें तो यह कवि का भी सही परिचय हो सकता है। अपने काव्य संग्रह 'चौथे पहर का सपना' में कवि डॉ. भगवती प्रसाद निदारिया ने अपना यह कवि परिचय कई बार दिया है।

जल अँधियारा अधिकतम घना हो जाता है, तब 'सुबह का इन्तज ार' की अकुलाहट तीव्र हो जाती है, और दीपक की थरथराती लौ भी अधिक गहरी आस्था, विश्वास और उत्सुकता को जन्म देती है। डॉ. निदारिया के काव्य संग्रह 'सुबह का इन्तजार' की कविताएँ इसी तरह वर्तमान भयावह यथार्थ की त्रासदी को भाषा-जाति जैसे भेदों में हाँफती हुई सोच को, स्वार्थ, चापलूसी, रिश्वतखोरी की बढ़ती आग को, महानगरीय सभ्यता की जानलेवा प्रदूषित जीवन शैली को, सत्ता नेतागीरी की अन्धी दौड़ को, शोषण के नये-नये हथकंडों को और इन सब में नीलाम होती जा रही संवेदनशीलता को शब्दों के नकली बाज ारों में फँसती जा रही जनता को, दम तोड़नेवाली भाव-भावनाओं को झेलनेवाली आम आदमी का प्रमाणिक बयान है। इस दमतोडू यथार्थ, वर्तमान का यह बयान निराशा, फ्रस्टेशन, पलायन की ओर जानेवाला डिफेन्स मैकॅनिज्‌ म नहीं है, यह इन कविताओं की अपनी एक पहचान और सामर्थ्य है। संवेदनशील रचनाकार की सजग चौकन्नी अनुभूति एवं दृष्टि ऐसी भयावह, रोज मर्रा की त्रासदी को पचाकर भी किस तरह उजले साफ-सुथरे भविष्य की ओर, मन को आस्था से मोड़ देती है, इसका प्रत्यक्ष प्रमाण 'सुबह का इन्तजार' की कविताएँ हैं। 'मुस्कान' कविता में (पृष्ठ-22) 'तुमने गरीब को उल्लू बनाया/ उसे खरीदा/ उसके चारों ओर/ तेज प्रकाश बिखेर डाला/ उसके पोस्टर छपाये/ शोभा यात्रा निकाली/ मंच पर बिठाया/ उसे मुस्कुराना सिखाया/ गरीब/ गरीब से उल्लू बनाया/ और उल्लू से रबड़ की मोहर बन गया/ अब तुम उसे/ जैसे मर्जी, जहाँ मर्जी/ ठोक देते हो/ उसके मुख से/ उफ् तक नहीं निकलता/ उसने सीख लिया है/ मुस्कुराना'...वर्णन पढ़ते-पढ़ते आत्महत्या करनेवाले किसानों से लेकर

किसिम-किसिम के जनता के रूप-वर्ग याद आते हैं जिनका उपयोग सत्ताधारी अपने स्वार्थ के लिए कैसे-कैसे करा लेते हैं और आम आदमी को कैसे समझौतावादी बना देते हैं। आम जनता के कन्धों का, चेहरों का, पैरों-हाथों का मनमाना उपयोग करनेवाले संवेदनशून्य सत्ताधारियों में फँसे हमें शायद फ्रस्ट्रेटेड होना चाहिए लेकिन हम कमाल के जीवट लोग हैं क्योंकि भगवती प्रसाद निदारिया जैसे कवि बार-बार हमें झकझोरते हैं और अपनी मूल ऊर्जा के प्रति चौकन्ना कर देते हैं। 'आशा' कविता में (पृष्ठ-46) कवि कहता है, 'दुःख तो फिर-फिर आयेगा/ पैर नंगे दूर मंजि ल/ कंटकों से थे लबालब/ पथ घिरा/ चहचहाते पंछियों-सा/ गीत कोई गा सुरीला/ भोर का/ चीर दे सारे अँधेरा/ भूल जा तू रात/ इस उम्मीद में/ होगा सवेरा।'

'सबुह का इन्तज ार' की कविताएँ जीवन के वर्तमान भयावह नंगे सच के पार्श्व पर आँकी मनुष्य की सौन्दर्यासिक्त, भावभीनी जिजीविषा के अनेक स्पन्दनों के आलेख हैं और इसलिए कितना भी जानलेवा यथार्थ हो, पाठकों की दृष्टि उसे स्वीकार कर संवेदनशीलता की ओर अपने आप उन्मुख होती है।

'दोहन संस्कृति' (पृष्ठ-50) कविता कम शब्दों में हमारी हालत का कितना जीता-जागता दस्तावेज है, देखिए 'हम रिक्त हास हैं, भर लो/ हम तो सुवास हैं, तर लो/ हम माल खास हैं, हर लो/ हम क्रीत दास हैं, धर लो/ हम हरी घास हैं, चर लो' इसके पार्श्व पर अब 'मुक्ति' कविता को देखें तो दृश्य कितना सुखद लगता है, इसकी अनुभूति स्वयं पाठक ले सकता है, 'मुझे खुद को मुक्त करना है सब से/ मुक्त करता है जैसे सागर/ खुद को/ अपनी लहरें, फेंन, शंख, सीप.../ किनारे पटककर/ मुझे खुद को मुक्त करना तुमसे.../ मुक्त करता है जैसे सागर/ नदी को/ लोक आस्थाएँ, हर्ष, विषाद.../ अपने में विलीन करके'...'सुबह का इन्तजार' की कविताएँ कॉन्ट्रास्ट रंगों के चित्र हैं अतः कोई रंग अर्थात् भाव, घटना, त्रासदी इतनी भड़कीली नहीं हुई है कि जिससे आँखें ही मोड़ ली जाएँ और कोई भी कोमल अनुभूति इतनी रूमानी भी नहीं बनी है कि बनावटी लगे। कवि मानस की ग्रहण की हुई ये जीवन संवेदनाएँ कवि की सन्तुलित जीवन दृष्टि में पककर बेहद सन्तुलन साधे व्यक्त हुई हैं जैसे रस्सी पर चलनेवाली लड़की सारे खतरों को पचाकर, अपनाकर एक लाठी के सहारे सन्तुलन बनाये रखती है...और साँस थामें देखते प्रेक्षकों को सौन्दर्यानुभूति भी करा देती है 'सुबह का इन्तज ार' कविताएँ ठीक ऐसी ही हैं।

यथार्थ को, राजनीतिक, सामाजिक सन्त्रासों को कविता का विषय बनाते हुए एक ख़तरा रहता है कविता की भाषा, सौन्दर्य पक्ष, कलात्मकता को हानि पहुँचने का। 'सुबह का इन्तजार' की कविताएँ इस ख़तरे से परे पहुँची हैं। 'मैं वायु में जन्मना चाहता हूँ/ पानी बरसाना चाहता हूँ/ मिट्टी में विरचना चाहता हूँ' (पृष्ठ-48) की अभिलाषा रखनेवाला कवि सन्त्रासों से जूझकर जीवन को सुन्दर बनाना चाहता है और इसी ऊर्जा के कारण 'हवाओं में उदासी' जैसे गीत में 'चुप रहेंगी कब तलक यूँ ही दिशाएँ/ कौन-सी लय बाँसुरी को खा गयी है/ तार तेरे ध्यान से ऐसा जुड़ा है/ खाई

बरसों की निधि ज्यों पा गयी है।' भाषा की व्यंजना, तरलता, बिम्बात्मक शक्ति के दर्शन होते हैं।

आस-पास के यथार्थ के कवि जैसे भाव, विचार, विषय, प्रतीक, बिम्ब ग्रहण करता है वैसे अतीत के किसी रचनाकार की रचना से भी। अपने यथार्थ से उसे तौलता है। 'राम की सत्ता पूजा' कविता का शीर्षक निराला की 'राम की शक्ति पूजा' की याद दिलाता है निराला की इस कविता का सुन्दर उपयोग निदारियाजी ने अपनी इस कविता में किया है। अपने कथन को अधिक से अधिक सामर्थ्य देने के लिए कवि प्रतीकों का प्रयोग करता है। निराला की कविता भी यही कार्य करती हुई नज र आती है। 'जन-जन तुम्हारे राम-सा/ व्यथित है/ धिक् जीवन/ जो पाता ही आया है विरोध/ धिक् साधन/ जिस के लिए सदा ही शोध/...पर आज के राम खुश हैं/ वे जन-सेवा के नारों पर/ अमर बेल-से पड़े हैं/ पता नहीं किस उम्मीद में उनके सामने/ दुःखी लोग हाथ बाँधे खड़े हैं/ अब राम का चेहरा बदल गया है/ उसे कुछ अर्पण नहीं करना/ उसे बलियाँ चाहिए/ उसे...चाहिए/ उसे...चाहिए/ उसे शक्ति नहीं सत्ता चाहिए।' कालान्तर में किसी कवि की रचना कैसे प्रतीक बन जाती है डॉ. निदारियाजी की 'राम की सत्ता पूजा' कविता ने सार्थक प्रयोग के आधार पर दिखा दिया है।

'आधुनिक पंचतन्त्र', 'ये अदद कठपुतलियाँ', 'गुरुदेव', 'चुगलखोर को अंग' कविताएँ पुराने या लोककथाओं के सन्दर्भ को नये सन्दर्भों में व्याख्यायित करने की सफल चेष्टा है। ऐसा तो रचनाकार अक्सर करता ही है लेकिन डॉ. निदारियाजी ने इन कविताओं में जो प्रश्न उठाये हैं वे कई दिशाओं में संकेत करते हैं। जैसे 'दिशा दिखाकर कहाँ खो गये हो गुरुदेव?' (पृष्ठ-32)। कबीर बानी की याद आधुनिक सन्दर्भ धारण किये कैसे ताज ा होती है देखिए 'चुगली नारी से जुड़ी, ज्यों पौरुष से नर/ जो नर चुगली में रमें, वे नारी न नर।' ये अदद कठपुतलियाँ कविता में 'देखकर अब खेल यह कठपुतलियों का/ हलचल होती नहीं/ भ्रम नहीं होता/ अचरज नहीं होता/ दिखता है पारदर्शी खेल अब/ हाड़-मांस की बनी ये पुतलियाँ.../ लगती नहीं हाड़ मांस की/ दिखती हैं बस काठ की ही पुतलियाँ'...कठपुतलियों के माध्यम से समाज की गिरती मानसिकता पर की गयी टिप्पणी कवि की जागरूकता, प्रतिबद्धता दर्शाती है। यह प्रतिबद्धता कई कविताओं में दृष्टिगोचर होती है। इसी प्रतिबद्धता, जागरूकता के कारण जहाँ एक ओर दोषों, विकृतियों, समझौतों पर चोट करने का भान है उसी तरह दूसरी ओर परिस्थितियों के प्रति सजग करने का उत्तरदायित्व बोध भी। जैसे 'उन्हें नाम से नहीं काम से प्यार है/ भिड़ने में नहीं भिड़वाने में लगाव है।'

निदारियाजी के चिन्तन, अनुभूति का एक व्यापक पक्ष महानगर से जुड़ा है। उनकी कई कविताएँ और 'हायकू शतक' में कई हायकू महानगर को समर्पित हैं। 'यह महानगर' में 'ढाई आखर दूर यहाँ व्यवसाय मेला/ अपराधों से फटा पड़ा महानगर है।'. ..'ब्रैकेट में हैं बन्द सभी सपने जनता के/ सुविधाओं से नटा पड़ा ए महानगर है।' कहनेवाला कवि महानगरीय व्यवस्था, असुविधा, संवेदनहीनता के कारण व्याकुल है।

'पहियों पर/ घूमता समय है/ महानगर', 'घने तनाव/ बढ़ता विषवृक्ष/ महानगर'/ 'दरारों भरी/ मज बूत दीवार/ महानगर' जैसे कई हायकू में कवि ने महानगर का प्रतीकात्मक चित्र खींचा है जो उनकी मानवीय संवेदनाओं के प्रति गहरी आस्था को दर्शता है। 'हायूक' शैली का प्रयोग कवि की शब्द एवं चिन्तन सामर्थ्य को दर्शाता है। कम शब्दों में व्यापक कैनवास या चित्र खड़ा करने की, एक सम्पूर्ण भाव और विचार प्रस्तुत करने की कवि की ताकत सुखद आश्चर्य दे जाती है। 'पेड़ यूँ खड़ा/ धुआँ निगलने की/ बात पे अड़ा/ कुत्ते की दुम/ इतनी टेढ़ी नहीं/ जितने तुम मन-उन्माद/ कैंसर-सा बढ़ता/ जाति-मवाद/ भाषा का दर्द/ प्रश्न शून्यकाल का/ मामला सर्द', जैसे कई हायूक कवि की पौराणिक, ऐतिहासिक, वर्तमान, राजनीतिक, सामाजिक, नैतिक मूल्यों पर सार्थक बिम्बात्मक टिप्पणी प्रतीत होते हैं।

'सुबह का इन्तजार' की कई कविताओं में 'माँ', 'शब्द' कई पहलुओं से अंकित हुए हैं। व्यापक सम्बन्ध-सन्दर्भ लेकर कवि ने किसी वस्तु, रिश्ते-नाते को जो व्यापक सन्दर्भ और परिवेश प्रदान किये हैं वे इन कविताओं की सामर्थ्य प्रतीत होती हैं। 'शब्द-दान' कविता में कोई सन्दर्भ में देखा जा सकता है, 'देना है यदि शब्द खिले फूलों को दे दो/ ओस बना वह उनके ऊपर मोती-सा चमकेगा/ निर्गुण है यदि सन्त शब्द तुम उसको दे दो/ अनपढ़ भी वह अर्थवान कर देगा/ नहीं फेंकना शब्द युवा के आस-पास भी/ कठपुतली बन नाच करेगा ध्वंस करेगा...', कविता अन्तर्मुख करती है, विचार करने को बाध्य करती है। अनुभव के साथ ही वह एक सौन्दर्य अनुभूति की भी कविता है। इस संग्रह की कविताएँ समसामयिक बोध और काव्यसौन्दर्यानुभूति का सुन्दर योग है।

इस संग्रह की 'सुबह का इंतजार' कविता-जिनके शीर्षक से कवि ने संग्रह का शीर्षक रखा है 'माँ' को कितना बहुस्तरीय, बहुआयामी, व्यापक धरातल पर ले जाती है इसका साक्षात् उदाहरण है। 'अपनी माँ' से आरम्भ हुई यह कविता 'विश्व-माँ' तक पहुँच जाती है 'अपने लिए कभी कुछ नहीं चाहा/ और फिर करती रही इन्तजार सुबह का/ हाँ, माँ मुझे उसी सुबह का इन्तज ार है।' समूची कविताओं में कवि की इसी विश्व कल्याण, मानव कल्याण, मांगल्य की भावना का स्रोत प्रवाहमान है। इसी हेतु कवि को 'सुबह का इन्तज ार' है। 'माँ' की तरह कवि भी उसी सुबह के इन्तज ार का टेक्स्चर भी एक-सा उदात्त। लेकिन यह उदात्तता हवाई महल नहीं। दोनों को सृजन के लिए यातनाओं के जिस दलदल में से गुज रना पड़ता है वह किसी से भी नज रअन्दाज नहीं है। इसलिए ये कविताएँ यथार्थ को अर्थ देती इन्तज ार की और इंतजार को सुबह देती यात्री की एक यात्रा है।

किरण-चित्रों का काव्यान्तरण

प्रताप सहलग का यह कविता संग्रह प्रयोगशीलता का और कला के दो माध्यमों के 'संवादों' का चरमोत्कर्ष है। कविता की तरल अनुभूतियों में किरण-चित्रों का यह रूपान्तरण फोटोग्राफ स-पेंटिंग्ज का शब्दबद्ध रूपान्तरण है और उत्तर आधुनिकता की विशेषताओं की व्याख्या भी। कलाओं का आपसी सम्बन्ध, उनका ओवर लैपिंग, एक की सीमा की दूसरी से आपूर्ति और कुल मिलाकर उत्तर-आधुनिकता से युक्त जटिल मानसिकता दृष्टिकोण 'गुत्थमगुत्था' को सुलझाने का उतना ही जटिल और तरल कलात्मक प्रयास और 'प्रवास' (यात्रा) है।

विश्वमोहन तिवारीजी के खिंचे फोटोग्राफ स ऐसे कमाल के यथार्थ हैं कि पेंटिंग्ज लगते हैं। इन फोटोग्राफ स यानी किरण-चित्रों का कविता के साथ तीन प्रकार का सम्बन्ध है 1.चित्र की भावनाओं का कविता में रूपान्तरण। 2. चित्र की भावना के आधार पर कविता यानी प्रेरणा का सम्बन्ध। 3. चित्र की भावना से बिल्कुल स्वतन्त्र लेकिन चित्र प्रेरित कविता-प्रेरणास्रोत का सम्बन्ध। 'फ   र्क' शीर्षकान्तर्गत 'चट्टानें अपने-अपने अस्तित्व की लड़ाई लड़ रही थीं...दोनों चट्टानों के बीच अन्तरिक्ष था...वह भी ऊँचा था. ..और दूर कहीं पर झुका हुआ!' 'आकाश चित्र' 'अग्नि पाकर अग्नि-अग्नि हो गया आकाश।', 'बँधुआ-कच्ची दीवार टूटती है सिर्फ सहलाने से...।', 'देह भाषा-आकाश से उतरी है तरल तैरती देह पेड़ प्रेयसी हो गये हैं।' 'जीवन-छतरियों से बाहर निकलती हुई अव्यवस्था है जीवन जीवन बनारस की सुबह है, बम्बई की शाम है, दिल्ली की दोपहरी है, कलकत्ता की रात का अल्पविराम है।' 'राजपथ बनाम जनपथ होती है राजपथ की उड़ान/ ऊँची त्यों-त्यों जनपथ बहुत नीचे छूट जाता है।' 'कलाकार' जितने आदमी उतनी तस्वीरें तस्वीर में अपने औज ारों से कविता रच रहा है आदमी। रचना 'अर्थ पाने के लिए मिट्टी होना ज रूरी है, दुकान पर सजे किसी भी बर्तन की यह शाश्वत मजबूरी है...।' 'समय में चिड़ियाँ' धमनियों में बहता रक्त खड़ा करता है सभी को समय के सामने...शायद वे समय से होड़ लगा रहे हैं जब कि हम जानते हैं समयमुक्त उड़ान के खिलाफ है...।

ऐसे कई उदाहरण हैं जो शब्दों में दृश्यों के सिलसिलों को बद्ध किये हुए हैं और पुस्तक के ये किरण-चित्र शब्दों का साथ पाकर रेखा बद्धता लाँघकर शब्दों में चहचहाने लगे हैं। प्रताप सहगल की ये कविताएँ इन किरण-चित्रों को देखे बिना समूचा कैनवास

उद्घाटित नहीं कर पायेंगी और वे किरण-चित्र इन कविताओं के बिना अधूरे प्रतीत होंगे। जैसे कि कवि ने एक किरण-चित्र को शब्द बद्ध किया है 'तने की भाषा पेड़ की भाषा में हस्तक्षेप है लेकिन ये कविताएँ और किरण-चित्र बिल्कुल एक-दूसरे की भाषा में हस्तक्षेप नहीं हैं बल्कि पूरक हैं। ये कविताएँ प्रकृति के दृश्य चेहरे परिस्थितियों पर टिप्पणियाँ हैं या स्वयं किरण-चित्र हैं? हाँ, पाठकों की संवेदनाओं के आकाश कई आकाशों तक विस्तृत हुए हैं, यह सच है।

समाज के सरोकारों एवं अनुभूतियों की आस्था

'खंड-खंड अग्नि' (1994), 'रास्ते के बीच' (1977), 'खुली आँखों में आकाश' (1983), 'हल्दी चावल और अन्य कविताएँ' (1992), 'छोटा-सा हस्तक्षेप' (2000), 'फूल भी खिला होता' (2004), 'फेदर से' (अंग्रेजी 1993), 'दल अइ ग्योल होल' (कोरियाई में 1994), दिविक रमेश के संग्रह हैं। 'मैंने कहा/ आग/ आग चिड़िया चोंच में दबाकर/ पहुँच गयी जंगल/ जंगल में आग लगी थी/ मैंने कहा पानी/ जाने कहाँ गुम हो गयी/ झुलसे पंखोंवाली चिड़िया' (फूल तब भी खिला होगा)...'नदी की बाढ़-सा/ मुझे करना था प्यार/ एक यात्रा में मुझे रहना था बहुत देर तक हम होकर' (छोटा-सा हस्तक्षेप) की ये पंक्तियाँ कवि के सामाजिक और व्यक्तिगत सरोकारों की, आस्थाओं की प्रामाणिक अनुभूतियाँ हैं। दिविक रमेश की कविताओं में बेचैन करनेवाली उकताहटभरी आतंकित परिस्थियों के चित्रण के साथ-साथ कोमल संवेदनशील अनुभूतियों के तन्तुजाल भी हैं और इसलिए ये कविताएँ खुरदरे यथार्थ पर भाव विभोर करा देनेवाली अनुभूतियों के विश्वास पात्र आलेख-चित्र प्रतीत होते हैं। 'दरवाजा खुला हो/ तो ज रूरी नहीं/ अंध ाड-तूफ ान ही/ घुस आये घर में/ खूबसूरत पंख भी तो/ आ सकता है। उड़कर/' की आशा जगाने वाले दिविक रमेश की कविता जीवन के किस्म-किस्म के आतंकों पर महरहम लगाने का काम करती है। 'लकड़ी का रीतिकाल/ वह औरत-मेरी माँ/ माँ सलमा चाची/ मेरे हिस्से का गाँव/ रामसिंह गुलाम देश का मज दूर/ गीत शमशेर के गीत/ बाबा नागार्जुन के प्रति/ बुना स्मारक-एक यह भी (फूल तब भी) कविताएँ शब्द-चित्र, स्मरण-चित्र होते हुए भी यथार्थ परिस्थितियों के प्रति चिन्तन से युक्त हैं और कवि चिन्तन के व्यापक परिप्रेक्ष्य को उद्घाटित करती हैं। 'समुद्र दहशत', 'बूढ़े हाथों को समर्पित आत्म परिचय', 'शब्द सन्दर्भ आकाश के कैनवास पर बावजूद', 'पंखों के यातना प्रश्न मछलियाँ' (फूल तब भी...) जैसी कविताएँ वर्तमान-अतीत-भविष्य के विविध आयामों पर व्यक्ति-समाज-देश के सन्दर्भ सच-परिवेश पर खामोश या व्यंग्य भरी टिप्पणियाँ हैं। विशेष यह कि कवि मन का कोमल संवेदनशील हिस्सा कभी मरा नहीं है। 'चिड़िया का ब्याह', 'मिट्टी का मर्म' जैसी कई कविताएँ इसके प्रमाण हैं। 'छोटा-सा हस्तक्षेप' संग्रह के शीर्षक के ठीक उल्टा ये कविताएँ पाठकों के भाव जगत् में, वैचारिक परिवेश में बड़ा-सा हस्तक्षेप करती हैं और एक चौंकाने के साथ अनन्त क्षितिजों तक सह-अनुभूति यात्रा पर ले चलती हैं।

'मैं सोचता रह गया कि जिस आदमी के पास कुछ भी नहीं था उसके पास आख़िर क्या-क्या नहीं था?', 'छोटी-सी नींद भी ज रूरी होती है थके हुए आदमी को' और 'आकाश? इत्ता बड़ा...इत्ता बड़ा फैलाकर बाँहे कहा बच्चे ने...कितना थक चुका था मैं/ मापते-मापते आकाश/ कितना थक गया था मैं/ जूझते-जूझते/ इतने आसान प्रश्नों से/ मैं तो भूल ही गया था/ आकाश है तो वह/ सागर है तो वह/ पहाड़ है तो वह/ धरती है तो वह/सारी सृष्टि ही है/ उसकी खुली नन्ही बाहों में...' कविताओं में व्यक्त कवि मन की संवेदनशील सूझबूझ इस सदी के व्यापारीकरण, वैश्वीकरण, आय.टी., तनावों और चेहराहीन व्यक्तित्वों को प्रदान की गयी राहत है।

'कविता से अब बात नहीं बनती। और ईमान से?' कवि मानो उत्तर आधुनिक काल मे नयी सोच में पनपी पीढ़ी से सवाल पूछ रहा है। कविता का हिमायती बन और अपने मूल्यों पर अंगद के पाँव-सा खड़ा होकर 'सुबह का अर्थ/ बरसों पुरानी/ अँगोछे में लिपटी/ दादा की पूजा ही तो नहीं है न?/ सुबह/ बस्तों में लदी इच्छाएँ भी हैं बड़ों की' जैसी कई पंक्तियों पाठकों पर प्रश्नों के सीधे प्रहार करते हुए परम्परा की सोंधी याद दिलाती हैं और वर्तमान के उजड़पन को अंकित करती हैं। अतीत और वर्तमान सिफ समय का बीता हुआ सच नहीं है या अन्तराल मात्र नहीं है। कई बातों, दृष्टिकोणों, जीवन शैलियों के बीतने का सच है। परिवर्तित परिवेशों के अन्तराल की सच्चाई दिविक रमेश की कविताओं के कैनवास भी हैं और चित्र भी। 'रूस में ऐसे भारत के खिलाफ नयी सदी की दस्तक/ आदमी जो बच गया यात्रान्त/ पड़ावहीन यात्रा में/' कविता में राष्ट्रीय अन्तरराष्ट्रीय सन्दर्भों की कविताएँ हैं। इतना की नहीं कुंडलिनी यात्रा की अध्यात्म, रहस्यवाद के भूगोल की भी कविताएँ हैं। 'आख़िर बच्चा ही था वह/ जिसने जानना चाहा बिना किसी सन्दर्भ के/ कि कहाँ है लाहौर? 'पाकिस्तान' में...एक आसान-सा उत्तर था मेरा/ 'भारत और पाकिस्तान कहाँ हैं?' मैं हिल गया अचानक हुए बम विस्फोट की तरह/ 'ज मीन पर/ और कहाँ? तो ज मीनवाली बात इतने गुस्से से क्यों बता रहे हैं? बहुत देर तक एक आदमी मुझ में बचने की कोशिश करता रहा' ऐसी कई कविताओं में कवि एक संवाद की स्थिति में घटना परिवेश परिस्थियों को नाट्यमय कहानी कथनशैली में प्रस्तुत करता है और अन्त में एक टिप्पणी में समूची सोच को नया परिमाण दे जाता है। कवि की यह संवाद शैली आत्मीयता जीवितता से सम्पृक्त है जो इस सदी के मशीनीकरण या व्यावहारिक आत्मकेन्द्रित प्रवृत्ति में दमघोंटू हाँफती पीढ़ी के लिए इलाज या रात के आराम देने का काम कर सकती है। 'आकाश का ध्यान टूटता है'/ 'उँगलियों में दस्तक'/, 'पुस्तकों के बन्द/ दरवाजे और खिड़कियाँ/', 'बर्तनों से गायब होती आवाज /' रसोई में/', 'आँखों मे सजाये/ समुद्र, मेघों...' के कई बिम्ब दिविक रमेश की ताज ा अनुभूति ग्रहण संवेदनाओं के द्योतक हैं। 'मौसम को भी/ जाने क्या सूझता है कभी-कभी/ जा लटकता है/ शहद के छत्ते-सा/', आकाश की सच्चाई आज की सदी की सच्चाई है जो कवि शत-प्रतिशत कलात्मक संवेदना में आँक पाया है। 'भूत' जैसी दीर्घ प्रतीकात्मक कविता में अन्याय, शोषण और मानवीय मन की

अजीबो-गरीब कल्पनाएँ आदि का रोचक चित्रण है। पीपल डेरा है भूत-भूतनियों का/ पीपल की सभी भूतनियाँ इसी गाँव की हैं/ बीहड़ घास वाले इसी कुएँ में कूदकर सभी मरी हैं'/ की दर्दनाक सच्चाई कवि अनुभव-अनुभूति का वह यथार्थ है जो सदियों से हमारे समाज और समाज व्यवस्था का सच है।

दिविक रमेश की कविताएँ कोमल मर्मस्पर्शी संवेदनाओं की तरोताज ा अनुभूतियों की और मर्मान्तक पीड़ा के परिवेशों के मिले-जुले ताने-बानों की कविता है जिन्हें एक-दूसरे से अलग नहीं किया जा सकता। करेंगे तो कपड़ा उधेड़ दिया जाएगा।

सवालों से टकराती कविताएँ

'खुले कमरे बन्द द्वार', 'तिनका तिनका घोंसला' रमेश मेहता के इन संग्रहों के बाद 2004 में उनका 'कालबोध' संग्रह प्रकाशित हुआ 'कालबोध' की कविताएँ नये सवालों से टकराने की पूरी तैयारी के साथ हैं। इन कविताओं में नयी सदी में उपस्थित हुए और होने वाले डर को वाणी मिली है। अस्तित्व का डर मनुष्य का स्थायी स्वभाव है लेकिन इसके स्वरूप, स्तर और तीव्रता में युगानुरूप चढ़ाव-उतार आते हैं। इन कविताओं में पाठक एक शाश्वत सन्नाटे का सामना करने की स्थिति में आ जाता है।

रमेश मेहता चित्रकार भी हैं। पेंटिंग्ज में जो विषय वे अमूर्त रूप में बहुआयामी 'व्यक्तित्व' वाले बनाते हैं, कविता में भी यह अमूर्त शैली और रंगों की गहराई उनके शब्दों की मदद करती दिखाई देती है। 'उसने माँगा/ सच/ दूर-दूर तक फैल गया सन्नाटा/' यह सन्नाटा ही शायद 21वीं सदी का सच बन गया है। 'उसने कहा/ शान्ति/ गाँधी की छाती पर लगी गोली/ एकाएक उसका पीछा करने लगी ...आकाश पर छाये थे बादल/ बादलों जैसे/ बिजली कौंध रही थी लगातार/ बिजली की तरह/ युद्धबन्दी की तीसरी घोषणा हो रही थी/ घोषणा की तरह...'

'कालबोध' की कविताओं में ऐसी कई पंक्तियाँ हैं जो दृश्य-श्रव्य-स्पर्श बोध कराते हुए पाठकों को सच की दुनिया में आतंकित यायावरी करने को बाध्य करती हैं। जम्मू-कश्मीर की भूमि पर स्थित रमेश मेहता की कविता में व्यवस्था, राजनीति, समय के आतंक सहजता से अभिव्यक्त हुए हैं और पाठकों तक अपनी रूप-रस-गन्ध-स्पर्श, शब्द, संवेदनाओं से भरपूर सम्प्रेषित भी होते हैं। कश्मीर-1999, सुबहें, कश्मीर, कश्मीर 1, कश्मीर 2, कश्मीर 3, कविताएँ पृथ्वी के स्वर्ग पर की नारकीय यातनाओं के जीते जागते दस्तावेज हैं। 'रोज की तरह/ सूरज उगता है/ सवेरे/...घरों को लौटते हैं/ थके-हारे डर/ शाम को रोज की तरह/ दस साल बाद/ कश्मीर की धरती से/ मन को हर्षा देने वाला उसका परिचय/ अचानक विषैला हो गया/...' के शब्द-चित्र सन्नाटा जीने वाली भारतीय कौम की वेदनाओं के चित्र हैं जो किसी भी मानव जाति को सन्त्रस्त कर सकते हैं। 'बच्चे के हाथ/ बुन रहे थे कालीन/ बच्चे का सिर ढो रहा था मैला/ बच्चे की टाँगें/ रौंद रही थीं मिट्टी/ बच्चा अचानक/ पहुँच गया था/ कहाँ से कहाँ/ मगर जहाँ उसे होना चाहिए था/ बच्चा नहीं था वहाँ/'...कविता का यह बच्चा समूची नयी पीढ़ी का प्रतिनिधित्व करता है और उसके भटकन भरे भविष्य का भी।

रमेश मेहता की ये कविताएँ उत्तर आधुनिकता के सोच की कविताएँ हैं। 'दरवाजे / हमेशा नहीं खुलते/ भीतर की ओर/ दरवाजे पर खड़ा आदमी/ होता है एक प्रश्न/ एक सम्भावना/ या सिर्फ एक याचना/ दरवाजे / घूमते रहते हैं/ दरवाजे पर घूमनेवालों के साथ...', 'चिड़िया सुखी है/ उसके पास वह सोच नहीं है/ जो आदमी को/ आदमी की आँखों में/ छोटा कर जाती है', जैसी पंक्तियाँ कवि की प्रतीकात्मक उड़ान में सच्चाई व्यक्त करने की कला के उदाहरण हैं। 'एक सपना फसल', 'गड़बड़ गणित', 'लोहड़ी भूख', 'बंद मुट्ठियों के आस-पास', 'हताहत अस्मिता', 'मदारी', 'यात्रा का गणित' आदि कविताओं में मनुष्य जीवन के बिगड़े गणितों में चलती साँसों की सोच अभिव्यक्ति हुई है। 'चुप्पी' कविता चुप रहनेवाले आदमी की सहनशक्ति का अन्त होने पर क्या होता है को बड़ी सटीकता से व्यक्त करने वाली कविता है। 'उस दिन/ जब वह पूछेगा/ मुझ से मेरा हाल/ तो मुझे चुप नहीं पायेगा/ मेरी आँखों में उसे/ क्रान्ति का स्वर्णिम आलोक/ दीख जाएगा।' कलाकार की सकारात्मकता से भरपूर ये कविताएँ वाकई 'कालबोध' के कई आयामों को व्यक्त करती हैं। 'कालबोध' कविता में कवि स्पष्ट पूछता है, 'यह किस समय में जी रहे हैं/ हम/ यह शताब्दी/ संवेदनशून्यता की शताब्दी है/ अपनी बोली लगवाने को प्रस्तुत है/ बाजार में एक साथ/ बौद्धिक और वेश्या/ ग्राहक के लिए कठिन हो चला है/ दोनों में फर्क करना...'

रमेश मेहता की कविताएँ पाठक को समय के सामने तो ला खड़ा करती हैं साथ ही उत्तर शती ने जो प्रश्नों के ढेर उपस्थित कर छोड़े हैं उनकी ऐसी सैर कराती हैं कि व्यक्ति उत्तर आधुनिकता के परे जाकर कुछ सोचने को बाध्य होता है। हमेशा मनुष्य के साथ धमनियों में खून के साथ बहनेवाला कालबोध मनुष्य के लिए सुख और सन्त्रास का कारण भी रहता है। इस अपने-अपने कालबोध में जीते हुए कालबोध मे घटित सबकुछ ढोते हुए हम सब कालबोध के परे जाना चाहते हैं। रमेश मेहता की ये कविताएँ कालबोध के साथ कालबोध को लाँघने की दुर्दान्त इच्छाओं की कविताएँ हैं।

विविध स्वरों में बद्ध जि न्दगी की कविताएँ

अनुभूति के स्वर, राष्ट्रीयता के स्वर, चुनौती के स्वर, इन विविध स्वरों के अध्यायों में बँटी ये कविताएँ राजनीतिज्ञ, राजनीति में सक्रिय चिन्तनशील, सकारात्मक व्यक्तित्व के जीवनानुभव हैं। 'आओ फिर से दीया जलाएँ' में दीया पुनः-पुनः जलाने की मजबूरी में फँसे व्यक्ति, देश, समाज, संस्कृति की दर्दनाक पीड़ा का बयान है। 'नव दधीचि हड्डियाँ लगाएँ' में कवि की हिम्मत, आशा, साहसी प्रवृत्ति जिस तरह दृष्टिगोचर होती है उसी तरह मिथकों का आधुनिक संस्करण गढ़ने की शिल्पी की कला भी। 'सर्यू एक सत्य है/ जिसे झुठलाया नहीं जा सकता/ मगर ओस भी तो एक सच्चाई है/' में आग और नज ाकत, जलना और जलन, मिटना-मिटाना की बात न केवल व्यक्तिगत सन्दर्भ में है बल्कि व्यापक सन्दर्भों में है। वाजपेयीजी की कविता का यही विशेष है। इन कविताओं में के 'मैं' का स्व और स्वानुभूति व्यापक सामाजिक, सांस्कृतिक, राजनीतिक, देश-काल के सन्दर्भ में आती है। कवि के चिन्तन का और स्व के समाजीकरण की सफलता का यह परिपाक है। इन कविताओं को देशप्रेम, देशभक्ति के परिप्रेक्ष्य प्राप्त हैं लेकिन ये नीरे नारे या समरगीत के मुखड़े नहीं हैं बल्कि परिस्थितियों-परिवेशों के प्रति के चिन्तन, सजगता की भट्टी में समर्पित स्व की कुन्दन बनी अभिव्यक्तियाँ हैं। 'चोटी से गिरने से/ अधिक चोट लगती है/ मन हारकर मैदान नहीं जीते जाते/ न मैदान जीतने से मन ही जीते जाते/' में जिस तरह राजनीतिक सच्चाई के प्रति की सजगता है उसी तरह 'बेनकाब चेहरे हैं/ दाग बड़े गहरे हैं/ टूटता तिलस्म आज सच से भय खाता हूँ/ गीत नहीं गाता हूँ', में अस्वस्थ परिस्थितियों के कारण नीरस बनते जा रहे जीवन की त्रासदियों के चित्र हैं। 'ऊँचे पहाड़ पर/ पेड़ नहीं लगते/ पौधे नहीं उगते/ न घास ही जमती है/ जमती है सिर्फ बफ ्/ जो कफ न की तरह सफ ेद और/ मौत की तरह ठंडी होती है' पंक्तियों में व्यक्ति, समाज, राजनीति, अन्तरराष्ट्रीय सम्बन्ध आदि कई सन्दर्भ हैं। वाजपेयी जी की कविता सन्दर्भों के प्रतीकात्मक एवं बिम्बात्मक बयान की कविताएँ हैं। हाथों की हल्दी, पैरों की मेंहदी, पौरुष की कोरी नादानी, हथियारों के ढेर, बबली की आवाज, गन्धक मिला उबलता पानी, सुधियों की बारात आदि प्रतीक कवि मन की रूमानियत, कोमलता को जहाँ एक ओर साकार करते हैं वहाँ दूसरी ओर तनाव, आतंक, युद्ध जैसी विभीषिकाओं में फँसे व्यक्ति-देश की घटन को वाणी देते हैं। एक राजनीतिज्ञ

कविता के शिल्प और सौन्दर्य का भी कितना ध्यान रखना है और स्वतन्त्रता, देश प्रेम के अलाव में भी काव्य-कला को कैसे सँजोता है इसका साक्षात् प्रमाण वाजपेयीजी की कविता है। 'झुकी न अलकें/ झपी न पलकें/ सुधियों की बारात खो गयी' कहते हुए कवि एकदम कबीर की बिरादरी में शामिल होता है 'मन में लगी जो गाँठ मुश्किल से खुलती/ दाग दार जि न्दगी न घाटों पर धुलती/ जैसी की तैसी नहीं/ जैसी है वैसी सही/ कबीरा की चादरिया बड़े भाग मिलती/' कहनेवाला कवि 'कबिरा खड़ा बाज ार में' से कहीं भी कम नहीं लगता/ तुरन्त चुनौतियों के दर पर खड़ा ललकारता है 'एक हाथ में सृजन/ दूसरे में हम प्रलय लिए चलते हैं', 'राष्ट्रीयता के स्वर का द्वार दिखते ही स्वतन्त्रता दिवस की पुकार', 'आज सिन्धु में ज्वार उठा है/ जम्मू की पुकार में आकंठ डूब जाता है', 'बापू से क्षमा माँगता है', 'जय प्रकाश से भरोसा रखने कहता है', 'प्रत्येक नया नचिकेता' इस प्रश्न की खोज में लगा है...प्रश्न पूछने के बजाय/ यक्ष स्वयं उत्तर बोलेगा..., जैसे मन्तव्य में उत्तर आधुनिकता के क्षेत्र में प्रवेश करनेवाले कवि अटल बिहारी वाजपेयी को यदि 'मुझे दूर का दिखाई देता है/ मैं दीवार पर लिखा पढ़ा सकता हूँ/ मगर हाथ की रेखाएँ नहीं पढ़ सकता/ कहने की इच्छा होती है तो यह इसी सोच का परिणाम है। वाजपेयीजी की कविता मिथक युग से लेकर उत्तर आधुनिकता की सोच तक के सन्दर्भों की कविता है। वह कोमल मानसवाले व्यक्ति की भाव प्रधान अभिव्यक्ति है, चट्टानों से जूझनेवाले योद्धा के तेज तर्रार अभिनय की कविता है, वह कबीरा के 'साधो' की कविता है, वह प्रश्नों से घिरे मनुष्य की कविता है और प्रश्नों से प्रश्न पूछनेवाला प्रश्नकर्ता के साहस की कविता है। वह सन्दर्भ, प्रतीक, बिम्बों में व्यक्त व्यक्ति जीवन के विभिन्न अनुभवों की चश्मदीद कविता है, जीवन के विविध स्वरों की कविता है और इन स्वरों में कोई भी स्वर क्षीण नहीं हुआ, ना संघर्ष से, ना हारने से। क्योंकि सपना टूट जाने पर भी 'आओ फिर से दीया जलाएँ' का भाव दीये की तरह निरन्तर इन कविताओं में दीप्त हुआ है। अतः यह जिजीविषा की कविता है। अन्ततोगत्वा यह विविध स्वरों में बद्ध जिन्दगी की कविता हो जाती है।

पर्यावरण रक्षा-चिन्तन की कविताएँ

'नीम की छाँह (1960), एक टुकड़ा आदमी (1967), भीड़ का जन्म (1972), रेत की नदी (1987), पीड़ित चेहरों का मर्म (1994), तुम आओ मेरी कविता (2000) के बाद मानिक बच्छावत का कविता संग्रह 'फूल मेरे साथ हैं' कवि के फूलों के साथ होने का सुखद समाचार है जो उत्तर आधुनिक सभ्यता पर टिप्पणी भी है। 'जब भी तुम चाहते हो/ मैं फल देता हूँ/ चिलचिलती धूप में/ छाँह/ घर के लिए तन देता हूँ/ मरने पर तुम्हारे साथ जलता हूँ/ पेड़ हूँ/ तुम्हारे लिए जीता हूँ/' में कवि ने पेड़ की जीवित शक्ति और मनुष्य के प्रति की समर्पण वृत्ति का अंकन किया है लेकिन जो बात कवि ने शब्द बद्ध नहीं की है वह इस कविता के केन्द्र में है। मनुष्य का पेड़ काटना, पर्यावरण को असन्तुलित करना इन त्रासदियों को कवि रेखांकित करना चाहता है। कवि की यह चिन्ता-चिन्तन पूरी तरह से अंकित हो पाया है जिसे पाठक अपनी संवेदनाओं में प्रवाहमान होता हुआ पाता है। कवि की यह अद्‌भुत सम्प्रेषण क्षमता है। 'कल रात उसकी/ आँखों में/ उत्तर गयी/ नीली झील/ और मैं देखने लगा/ अपनी परछाई/ बहुत-सी रंगीन/ चिड़िया हैं उसके पास/ जिन्हें उसने अपने पिंजड़ों में बन्द कर रखा है/ हम देखते हैं उन्हें और/ याद करते हैं/ खुला-खुला गाँव आकाश', में व्यक्त परिस्थितियों, प्रवृत्तियों, भौगोलिक दूरियों, घटनाओं के विरोधाभास कवि की बेचैनी को और स्वस्थ परिवेश की चाह को साकार करते हैं। पक्षी प्रवासी, ये अजनबी पेड़, बन कन्या, गाँव में चीकू का पेड़, सोन मछली में प्रकृति के सुन्दर दृश्यों के साथ जुड़ी यादें हैं, गाँव-शहर के अंतराल हैं। 'नीलगिरी की पहाड़ियाँ/ कामातुर युवतियों-सी दिखी...' की मानसिकता में लिखी गयीं कविताएँ कदली वन में, नदी के जल में, स्वाद महुआ की देहगन्ध, प्रणय, प्रेम, चले नदी किनारे, आधी रात को पिआने, कितना सुन्दर है जूड़ा, लाजवन्ती, तुम प्रेम कर सकते हो, रातरानी, प्यार, अमर बेल, कसीदे में उकेरे फूल, तुम मेरे पास रहती हो, वह काले गुलाब की कली-प्रणय, अदाओं, सोच की कविताएँ हैं। 'कभी न भरता मन/ जबकि थकता तन/ नदी हो, घाटी हो, कछार हो/ या जंगल का वीरानापन' में व्यक्त भाव कवि की समूची कविताओं में व्याप्त हैं और इसलिए तरोताज ा शब्दों में कवि अपने मन के

उदास, मादक भाव गूँथ सका है। हिन्दी कविता ने प्रकृति वर्णन को अपने अभिन्न अंग की तरह अपनाया है और युगानुरूप उसका रूप गढ़ा या उसके जरिये मनुष्य को विविधांगि रूप में साकार किया। प्रतीक, बिम्बों में उसे गढ़ा। विचार-भावों में उसे गूँथा। लेकिन पर्यावरण रक्षा के विचारों में गुँथी ये कविताएँ अपने आप में अनूठा प्रयोग है।

दाहक पीड़ानुभूति की समाज-केन्द्रित कविताएँ

'मुझे इन लम्बे-चौड़े करीने से तराशे/ हरे-भरे घास के मैदानों से भय लगता है। इनके कोनो, किनारों पर स्तब्ध खड़े/ वे खरगोश, ये गिलहरियाँ सब भयभीत/ इन पर केवल नज र ही सैर कर सकती है/ इनके पाँव शबनम की नमी महसूस नहीं कर सकते/ क्योंकि नमी महसूसने की कानूनन ही नहीं/ तथाकथित इनसानी तौर पर भी मनाही है/ यहाँ का कानून जानता है कि नमी से/ इन्सानी जज्‍ बात आतंक के विराट निरंकुश रोबोट को/ घास के तिनकों में बदल देंगे।' (पृष्ठ-34) ये पंक्तियाँ वर्तमान समय का वह चित्र है जो आज हम सब की अनुभूतियों का अहम् हिस्सा बन गया है। हमारी संवेदनाएँ, आस्था, जीवन के प्रति प्रेम, आत्मीयता, भाव विभोर होकर जीने की ललक, जीवन की नमी सब दुश्चक्रों में फँसकर भयभीत हैं और तथाकथित आतंक के हर नुस्ख़े को इस इनसानी सामर्थ्य से डर है। अतः पहरे लगे हैं आम आदमी की जीवन को ऊब, गर्मी से जीने की सहज ऊर्मी, संवेदना पर ही। रजनी पाथरे ने सही आदमी के चाहत की नब्ज , आतंक के कमज ोरी की नब्ज , सही शब्दों में, सही अन्दाज में पकड़ी है। 'पिघलती मोमबत्ती' का यही सच इन कविताओं का केन्द्र है जिसे आधुनिक प्रतीकों के माध्यम से अभिव्यक्त किया गया है। 'वह भीड़ के जंगल में भटककर रह गयी। वह आयी तो थी तलाश में/ नन्हे गुलाब, चम्पे, चमेली की/ नन्हीं दूब की, गुलाबी कोपल की/ मासूम तुतलाते वसन्त की/ और चौराहे पर राह रोके/ खड़े थे कँटीले दैत्याकार बबूल' (पृष्ठ-20) गुलाब, चम्पा, चमेली, दूब, गुलाबी कोंपल, वसन्त, मनुष्य की सौन्दर्यासक्ति, कोमलता, सहृदयता, मन की सृजनशीलता, जीवनेच्छा के प्रतीक हैं और भीड़ के जंगल, बबूल, काँटें इस जीवनेच्छा, सृजनशीलता पर प्रहार करनेवाली विपरीत मनःस्थितियाँ, परिस्थिति, परिवेश। इनके बीच का निरन्तर संघर्ष 'पिघलती मोमबत्ती' का जीवन संघर्ष है। कवयित्री की आधुनिक सोच ने इन परम्परागत प्रतीकों में नये सन्दर्भ भर दिये हैं जो उत्तरआधुनिकता का स्पर्श करने की सामर्थ्य रखते हैं। 'तुम्हारे मेरे बीच के सम्बन्ध/ तो क्या अनावश्यक व्यय में/ सब चुक गये? क्या हर कुँवारा सपना/ हर कुँवारी रात ठगी जाती है?' (पृष्ठ-21) कवयित्री की साफ सुथरी दृष्टि उलझी हुई स्थितियों पर सीधा प्रश्नचिह्न अंकित कर जाती है। उलझी स्थितियों, सम्बन्धों, परिवेशों, की इस कदर कवयित्री ने जाँच की है जैसे कोई डॉक्टर ऑपरेशन के

पूर्व मरीज के सारी टेस्ट्स करवाता है और ऑपरेशन के दौरान बिल्कुल साफ-बेपर्दा सबकुछ आर-पार देखता है। समाज और व्यक्ति, व्यक्ति और व्यक्ति के बीच पनपी तरह-तरह की रुग्ण स्थितियों, सम्बन्धों को यदि स्वस्थ बनाना है तो रजनी पाथरे जैसी साफ-सुथरी दृष्टि और बेबाक चिर देने की वृत्ति रचनाकार के पास होना अनिवार्य है तभी रुग्णता से राहत मिलने की सम्भावना है। कवयित्री इसी सम्भावना को सँजोये हुए नज र आती है। 'इन गिने गिनाये प्रश्नों/ और/ रटे-रटाये उत्तरों के बीच/ तुम/ विरामचिह्न की भाँति/ बीच की/ दीवार बन खड़े क्यों हो?' (पृष्ठ-18) 'अभियोग तुम्हारे असत्य नहीं/ पर अभाव मेरे भी तो निराकार नहीं/ ज्ञात नहीं/ प्रणय की सीमा कहाँ पर जाकर/ परिणय की शृंखला बन जाती है/ उस पिघलते मोम की व्यथा को जान पाते/ तो इस धरा-नभ के बीच का सम्बन्ध/ बन न पाता दाह का पर्याय क्षण-क्षण/' (पृष्ठ-19) दरअसल मनुष्य के सारे सुख-दुःख, अभाव, वर्जनाएँ, त्रासदियाँ, विकृतियाँ उसके नज रिये की, उसकी व्याख्या करने की सीमा की उपज होती है। कवयित्री इन कविताओं में बड़ी ही स्पष्टता से इस ओर संकेत देती नज र आती है। मुझे लगता है यह रचनाकार के स्वभाव का सकारात्मक पहलू है।

'उसे कई ग्राहकों ने खरीदना चाहा', 'मैंने शादियों के हश्र देखे थे', 'आज सीता ने स्वेच्छा से निर्वासन माँगा', 'मरघट की-सी ख़ामोशी से बेहतर है/ मरघट में जलती हुई उन चिताओं को देखना/ इन सजे सँवरे घरों के अन्दर/ पसरी ये खामोशियाँ/ किन्हीं मुर्दाघरों की याद दिलाती हैं/' कविताओं की ये पंक्तियाँ आज के यथार्थ हैं और इन यथार्थों पर कवयित्री की टिप्पणियाँ भी। यही इन कविताओं की विशेषता है कि कवयित्री की सक्षम भाषा और सूक्ष्म अवलोकन एक साथ यथार्थ का बयान भी है और उस पर की गयी कमेंट्स या व्यंग्य। चित्र और समीक्षा का लाजवाब सम्मिश्रण।

इन कविताओं में पुरस्कार नकारनेवाला सार्त्र है, वारिसशाह से त्रासदी का जवाब माँगने वाली अमृता है, शहीद, शीखानी है, शैव्या, द्रोपदी, अहल्या, सीता है, पुरुषोत्तम राम (?), कृष्ण, युधिष्ठिर, राजाशिवि, विक्रमादित्य, चाणक्य, अशोक हैं, पितामह हैं, कुरुक्षेत्र है, नग्न मेनका है, नादब्रह्म में लीन मन का जोगी है, लास्य रास है, वंशी है, पिचकारी है, कश्मीर की प्रसिद्ध संत कवयित्री ललेश्वरी है, भगत सिंह की माँ है, कश्मीर के राजकवि महजूर और नादिम हैं, शंकराचार्य हैं, अभिमन्यु है, पद्मिनी है, गोविन्द सिंह हैं, इनके साथ आनेवाले अन्यान्य पात्र और सन्दर्भ हैं। विशेष यह कि ये सारे पात्र अपने पौराणिक, ऐतिहासिक, मिथकीय सन्दर्भों के साथ सन्दर्भ लाँघते हुए वर्तमान के सन्दर्भों के अर्थ देने लगते हैं और यह एक व्यापक स्पैन की कविता बन जाती है। 'नैयनम् छिन्दन्ति शस्त्राणिः/ नैयनम् दहति पावकः'/ सुन-सुनकर कीर्तनकारों से/ वितृष्णा-सी हो चुकी थी।' (पृष्ठ-90), 'कारगिल के बर्फीले तवे पर/ सबने अपनी-अपनी रोटी सेंकी/ और उसकी सोंधी गन्ध ने/ जनता को इतना बेहोश कर दिया/ कि वह उन रोटी थापनेवालों के/ अतीत भूल गयी',

(पृष्ठ-55) 'माँ ने आज सौवाँ विवाह विज्ञापन/ अपने नम्बर बदले चश्में की सहायता से पढ़ा/ और...और उनके मानस पटल पर चमक गया/ अपनी कृष्णवर्णी बढ़ती उम्रवाली/ कुँवारी बेटी का दयनीय चेहरा', (पृष्ठ-51), 'अपनी परम्परा को भला हम क्यों भूले/ विसंगतियाँ तो हमारी पर्याय हैं/ तभी तो तैंतीस प्रतिशत नारियाँ/ सड़क से संसद-पथ की ओर जा रही हैं/ और शेष के गलों में नीलामी की स्वर्णिम तख़्तियाँ लटकी हैं/' ये पंक्तियाँ वर्तमान समाज की स्वार्थी, स्वकेन्द्रित, विरोधाभासों में जकड़ी मानसिकता पर पैने व्यंग्य करती हैं। कवयित्री की सोच कितनी समसामयिक है इसका उत्तम प्रमाण 'मेंरी कविता/ मन के सागर की सुनामी लहर बन/...एक ऊर्वर-उपजाऊ धरती/ मेरे नाम छोड़/ अनन्त में विलीन हो जाती है' (पृष्ठ-138) सुनामी लहर की ये पंक्तियाँ सन्दर्भ चाहे तत्कालीन, ऐतिहासिक, पौराणिक, मिथकीय, वैज्ञानिक हो, सुदूर अतीत का हो या समसामयिक। कवयित्री की समसामयिक संवेदनशील सोच और बोध उस सन्दर्भ को व्यापक और गहरा कैनवास दे जाता है जिससे वह कथन या दृश्य बहुआयामी, बहुस्तरीय अर्थ, भाव या विचार देने लगता है।

'मेरे विदेशी मित्र ने, अपने बचपन में/ भारत की होली के सुन्दर/ सलोने चित्र उकेरे थे। अपने विदेशी मन में/ घड़ी के काँटें हज ार बार अपनी परिधि लाँघ चुके थे/ मेरे उस विदेशी मित्र के साथ खूब जमकर होली खेली गयी थी। तभी तो उसकी आकृति से मोम की तरह/ पिघलकर टपक रहा था/ लाल लहू का रंग' (पृष्ठ 29-31) रजनी पाथरे की कविताएँ इस तरह कई सन्दर्भों, तनावों की प्रतीक बन सामने आती हैं।

'आज वह अपनी बेटी के बीस साल पहले बुने/ स्कूली स्वेटर को उधेड़कर/ उसका बचपन फिर से फन्दों में बुनने लगी थी...' (पृष्ठ-43) इस संग्रह का कविताओं में समय की उधेड़बुन, जीवनानुभवों की उधेड़बुन है, हादसों की उधेड़बुन है, अतीत की सुन्दर स्मृतियों पर ज मी वहशी वर्तमान की उधेड़बुन है। स्कूली स्वेटर और बीस साल का अन्तराल-समय की तेज रफ तार में कैद अतीत-वर्तमान-भविष्य स्वेटर जैसे कई प्रतीकों के माध्यम से इन कविताओं में दृश्य बना है।

इन कविताओं में बादाम के शिगूफे हैं, शाही चश्मा है, बर्फ की गोदी है, चिनार हैं, निशात और शालिमार हैं, नीलम से झिलमिल पर्वतों की ऊँचाइयाँ हैं, चिनार के दहकते पत्ते हैं, केसर के गहरे आसमानी फूल हैं, करगिल के तवे हैं, बर्फीली वायु है, रेशमी सिहरन है, बर्फीली आँधी है, अनुभूतियों की टिकटिकाती सूइयाँ हैं, अख़रोट की स्वादिष्ट गिरी है, सुरमई शाम है, सुनहली सुबह है, मुट्ठी में भरी रेत-सा सरकता वक त है, रेमशी उँगलियाँ हैं, गुलमोहर की फुनगी पर बैठा बुलबुल है, फागुन है, चाँदी की पायल है, गुलेलाला और नर्गिस है, गुलशन है, पर्वतों पर आकर इतराती शीतऋतु है, हिमानी हवाओं की मखमली चादर है, बर्फीली उँगलियाँ हैं, हिमाच्छादित मैदान हैं, पीली साड़ी पहनें खेत हैं। कहने का तात्पर्य यह कि रजनी पाथरे की कविताएँ

कश्मीर की सुहानी यादें, स्वप्निल प्रकृति, विलोभनीय जीवन की सुन्दर दास्ताँ हैं जो उन्होंने मन की मखमली सन्दूक में कीमती हीरेमोती-सी सुरक्षित रखी है और वह उनकी सोच, जीने का सम्बल है, अवसाद के क्षणों में सन्दूक खोलकर उनकी आभा में वर्तमान को सहनीय बनाने का प्रयास है। हाँ, लेकिन मात्र इतना ही इन कविताओं का सच नहीं है। ये कविताएँ सिर्फ कश्मीर की याद नहीं हैं। रजनीजी ने कश्मीर लाँघकर भारत के दूसरे कोने में जैसे अपने जीवन को बसा लिया है वैसे मन-अनुभूति-शब्द-अभिव्यक्ति को भी भारत मिट्टी को सौंप दिया है, इसलिए इनकी कविता में भारत की मिट्टी बोलती है, समूचे भारत का वर्तमान झलकता है, भारत का परिवेश और समाज अपने सुख-दुःख, अपनी अच्छाइयों-बुराइयों के साथ वाणी पता है। मुझे लगता है इससे बड़ा कवि या व्यक्ति का उदात्तीकरण और दूसरे रूप में नहीं हो सकता। वैसे आम तौर पर देखा यह जाता है कि मजबूरियों या अवसरवादिता के कारण लोग या रचनाकार अपना गाँव, परिवेश, घर छोड़कर कहीं और बस तो जाते हैं, जीवन यापन करने लगते हैं लेकिन वहाँ की परिस्थितियों, परिवेश, आभाव, दोस्तों के साथ एकरूप नहीं होते। अपने-अपने गुट, प्रादेशिकता, जाति, भाषा के आधार पर कटे-कटे से रहते हैं। रजनी पाथरे की कविताएँ इस अर्थ में मुझे सामाजिक दृष्टिकोण, उत्तरदायित्व बोध से युक्त लगती हैं कि उन्होंने एक मनुष्य के नाते अनुभव ग्रहण किये हैं, संवेदना रखी है न कि एक कश्मीरी के नाते। यदि ऐसा न होता तो उनकी कविताओं की एक बहुत बड़ी सीमा बन जाती लेकिन मैंने उन्हें जिस रूप में पुणे महाराष्ट्र के परिवेश परिस्थितियों का हिस्सा बनकर, अन्तरंग बनकर जीते हुए देखा है वैसे ही उनकी कविताओं में भी एक भारतीय संवदेनशील व्यक्ति के नाते ग्रहण की गयी अनुभूतियों की अभिव्यक्ति को देखा है। बचपन और अधिकांश काल कश्मीर में बीत जाने के कारण कश्मीर कविताओं में आना स्वाभाविक है, लेकिन सिफ ि इतना ही होता तो कवि-रचनाकार के नाते यह बहुत बड़ी सीमा हो जाती। रचनाकार के नाते रजनी पाथरे ने इन तमाम सीमाओं को लाँघा है इसलिए ये कविताएँ मुझे समसामयिक सोच की समाज केन्द्रित अनुभूति के सुधड़ शब्द-शिल्प प्रतीत होते हैं। उन्हीं के शब्दों में कहाँ जाए तो 'जी हाँ/ जी हाँ, मैं शब्द चुराती हूँ/ आप से/ दो चार/ उनसे दस/ और फिर बस/ खयालों के अरबिस्तान में/ रेत के टीले ओट बैठे/...नये आकार नये प्रकार/ व नये बेल बूटों से सजाती हूँ'... (पृष्ठ-17)। कविता की रचनाधर्मिता की पहली शर्त मानस का समाजीकृत होना है। इससे शिल्प-कला में जैसे निखार आता है वैसे इस समाजीकृत सामाजिक दृष्टि का होना भी निहायत ज रूरी है वरना कविता के लिए कथ्य कहाँ से उपलब्ध होगा? 'संघर्षरत विश्व को/ आतंक एवं प्रेम की रस्साकशी के मध्य/ अधर में लटकते देख/ मैं हाँफते-हाँफते किसी अदृश्य लोक में/ अपने चरणों को धरने हेतु तल ढूँढ़ने लगी/

अब मेरा इस सत्य से साक्षात्कार हो चुका था/ कि रस्साकशी ही जीवन है। और अब मैंने इस रस्साकशी में/ इस ओर प्रेम की डोर थामी है/ इसलिए कि प्रेम एक शाश्वत सत्य है' (पृष्ठ 119-120) रजनी पाथरे की कविताएँ दाहक पीड़ानुभूति की समाज केन्द्रित कविताएँ हैं लेकिन इन कविताओं का मुख्य स्वर प्रेम के आधार पर पीड़ानुभूतियों से उबरने का मार्ग दिखाना प्रतीत होता है।

समय के आगे बढ़ते सोच की कविताएँ

जोगेन्द्र सिंह स्वयं कवि हैं। 'मुट्ठियों में बन्द आकाश', 'कवियों में', 'हथेलियों पर अस्तित्व' कविता संग्रह में संकलित कविताएँ कवि की सकारात्मक दृष्टिकोण और समय को लाँघते हुए छलाँग लगाते सोच की कविताएँ हैं। 'शब्द भारती' में जोगेन्द्र सिंहजी ने भारतीय भाषाओं के कवियों की हिन्दी कविताओं का सम्पादन किया है। अपर्णा भट्टाचार्य (बंग्ला), उर्मिल सत्यभूषण (पंजाबी), अशोक जैरथ (डोगरी), पद्मजा घोरपड़े (मराठी), पी.ए. उषा (मलयालम्), के. जी. बालकृष्ण पिल्लै (मलयालम्), मैना थापा 'आशा' (नेपाली), पृथ्वीनाथ मधुप (कश्मीरी), एम.एस. बल्लांडीकर 'शिव' (कन्नड़), मीनकेतन दास (उड़िया), रमा देवी पी.आर. (मलयालम्), आर. प्रभाकरन (तमिल), श्री देवी (तेलगु), सुशील कुमार (बंग्ला), सीमा वी. (मलयालम्), सुधा आर. प्रभु (मलयालम्) कवि इस पुस्तक में सम्मिलित हैं। इतिहास लेखन कार्य में 'शब्द भारती' जैसी सम्पादित कृतियाँ बहुत महत्त्वपूर्ण योगदान देती हैं। विभिन्न भाषा-भाषी, प्रादेशिकता से आये कवि हिन्दी जैसी भाषा को माध्यम बनाकर अपनी अनुभूतियों, अनुभवों को जब काव्य-भाषा में बद्ध करते हैं तो उनकी सोच, दृष्टिकोण, चिन्तन में समानता और विभिन्नता की आसानी से तुलना की जा सकती है और पाठकों के लिए समूचे भारत का व्यक्तित्व विविध परिवेशों के साथ होते हुए भी एक ही मंच पर काव्य-संवेदन के माध्यम से साकार होता है। जिस तरह राष्ट्रीय परिप्रेक्ष्य में हिन्दी समूची भारतीय भाषाओं के बीच सम्पर्क भाषा (लिंक लैंग्वेज) का कार्य करती आयी है वैसे ही 'शब्द भारती' जैसे मंच भारतीय कवियों और पाठकों के लिए सम्पर्क कविता मंच (लिंक पोएट्री प्लेटफार्म) का कार्य कर सकता है।

हिन्दी के वरिष्ठ कवि ललित शुक्लजी की प्रस्तावना इस सन्दर्भ में अत्यधिक महत्त्वपूर्ण है। ललित शुक्लजी अपने मन्तव्य में लिखते हैं 'संकलन की सारी कविताओं में आदमी के दर्द को किसी न किसी रूप में रूपान्वित किया गया है। कई तरह की विविधताओं के बावजूद कवि-चिन्तन और अनुभव-अनुभूतियों में एक सूत्रता पर प्रकाश डालता है। ललित शुक्लजी ने संग्रह में सम्मिलित हर कवि की विशेषताओं पर जो टिप्पणी की है, महत्त्वपूर्ण है। सुधा आर. प्रभु, सीमा वी, एस.एस. बल्लांडीकर की रचनाओं में 'जहाँ भावों की लहरें, विचारों की चिनगारियाँ हैं, वहाँ व्यक्तिगत प्रेम और दैनन्दिन जीवन के संघर्ष भी हैं।' मैना थापा की कविता में 'आज के विसंगतियों से

युक्त वातावरण में सीधे-सच्चे मार्ग की खोज है।' सुशील कुमारजी का 'अनुभव क्षेत्र व्यापक है इस बात से इनकी कविता आधार सुदृढ़ है। यहाँ भाषायी चमत्कार नहीं है बल्कि एक साफ सुथरेपन से कविता अभिमंडित हुई है।' उर्मिल सत्यभूषण की बिल्कुल अलग हटकर शैली है। पी.ए. उषा की 'रचनाओं में विचार है और बोलचाल में समीपी भाषा है।' मीनकेतन दास की रचना में 'छन्द की जो लहरें कवि मानस में उठती हैं वह अपनी रुचि और इच्छानुसार उनको रचता है।' रमा देवी पी.आर. अपने समय को अपनी कविता में बोलने देती है। यह छूट कविता के लिए टॉनिक है।' आर. प्रभाकरन 'पर्यावरण, जनसंख्या जैसे ज्वलन्त और सामयिक विषयों के माध्यम से बात कहते हैं। वे एक सुनहरे भविष्य के स्वप्न द्रष्टा हैं।' जी.बालकृष्ण पिल्लै 'सीधी-सादी जुबान में बड़ी बात कह जाते हैं। वे विचारों के व्यूह बनाकर रचना नहीं करते बल्कि गुंजलक को बड़े सहज भाव से तोड़ते दिखते हैं। कवि की सोच प्रान्तीय और देशीय न होकर वैश्विक है। यही उनकी रचनाओं को व्यापक रूप प्रदान करती है।' पृथ्वीनाथ मधुप 'सधी हुई लेखनी के रचनाकार हैं।' अपर्णा भट्टाचार्य की रचनाओं में 'एक ऊर्जस्विता पायी जाती है। उनके शब्द प्रयोगों में एक अपूर्व ताज गी मिलती है।' अशोक जैरथ की 'जि न्दगी से जुड़ी कविताओं में अपने समय, ज मीन, परिवेश की छाया है। अभिव्यक्ति के नये मुहावरों की खोज में वे परिश्रम करते है।' पद्मज ा घोरपड़े की 'मातृभाषा मराठी है। हिन्दी प्रयोगों पर उनका अधिकार है। वे अपने समय से जुड़ी कविताएँ लिखती हैं। कोरी सपाट बयानी से वे बची हैं। शब्दों की प्रकृति पहचानना पद्मजा को खूब आता है। यह प्रवृत्ति नयी ताकत कलम में भरती है। अपनी ज मीन पहचानना और उसे अभिव्यक्ति देना कोई स्वतन्त्र चेता कवि ही कर सकता है। पद्मजा में यह क्षमता है और सूझ-बूझ भी है।'

इस संकलन में संगृहीत कवियों की कविता की ये कुछ पंक्तियाँ देखिए जिनमें उपर्युक्त कथन स्पष्ट होगा **अपर्णा भट्टाचार्य** 'आना है तो, आसमान की तरह आओ/ मुझ में रक्त की नहीं/ हवा की कमी।' **अशोक जैरथ** 'सिसकते देवदार परछाई भूल गये हैं/ सिमट आये हैं उनके अक्स.../ थरथराते चीड़ खिड़की से झाँकते/ आवाज लगाते हैं...।' **उर्मिल सत्यभूषण** 'आदमी ही आदमी को दे रहा है संशय के घाव/ आँसुओं से आदमी के घाव धोना चाहती हूँ। **के.जी. बालकृष्ण पिल्लै** 'केरल के अति सुन्दर समुद्र तट/ कोवलम पर/ मानवेतर प्रकृति की सुषमा से आकृष्ट/ वे विदेशी पर्यटक हैं/ जो/ अधिकतम सूर्याताप के मोह में/ न्यूनतम परिधान पहने रहते हैं/ और देशी पर्यटक/ उनकी रूप माधुर्य का/ नेत्रपान करते हैं।' **पद्मजा घोरपड़े** 'आँधियाँ/ जब/ चलती हैं/ तब/ पेड़ों की जड़ों तक/ पहुँचती हैं/ और/ पेड़ ज मीन हो जाते हैं/' **पी.ए. उषा** 'बाढ़ की बात कहें तो/ बड़ी दर्द भरी कहानी है'/ **पृथ्वीनाथ मधुप** 'बहुत, उदास है/ चिनार की घनी छाया/ पत्ते/ षड्यन्त्र रच रहे/ जड़ों को उखाड़ने का...' **एस.एम. बल्लांडीकर 'शिव'** 'न मैंने विदेश यात्रा की है/ न करने की चाह है/ भारत भ्रमण/ चाह है मेरी...'। **मीन केतन दास** 'कल जहाँ पर कृषकों के/ हल चलते थे/ आज वहाँ 'डंकल'

का/ उलझाव आ गया।' **मैना थापा 'आशा'** 'मैं तो तुम्हारी इस खामोशी में/ विघटनकारी किसी तूफान व ज्वालामुखी के/ संहार का संकेत देखता हूँ।' **रमा देवी पी.आर.** अधूरी रह गयी मेरी कविता/ समेटा मैंने जि न्दगी के/ आँचल से।' **आर.प्रभाकरन** 'कुल्हाड़ी छोड़ो/ बेलचा लो/ एक हरित क्रान्ति लाओ'। **श्रीदेवी** 'जि न्दगी के कोरे कागज पर/ यौवन के रंगों को लेकर/ काल की इस कलम से/ बन गयी सौन्दर्य मूर्ति.../ बोलती-सी वह/ खामोश-सी हो गयी'...। **सुशील कुमार** 'मन में उलझे हुए धागे की तरह/ चिन्ताओं का जाल।' **सीमा वी** 'कहते हैं नारी का उत्थान हो गया/...सचमुच क्या यह उत्थान है।' **सुधा आर. प्रभु** 'एक थी लहर/ बुलाती बार-बार.../ सारा जीवन नाचती फिरती...लहरों की कहानी/ कितनी ही पुरानी...'। इन सभी कवियों की कविताओं में जीवनानुभव; भाषा, प्रदेश, रस्मरिवाज की तमाम दूरियों को लाँघते हुए मानवीय सोच के समसामयिक सरोकार बन अभिव्यक्ति हुए हैं। जोगेन्द्र सिंहजी का एक पुस्तक में इन्हें बद्ध करना तुलनात्मक अध्ययन करने वालों के लिए अद्‌भुत योगदान है।

संवेदनशील यथार्थ की कविताएँ

डॉ. एन. सिंह की सम्पादित पुस्तक 'दर्द के दस्तावेज ' में दस कवियों की कविताएँ संकलित हैं डॉ. प्रेमशंकर, डॉ. सुखवीर सिंह, डॉ. चन्द्रकुमार बरठे, मोहनदास नैमिशराय, डॉ. राम शिरोमणि 'होरिल', डॉ. दयानन्द बटोही, डॉ. एन. सिंह, डॉ. भूप सिंह, रघुनाथ 'प्यासा'। 'दर्द के दस्तावेज ' का मराठी अनुवाद 'वेदनाँची हस्तलिखिते' अनुवादक डॉ. पद्मजा घोरपड़े प्रभात प्रकाशन मुम्बई से, 2005 में प्रकाशित हुआ है। इन कवियों के साथ संग्रह में धूमिल की 'मोचीराम', नागार्जुन की 'हरिजन गाथा' भी शामिल हैं। 'हिन्दी काव्य में दलित चेतना' शीर्षकान्तर्गत डॉ. एन. सिंहजी ने दलित चेतना के इतिहास पर, सामाजिक, राजनीतिक स्तर पर किये गये न्याय प्रयासों पर, साहित्यकारों के संघर्ष पर विस्तृत प्रकाश डाला है। मराठी अनुवाद की प्रस्तावना में डॉ. चन्द्रकान्त बांदिवडेकरजी ने हिन्दी मराठी के दलित कवियों की कविता पर तुलनात्मक प्रकाश डाला है। डॉ. प्रेमशंकर की 'पिपरा जनसंहार' पाँच कविताएँ, वे सभ्य हैं, अछूत, आखिर कब, परन्तु अब, उँगली मत रखो...कविताएँ प्रहार करती भाषा में लिखी गयी वैचारिक कविताएँ हैं। यथार्थ स्थितियाँ, शोषण की त्रासदियाँ, जाति भेद के भयावह अन्धकार को चित्रित करती आधुनिक भाषा बोध की कविताएँ हैं।

डॉ. सुखवीर के 'बयान बाहर', 'अनन्तर', 'सूर्यांश' कविता संग्रह प्रकाशित हुए हैं। 'दर्द के दस्तावेज ' में 'बयान बाहर' दीर्घ विता ध्वनि, दृश्य, स्पर्श, गन्ध संवेदनाओं के बिम्ब प्रस्तुत करती हुई भाव-विचारों की मर्मस्पर्शी कविता है। बचपन की स्मृतियाँ, गाँव से सम्बन्धित कवि का जीवन, त्रासद अहसासों का सिलसिला, सोच के स्तर पर बड़ा बनता बचपन और गाँव की प्रकृति के परिवर्तित अर्थ आदि के चित्र इतनी प्रभावी भाषा में अंकित किये गये हैं कि पाठक को वह गाँव और वे सुखद-त्रासद-अनुभूतियाँ अपने जीवन का हिस्सा लगने लगती हैं। इस कविता में उस 'गाँव' को जो व्यक्तित्व प्रदान किया गया है वह पाठकों की स्मृति से कभी ओझल नहीं हो सकता।

डॉ. चन्द्रकुमार बरठे का 'अधूरी चिट्ठी रोशनी की' कविता संग्रह है। 'दर्द के दस्तावेज ' में भूख, रोटी, यह कविता...क्रान्ति का प्रतीक, अनाम बस्तियों के देश में कविताएँ शोषण, अन्याय की स्थितियों को झेलते हुए सकारात्मक दृष्टिकोण से देखे गये जीवन की कविताएँ हैं।

ओम प्रकाश वाल्मीकि का कविता संग्रह 'सदियों का सन्ताप' और 'दर्द के

दस्तावेज ' में 'वे', वे भूखे हैं, जाति, भूख, उपोत्पाद, शब्द, बोध, हिसाब ढिबरी जल रही है, विष वृक्ष, दंश, मुक्त होने के लिए, कई कविताएँ प्रतीक और बिम्बों बद्ध रोजमर्रा के जीवन के अभावों की छटपटाहटों की और इनमें मुक्त होने के उड़ान की कविताएँ हैं।

मोहनदास नैमिशराय का कविता संग्रह है 'सफदर का बयान'। 'दर्द के दस्तावेज ' मे षड्यन्त्र, एक कहानी, क्रान्ति का हथौड़ा, मेरा शहर, एक शव का बयान, काश तुम उन्हें पहचानों, फासला, फ र्क तय करना है, राजनीतिक षड्यन्त्र, शहर में बिखरी बचपन की यादें, आदिवासियों के जीवन के बयान हैं जो सुधी पाठक को सन्त्रस्त कर सोचने पर बाध्य करते हैं।

डॉ. राम शिरोमणि 'होरिल' के करील के काँटे, जीवन राग, काजल और कनेर, ढाका पतन, संग्रह गीत, मुक्तक खंडकाव्य हैं। दर्द के दस्तावेज में यादों की परछाईयाँ, सड़क टूटती है, पाँव धरता भिनुसार, बन गया है देश, बदल गये, करूँ, वर्षा गीत, गीत सन्त्रस्त परिस्थितियों में उभरते भाव, इच्छा, विचारों के तूफ ान हैं और कोमल संवेदनाओं के बल पर इन पर मात करने की आकांक्षाओं के चित्र हैं।

डॉ. दयानन्द 'बटोही' का नवगीत संग्रह 'यातना की आँखें' और 'दर्द के दस्तावेज ' में चिड़िया, दंगाई, वृक्ष, द्रोणाचार्य सुनें : उनकी परम्पराएँ सुनें, अँधेरे के विरुद्ध, सुरंग पर सुरंग, पसीना में तैरता खून, इतिहास बोध, एक पत्र तुम्हारे नाम, शब्द, विचार, ठेकेदारों के शोषण के कोरे चिट्ठे और अन्तर्बाह्य स्तरों पर की जानेवाली सुरंगों की यात्राओं के जानलेवा अनुभवों की और परम्पराओं के बोझ से मुक्ति पाने की दुर्दान्त चाह की कविताएँ हैं।

डॉ. एन. सिंह का कविता संग्रह 'सतह से उठते हुए' और 'दर्द के दस्तावेज ' में लकीरें रेत पर, आज ादी के नाम : एक दिन, धर्मान्तरण, आदमी-चुनाव और भाषण, चक्रव्यूह, सतह से उठते हुए, मेरा अस्तित्व, अभी वक त है, कबूतर और बहेलिया, पहचान लो-कविताएँ सामाजिक, राजनीतिक, भावात्मक, वैचारिक शोषण के खिलाफ बुलन्द आवाज की कविता है। 'कविता/ इस लड़ने पर उतारू/ बेजुबान आदमी की आवाज है/ शाश्वत है। सत्य है'...की सचाई इनकी कविता के प्राण हैं।

डॉ. भूप सिंह की बच्चे, अनुभव, जनतन्त्र, डर, जंगल ताज ा बिम्बों में व्यक्त पीड़ा की गहराई की कविताएँ हैं।

रघुनाथ 'प्यासा' की कच्चे नीम की निबोली, इत मत आइए रे मनिहार, ऐसी रूखी भई राजधानी, म्हारे अँगना पक गये आम, ना वे दिन हैं ना वे बात कविताएँ आंचलिकता की गन्ध सँजोये हुए खुरदरे यथार्थों से लड़ने की जुझारू वृत्ति की कविताएँ हैं।

'दर्द के दस्तावेज ' के कारण हिन्दी कविता के युगों में सशक्त दलित कविता का एक नया अध्याय जुड़ गया है जिसके कारण हिन्दी कविता बहु आयामी जीवन का प्रतिनिधिक रूप बनकर पाठकों के सामने समग्र रूप में आने लगी।

संवेदनशीलता के अनोखे हिन्दी दस्तावेज

'व्यथा वितस्ता की' कश्मीर भाषी हिन्दी कवियों की चुनिन्दा कविताओं का स्पर्श-रूप-ध्वनि-रस-गन्ध की संवेदनाओं को जागृत कर आत्मविभोरता के साथ-साथ अन्तर्मुख होकर आत्म से संवाद के लिए प्रेरित करनेवाला अनोखा संकलन है। अनोखा इस अर्थ में कि इस संकलन में लगभग इकसठ वरिष्ठ और नवोदित कवियों की लगभग डेढ़ सौ कविताएँ संगृहीत हैं। मात्र संख्या इसके अनोखे होने का कारण नहीं है। इसका अनोखापन अर्थात् इन कविताओं में चित्रित 'कश्मीर' और 'विस्थापित कश्मीर' का बयान है जो इन कवियों की मन-संवेदना-विचाररूपी कलम से झरकर पाठकों की न्यायबुद्धि एवं सहृदयता को झकझोर देता है, चुनौती देता है। यह सामर्थ्य मात्र इन कवियों के शब्दों की नहीं है तो इन शब्दों के जनक कवि मानस ने सौन्दर्य के साथ जो हाहाकार; कोमलता, मुग्धता के साथ जो वहशीपन, शान्त, रमणीयता के साथ जो सन्त्रास, असुरक्षा, अस्थिरता भोगी है और इसके बावजूद कवि मानस ने हिमालय-सा अडिग रहना सीखा है, केशर-सा महकना सीखा है। यह इस 'सीखने' की सामर्थ्य है जो कविता के शब्द बन वितस्ता की तरह ही पुनःप्रवाहमान हुई है कभी उसके किनारे तो कभी भारत के किसी दूरदराज में तो कभी विदेश की भूमि पर। हम जैसे सैलानियों के लिए या दूर से कश्मीर की वादियों के किस्से सुननेवालों के लिए या फिल्में, दूरदर्शन पर कश्मीर देखनेवालों के लिए झेलम, केसर, बर्फीली चोटियाँ, डल झील, पश्मीना, समोवार, चिनार आदि या तो शब्द हैं या वस्तुएँ। लेकिन कश्मीरी संवेदना-सौन्दर्यायुक्त भूमि में पले-बढ़े इन कवियों के लिए ये महज शब्द या वस्तुएँ नहीं हैं बल्कि समूची साँसें हैं, जीवन-स्पन्दन हैं और इसलिए जब आतंकवाद जैसी त्रासदी के कारण इन्हें अपनी भूमि अर्थात् इन साँसों-स्पन्दनों से मजबूरन विलग होना पड़ा, कहीं और स्थापित होना पड़ा। यह समूची भूमि, शिखर, आसमान तक शब्द रूप धारणकर झर-झर बहता रहा अपना अस्तित्व तलाशता रहा, जीवित रहने की कश्मकश में अतीत बनी स्मृतियाँ ताज ा आबोहवा देने लगीं। अतः कविताएँ पढ़ते समय लगता है कश्मीर की यादें, अनुभूतिविश्व इन कवियों की उसी स्पन्दन, उल्लास से जीने की शर्त बन गया है। यह संकलन पाठकों को अन्तर्मुख कर झेलम, केसर, बर्फीली चोटियाँ, डल, पश्मीना, चिनार के अर्थों और अनुभूतियों तक ले जाता है तब प्रतीत होता है कि प्रो. चमनलाल सप्रूजी ने कश्मीर को मात्र 'जाननेवाले' पाठकों को कश्मीर 'समझा दिया है।' पाठकों को कश्मीरवासियों के साथ सही अर्थ में 'सह अनुभूति-संवेदना' के

सहारे जोड़ दिया है। इस अर्थ में भी 'व्यथा वितस्ता की' दस्तावेज है। इस संग्रह के दस्तावेज होने की बात स्वयं चमनलाल सप्रूजी ने अपनी कविता 'विलुप्त वितस्ता' में की है 'और आज सरस्वती को ढूँढ़ रहे हैं भू वैज्ञानिक/ कर रहे हैं शोध/ उसके उद्‌गम और प्रवाह मार्ग पर/ लेकिन उन्हें क्या मालूम/ सरस्वती नदी की घाटियों से जुड़े/ सारस्वत प्रदेश के वासी/ और उनकी प्राणदायिनी/ वितस्ता हो गयी विलुप्त सन् 1990 में/ सन् इसलिए लिख रहा हूँ/ ताकि भावी शोधार्थियों को/ मुश्किल न आये/ खोजने में/ वितस्ता के उद्‌गम को/ एवं उस मार्ग को/ और साथ में जुड़े हुए/ उसके किनारों के चिनारों को 'खँडहरों और कंकालों को' (पृष्ठ-21)। इस संग्रह में वरिष्ठ कवियों के साथ नवोदित कवियों की रचनाएँ भी हैं। आश्चर्य यह है कि यदि कहा न जाए कि यह नवोदित कवि हैं तो पता भी नहीं चलेगा। इतनी मँजी हुई परिपक्व विचारों से कविता के रूप में चेतना उतर आयी है। यह इसी बात का प्रमाण है कि अनुभव एवं अनुभूति यदि प्रामाणिक है तो अभिव्यक्ति 'नवोदित' होने के सारे खतरों को लाँघकर 'मैच्युरिटी' के मंच से ही बोलने लगती है। इन पंक्तियों को गौर से देखें 'हर तरफ बारूद की गन्ध थी/ वितस्ता रक्त से भरी बह रही थी/ केसर की क्यारियों में बन्दूक उगे थे/ देवदार के वृक्षों पर काली बर्फ थी/' (सुशील के. भट्ट पृष्ठ-209) और 'कब हमने यह सोचा था/ कि इक दिन हम बंजारे होंगे/ कुछ इधर उधर भटकेंगे कुछ असमय राम को प्यारे होंगे...'/ (मीनाक्षी कौल डेम्बी पृष्ठ-196), बिम्बों के सहारे बात करनेवाले सुशील भट्ट जैसे नवोदित कवि और बेबाक यथार्थ को सामने रखनेवाली मीनाक्षी कौल जैसी नवोदित कवयित्रियाँ इस संकलन में नयी पीढ़ी की परिपक्व सोच और अभिव्यक्ति साहस का परिचय दे जाती हैं। संग्रह में महाराज कृष्ण सन्तोषी युवा कवि की कई कविताएँ हैं युवा सोच देखिए कितनी व्यापक है 'नवीन मेरा मित्र था/ मारा गया हब्बाक दल पर/ दर्जी के हैंगर में/ टँगा रह गया/ उसका गर्म कोट/ कैंची और सुई धागे से गुज रते हुए/ दज ी के हाथों में वह था कल तक/ सिफ एक आदमी का कोट/ जो आज यकायक एक हिन्दू का/ कोट बना दिया गया था/' (पृष्ठ-132) कोट हमारी जीवन शैली का आधुनिक रूप। अचानक हमारी सोच जाति-धर्मों के अधड़ में किस तरह अन्धी हो जाती है इस समूची सामाजिक-मनोवैज्ञानिक प्रक्रिया को कोट जैसे आधुनिक प्रतीक के माध्यम से प्रस्तुत या उद्‌घाटित करनेवाले सन्तोषी की अभिव्यक्ति सामर्थ्य का नया अन्दाज 'दूरदर्शन पर बर्फ' (पृष्ठ-137) में दृष्टिगोचर होता है। दूरदर्शन पर आधा मिनट दिखायी गयी बर्फ को देखकर कवि की माँ पूछती है 'हमारे जैसे मकान, लिबास क्यों नहीं दिखते।' कवि बताना चाहता है, 'यह रूस है/ जहाँ गोकी की माँ रहती थी', 'पर मैं शीघ्र सँभल गया/ सोचा/ मेरी माँ/ किसी मैक्सिम को नहीं जानती/ वह बस जानती है/ हब्बा खातून को/ और उसे ही गाती है/ अपने एकान्त के लयात्मक क्षणों में/' बर्फ चाहे कहीं की हो एक जैसी होती है, गोर्की की माँ, गोर्की, कवि की माँ, कवि या हब्बा खातून देश, प्रदेश, जाति, भाषा के बन्धन के परे कैसे पहुँचते हैं इसका सुन्दर नमूना है यह कविता। युवा कवि अग्निशेखर की यह चुभन भरी याद देखिए 'तुम्हारी याद/ जैसे सर्जरी के दौरान/ भूल से रह गयी हो/ दिमाग

की नसों में/ एक महीन सुई/ तुम्हारी याद/ जैसे नींद में/ धीरे-धीरे फैल गयी हो/ कहीं से चूल्हे की गैसें/ जैसे कर्फ्यू लगी अँधेरी रात में/ कोई आदमी नींद में/ सड़क पर दौड़ रहा हो/' (पृष्ठ 112-113) आधुनिक या कहूँ उत्तराधुनिक सोच की कविता है। महाराज कृष्ण भरत इस संग्रह के और एक युवा कवि-पत्रकार हैं। 'मुझे आज फिर कत्ल किया गया/ पूरे परिवार के साथ/ और मैं देखता ही रह गया/ कुछ कर न सका/' (पृष्ठ-121) पत्रकारिता की स्पष्ट बयानी में लिखी गयी यह कविता और जब 'मूड्स' बदल जाते हैं तो किस तरह भावभीनी भाषा में कविता लिखी जाती है 'खुद ही अलविदा कह गये हम/ अपने बचे-खुचे अवशेषों को/ हम लौटने की ताक में बैठे/ कहाँ लौटेंगे हम' (पृष्ठ-123) और जब चुभन भरा यथार्थ सामने आता है तो यही भाषा कैसे व्यंग्य रूप धारण करती है 'मैं/आज ाद भारत का/ गुलाम शरणार्थी/ विवश हूँ/ रिलीफ कमिशनर की/ गुलामी के लिए...' (पृष्ठ-127) इस संग्रह की कविताओं की विशेषता यह है कि कश्मीर की मनोरम, आल्हाददायी यादों की ये कविताएँ हैं लेकिन यह 'नॉस्टाल्जिक' होना नहीं है। मात्र भूतकाल में खो जाना और वर्तमान-यथार्थ से पलायन करना नहीं है। कश्मीर को अपने दिलों-दिमाग में बसाते हुए अपने विस्थापन में भी अपने अतीत को सँजोते हुए इन कवियों ने वर्तमान स्थितियों को भी खुली आँख से देखा है कश्मीर लौटने की आस जगाकर रखते हुए भी वर्तमान के और अनदेखे, आशंकित भविष्य को स्वीकारा है। यही ताकत इनकी कविता को समसामयिकता प्रदान कर गयी है। 'मैं वापस लौट रहा हूँ/ क्योंकि मुझे मेरी जड़ों ने पुकारा है' (महाराज कृष्ण सन्तोषी-131)। यह जितना कवि-मानस का और कविता का सच है उतना ही सच यह भी है 'पलायन के बाद/ हर व्यक्ति में घुटन/ बेहद घुटन है हर रास्ता भविष्य का/ अन्धकार और धुएँ से घिरा/ एक टेन्ट में कई-कई जवानियाँ/ कहाँ कब समाप्त होगा/ प्रश्न है लम्हा विकराल/ (कृष्ण रैणा-पृष्ठ-178) ये विकराल प्रश्न शायद बने रहेंगे क्योंकि हमें कागज ी घोड़े नचाने के सिवा कुछ आता ही नहीं इस सच को पचाकर भी देखती हैं इनकी कविता जैसे 'घर में पानी था? बह गया?/ घर शिला पर था? ढह गया? घर सपने में था या सोच में? ये कौन अग्रदूत? कर रहे हैं बातें इत्मीनान से? क्या हम जि न्दा हैं? अनुसन्धान करो? पता नहीं चलता खिड़कियाँ कहाँ हैं? पता दो कहाँ हैं? अनुसंधान करो उस मार्ग का जहाँ धरती पर घर था जहाँ जड़ें थीं पता करो' (क्षमा कौल पृष्ठ-171)। अनुसन्धान, खोज, मदद, आस्थापन तो चलता रहेगा लेकिन जहाँ एक खिड़की का भी पता नहीं चल रहा, स्थितियाँ कितनी दमघोंटू होंगी इसका अन्दाज पाठक स्वयं लगा सकता है। 'मेरी जननी-जन्मभूमि पर आज न जाने/ कितने दहक रहे हैं जालियावाले बाग-बगीचे/ जिनके संग चला केसरिया/ उनके पथ पर लिए चला हूँ आज तिरंगा/ (पृष्ठ 145-146)। 'लोग कहते हैं मुझे कैंसर है/ मैंने पिया है पानी शाही चश्मे का/ जिऊँगी जब तलक आकाश न झुका जाए/ क्या कभी तुमने पहाड़ों में सड़न पायी है?' (पृष्ठ-148) 'उसने केसर के गहरे आसमानी ताज े फूल/देकर अपनी सच्ची पर फिरंगी मोहब्बत का यकीं दिलाया/ और वह पर्वत कन्या/ केसर की अमरता का विश्वास लिए/ उसकी बाहें थामें मैदानों में उतर आयी/ मैदानों के

गर्म धूल के गुब्बारों में/ सूखे पीले पत्ते की तरह कहीं खो गयी (पृष्ठ-149)' रजनी पाथरे की ये पंक्तियाँ जन्मभूमि की याद, साथ और विश्वास भीतरी-बाहरी शत्रु से लड़ने की सामर्थ्य किस कदर प्रदान करता है का सच है साथ ही इसका बयान भी है कि आतंकवाद यानी मात्र बन्दूक का शिकार होना नहीं। प्रेम भी आतंकवाद का रूप धारण कर आता है।

शान्ता कौल की कविता में किरचनें हैं, तावी के किनारे हैं, कुकुरमुत्तों की बस्तियाँ हैं, पथरायी नज रें हैं, झुकी गर्दनें हैं, शरणार्थी की व्यथाएँ हैं और इन सब पर हावी हुआ एक कोमल अहसास है 'दूर तक फैला वह सब्ज ा/ मखमली/ भूल जाएगा हमारे स्पर्श को/ क्या चिनारों के साये/ ढूँढ़ेंगे नहीं हमें?' (पृष्ठ 75-76) 'वह मिट्ट के घरौंदे जो बनाये थे/ वितस्ता के किनारे/ सँवारा था क्या उनको/ यूँ बिछड़ने के लिए (पृष्ठ-77)' शान्ता कौल की कविता में व्यक्त यह आस, आशंका, सपने और दाह प्रातिनिधिक हैं। इस संग्रह की कविताएँ चाहे जो चित्र आँके, भावभीनी भाषा में बोले, चित्रात्मक या व्यंग्यात्मक भाषा में बोले, अतीत कहे, चाहे वर्तमान कहे इसके अन्तःप्रवाह Undertone की तरह वितस्ता, चिनार, दल, बर्फ, धान, केसर, सब्ज ा, वादियाँ मौजूद हैं। मनुष्य जीवन नदी को माता मानता आया है। पानी जीवन है बफ ि के रूप में भी जीवन। इसकी ओट में, किनारे सुख-समृद्धि में खिला-बसा युगों पुराना जीवन देखते-देखते अस्त-व्यस्त होने लगे तो सन्त्रास झेलते-झेलते भी मनुष्य अपने घर, परिवार, बच्चे, माँ-बाप के साथ-साथ या उनसे कहीं ज्यादा नदी, खेत, खलिहान, पहाड़, पेड़, पौधों को याद करता है। ये प्राकृतिक उपादान उसके जीवन का सम्बल होते हैं। हम रहें या न रहें शाश्वत होते हैं। और मनुष्य इन शाश्वत तत्त्वों के साथ अपने आप को जोड़कर आश्वस्त और शाश्वत कैसे हो जाता है इसकी साक्षी ये कविताएँ इसलिए चौंकाती हैं कि अपने अवचेतन में हम प्रकृति को किस तरह लिए घूमते रहते हैं।

घर अपने अस्तित्व का, सुरक्षा का पर्याय होता है। ऐसा घर ही बिछड़ जाए तो स्थितियाँ किस तरह ख़तरनाक बन सकती हैं इसका अन्दाज हर पाठक लगा सकता है। 'व्यथा वितस्ता की' में संगृहीत कविता का एक केन्द्र बिन्दु इस घर का बिछड़ना है। इस घर के बिछड़ने की घटना ने चिन्तन और अभिव्यक्ति के कई दृश्य-अदृश्य कैनवास इन कविताओं में बिछे हैं। 'मैं घर से मिलने गयी/ चीड़ों भरे जंगल और चीखते रास्तों से/ चीड़ों के साये में दम साधे/ केसर की क्यारियों ने पलकें उघाड़ी/ मुझे देखा और उदास हो गयी/ बून्दकें तैनात थीं, बारूदी गन्ध में रची/ उनके साये में सुरक्षित/ कहीं मेरा घर था/ मैं शिनाख़्त न कर पायी/ कहाँ गया मेरा घर? अचानक मैं पत्थर बन गयी/ मैंने देखा/ मेरे घर की/ लाश टुकड़ों मे बँटकर/ पूरी वादी में छितर गयी है' (चन्द्रकन्ता पृष्ठ-78-79)। घर तो कभी न कभी बिछड़ता है या फिर हम घर से बिछड़ते हैं लेकिन घर का इस कदर बिछड़ना इन कवियों की कविता की अनुभूति का केन्द्र बना हुआ है और यही कारण है ये कविताएँ मन में घर बसा जाती हैं। इसी घर से मिलने जाने की तीव्र इच्छा से पद्मा सचदेव कहती हैं, 'ऐ चिड़ी मुई सतरंगी,

जरा पंख उधार दो तो' (पृष्ठ-49) और 'आशारानी वोरा' सच्चाई बख़ान करती हैं, 'बतन से विस्थापित होना/ एक सामूहिक दर्द है/' (पृष्ठ-91) इन कविताओं ने सामूहिक दर्द को वाणी दी है इसलिए ये कविताएँ प्रतिबद्धता, उत्तरदायित्व का निर्वाह भी करती हैं जो कला की एक शर्त है कलाकार की स्वतन्त्रता को मद्देनज र रखते हुए भी 'मैं कला की इस शर्त की पक्षधर हूँ/ क्योंकि मेरा विश्वास है यह आयाम कला को अधिक उन्नत आयाम दे देता है/ न कि बेड़ियाँ'। इस उत्तरदायित्व की बात क्षेमलता वखलू कहती है 'आश्चर्य, दस वर्षों के बाद आयी, तुम्हें आज मेरी याद/ इन वर्षों में वितस्ता का पानी, लाल हुआ रक्तपात से/ रातों रात खिसक गये तुम, छोड़ दिया मुझे हत्यारों के पास...मेरी ही प्रतिमाओं से अब नये तीर्थ बना लिए/ बेशक सीता की प्रतिमा से श्रीराम ने काम चलाया/ पर क्या कोई प्रतिमाओं से भी/ अपना मन बहला सकता है? आज नहीं, कल ही सही/ तुम्हें शीघ्र लौटकर आना है/' (पृष्ठ 86-87)। हादसों के बाद पुनर्वसन के दौरान भी कितने खतरें होते हैं। किसके संघर्ष, जूझने को देवत्व देकर भुला देने के खतरें। बखलू जैसी कवयित्री इस सच्चाई से आगाह करने से नहीं चूकी। 'जो रूप की रानी केसर क्यारी रही गमकती/ आज छद्मवेशी चालों में पड़ी सिसकती' (पृष्ठ-155 भुवनेश्वरी त्रिपाठी), यह सच है कि 'अब/नहीं होती अंकुरित होंठों पर हमारे/ केसरी मुस्कुराहटें...' (पृष्ठ-156, निदा नवाज), 'केसर के फूलों का रंग/ अब फीका पड़ चुका है' (पृष्ठ-143 सत्यपाल श्रीवत्स), कश्मीर की आत्मा जिस केसर, चिनार, वितस्ता में बसी है उनका यह बिम्बात्मक विधान एक साथ भावविभोर भी करता है और उदास भी। अनुभव सबसे पहले मनुष्य की भाषा को बदल देते हैं 'भाषा रूठी और भाव त्रस्त/ उन्मन-सी अति शब्दावलियाँ/ उग गये झाड़-झंखाड़, जहाँ/मुस्काती थीं कुसुमावलियाँ' (पृष्ठ-23, श्यामदत्त पराग), 'ए.के. सैंतालिस उगीं, नन्दनवन के बीच/ चादर ताने सो रही दिल्ली आँखें भींच' (पृष्ठ-35, आनन्द मिश्र अभय), 'पोर पोर में उतर रहे थे/ अपने गहरी जड़ें जमाते/नासूरी जंजाल बिछाते/ कर पाओगे कभी सफाया इनका?' (पृष्ठ-37, पृर्थ्वीनाथपुष्प), 'पाँवों में मेरे लिपट गयी/ और बोल उठीं गलियाँ सारी/ मरना है तो भी यहीं मरो/ जीना है तो भी यहीं जिओ' (पृष्ठ-39, गोपीनाथ कौशिक), 'कभी-कभी/ मैं एक पूरी झील रोया हूँ/ कभी-कभी पलक झपकाकर/ मैं एक पूरा इतिहास सोया हूँ। अभी-अभी में एक पूरा शब्द बहा हूँ/ बर्फ के टुकड़े-सा पिघलता हुआ/ दुःख की घाटियों में/ अभी-अभी एक पूरी कविता/ निचोड़ लिया है मैंने अपने-आपको। (पृष्ठ-46-47, शशि शेखर तोपखानी)...ये पंक्तियाँ, ये शब्द उन त्रासदियों की प्रतिध्वनियाँ हैं। प्रतीक वही, नज ारे वही, मन वही लेकिन लादा गया आतंकवाद किन-किन रूपों में तब्दीलियाँ लाया। इनकी ये ख़ामोश कर देनेवाली निशानियाँ, मन से जुड़े शब्द और भाषा जो कि मनुष्य के मनुष्य होने का प्रमाण है को किस तरह परिवर्तित कर देती है, पाठकों को न केवल कश्मीरवासियों के प्रति बल्कि पूरी भारतीय राजनीति, मानसिकता के प्रति सोचने को बाध्य करती है। 'सभी डूब गये/ केवल मैं एक बह गया/ वितस्ता मे बहाये प्रदीप की तरह' (पृष्ठ-48, मोहन निराश), 'कदम-कदम

अँधियारा है, कहीं न आशा-जोत/जीए कब तक कहो, विस्थापन की मौत' (पृष्ठ-52, पृथ्वीनाथ मधुप) नहीं दिया समय ने भी प्रमाण पत्र/ कि रातों-रात उसके पहरे की सीमा को/ पार कर गया/ निर्वासितों में शामिल एक और प्राणी हो गया/...(पृष्ठ-61, रतनलाल शान्त), 'सब कहते हैं/ रिफ्यूजी मुझे/ विस्थापित हूँ/ शरणार्थी भी/ नहीं लगता है/ अच्छा मुझे/ इन उपमाओं में जीना/' (पृष्ठ-67, निर्मल कुसुम काचरू), 'अपने कैंप के करीब/ हर सुबह/ फिरन में लिपटी/ एक वृद्धा की आँखें/ नापा करती हैं/ और धीरे-धीरे लौटने लगती हैं कैम्प की ओर' (पृष्ठ-80 से 82, सुतीक्ष्ण कुमार 'आनन्दम्'), 'तुम नहीं/ रोज वही आता है और पटककर चला जाता है। मेरे दरवाज े पर/ मेरा विस्फोटक वर्तमान' (पृष्ठ-89, हरिकृष्ण कौल), 'पतझड़ ही पतझड़ है अब तो, निर्वासित मानो बाहर है' (पृष्ठ-92, वीरेन्द्र शर्मा), 'मुहब्बत की कब्र गिनोगे कहाँ तक?' (पृष्ठ-94, शम्भुनाथ भट्ट 'हलीम'), 'ख़िसकती रही पैरोंतले/ गजभर भूमि मेरी/ मैं तकता रहा आकाश/ कि दो में से एक तो हो मेरा' (पृष्ठ-100, अर्जुन देव मजबूर), 'मेरे मकान को ऊपर से नीचे तक/ चूहों ने कुरेद डाला है/ छत जैसे लटकने लगी है/ जाने कब सिर पर आ गिरेगी यह लटकती छत/ जि न्दगी के दिन गुज ार तो रहे हैं/ पर/ नज रें मरघट पर लगी हुई हैं'/ (पृष्ठ-102, मोतीलाल 'साकी'), 'भगाना था उन्हें हमें/ भागे/ मिटाना था उन्हें हमें/ मिटे/ सिन्दूरी तिलक की/ शून्य हुई गरिमा' (पृष्ठ-111, चमनलाल चमन) ये चित्र विस्थापन के मात्र इन कवियों के, कश्मीर के नागरिकों के जीवन की सच्चाइयाँ नहीं हैं। ये चित्र आज के हर भारतीय नागरिक की त्रासदी है। इतना ही नहीं दुनिया के हर कोने में बसनेवाले मनुष्य की त्रासदी है। इसलिए इन कविताओं का मूल्य अधिक बढ़ता है।' यह मात्र व्यक्तिगत, प्रदेशगत त्रासदी का कहानी कथन होता तो इसे एक सीमित अर्थ प्राप्त होता। लेकिन इन कवियों ने अपने विस्थापन की वेदना कहते-कहते दुनिया में कैक्टस की तरह फैले आतंकवाद के दुष्परिणामों और उसमें झुलसती मानसिक, मानवीय संवेदनाओं से अपनी वेदना-संवेदनाओं को जोड़ा है और ऐसा मात्र भारतीय मानस ही कर सकता है। 'वसुधैव कुटुम्बकम्' माननेवाली भारतीय संस्कृति के संस्कारों में पला-बढ़ा मन ही अपनी वेदना को विश्व वेदना तक जोड़ सकता है जो 'व्यथा वितस्ता' की कविताओं के रचनाकारों ने किया है। व्यापारी मनोवृत्ति के ठेकेदारों ने आज 'ग्लोबल विलेज' के नारे लगाते-लगाते अपने स्वार्थ के हेतु विश्व के कोने-कोने में आतंकवाद का हाइब्रिड बोया है और अपनी शुगर-कोटेड चालबाजी में अपनी-अपनी रोटियाँ सेंकने में लगे हैं और ठीक इन्हीं के बीच आतंकवाद को झेलते-सहते, मिटाने के सपने देखते, सुन्दर अतीत और भयमुक्त भविष्य को देखते-देखते भारतीय मानस सही अर्थ मे समूची वसुधा को अपना कुटुम्ब कैसे मान सकता है इसका प्रमाण 'व्यथा विस्तता की' में संकलित कवियों ने सहजता से दिया है इतनी सहजता से कि जैसे कोई साँस लेता हो और इसलिए 'एक थी ननसी' (फूलचन्द्रा), 'लेफ्टिनेंट अमित कौल के नाम' (शिबन के तिक), और 'अर्चना कौल वहीं हैं' (आदर्श) कविताओं के ये जीवित पात्र मात्र कश्मीर के नहीं रहते बल्कि

समूची मानव जाति के आदर्श हो जाते हैं। यही कारण है 'व्यथा वितस्ता की' किसी एक नदी की देखी हुई त्रासदी नहीं है। जहाँ-जहाँ स्वार्थी, पाशवी, प्रवृत्तियाँ हैं, होंगी, वहाँ-वहाँ वितस्ता को यही सहना होगा और वह सहते-सहते वह ऐसे आशावादी, सर्जक, संवेदनशील रचयिताओं को जन्म देती रहेगी जो यह कहते नहीं थकेंगे कि 'अर्चना कौल वहीं है/ क्योंकि उसकी माँ वहीं हैं/ अपनी जि द के साथ/ अपनी वितस्ता के पास' (पृष्ठ-215, आदर्श) यही जि द भारतीयता का दूसरा नाम है जो 'व्यथा वितस्ता की' की समूची कविताओं का अन्तःप्रवाह है। प्राण है। अतः इन प्राणों को एक साथ रखकर देखने से 'व्यथा वितस्ता की' कविताओं का आस्वाद पाठकों के लिए एक अनोखी अनुभूति एवं अनुभव होता है। कश्मीर के सौन्दर्य और मानव निर्मित आतंक झेलनेवाले प्रदेशों के कवि किस तरह सोचते एवं अभिव्यक्त होते हैं इनके दर्शन 'व्यथा वितस्ता की' कविताओं का एक अनोखा पहलू है।

कविता इतिहास के साक्षात् दर्शन

2002 नवम्बर-दिसम्बर में प्रवेशांक के द्वारा कविता जगत् में एक ऐसा मंच स्थापित किया गया जो कवि, कविता, सुधी पाठकों के लिए आनन्द और अधुनातन जानकारी प्राप्ति का ज रिया तो रहा ही लेकिन कविता का इतिहास समीक्षा लिखनेवाले के लिए सुविधा के कई सोपान सिद्ध हुए।

बसीवीं सदी के अन्तिम दशकों की और इक्कीसवीं सदी के आरम्भ के दशक की कविता को यदि इतिहासबद्ध करना हो तो सामग्री अभाव की कठिनाई से टकराना पड़ता है। इंटरनेट पर उपलब्ध अधूरी या यन्त्रवत् जानकारी, (जो गायब भी हो जाती है) प्रकाशकों की सूचियों में मिलनेवाले सिर्फ नाम और शीर्षक के आधार पर इतिहास लेखन करना कितना मुश्किल है यह हिन्दी प्रदेश से दूर बैठा कोई अध्येता ही जान सकता है। लघु पत्रिकाओं का बाज ारीकरण के दुष्ट चक्र मे बन्द होना, प्रतिष्ठित पत्रिकाओं के दलबदल और गुटबन्दियों के चक्र में उन्हीं-उन्हीं नामों के गर्म बाज ार इन सभी अवरोधों के बावजूद कोई इतिहास लेखन का प्रयास करना चाहे या आधुनातम कवियों के बारे में लिखना चाहे तब सहयोग के लिए आती है 'काव्यम्' जैसी व्यापक सोचवाली, तटस्थ दृष्टिकोणवाली एवं गुटबन्दियों से ऊपर उठी मात्र कविता को समर्पित पत्रिकाएँ।

हिन्दी की कई अन्य सुपरिचित पत्रिकाओं में साहित्य की सभी विधाओं को सम्मिलित किया जाता है अतः एक विधा के साहित्य को अधिक जगह उपलब्ध नहीं हो सकती। 'काव्यम्' में कवि का मन्तव्य, कविताएँ, कवि की रचनाओं का संक्षिप्त परिचय, प्रकाशित रचनाओं के ब्योरे, पुरस्कार आदि की जानकारी प्रस्तुत की जाती रही है। प्रतिष्ठित, वरिष्ठ कवियों के साथ, उभरते रचनाकारों, छात्र रचनाकारों को भी इसी सम्मान से प्रस्तुत किया गया है। यह सम्पादक का सुलझा दृष्टिकोण, लगन, प्रतिबद्धता का परिपाक है। 'काव्यम्' मात्र कविता के लिए समर्पित पत्रिका होने के कारण कविताओं, कवियों के अभिव्यक्ति के लिए अधिक जगह उपलब्ध हो सकी है। इन सब का कविता के इतिहास लेखन, समीक्षा में अत्यधिक सहयोग प्राप्त होता रहा।

'काव्यम्' के प्रवेशांक (2002) में डॉ. रामदरश मिश्र, डॉ. रणजीत, कुमार रवीन्द्र, निर्मल मिलिन्द, डॉ., पद्मजा घोरपड़े, अभिज्ञात, हरिहर वैष्णव तथा नवागतों में संजीव कुमार, समवर्ती साहित्य में डॉ. मनोरमा विश्वास महापात्र, विशेषी कविता के अन्तर्गत

डॉ. विलियम मार की कविताएँ, शलभ श्रीराम सिंह का मन्तव्य, 'मेरी रचना प्रक्रिया', उत्तर आधुनिक समय में कविता श्रीनिवास मिश्र, समीक्षा के अन्तर्गत 'प्रकृति की लीला मुद्रा (दोहा संग्रह, शंकर माहेश्वरी, 2002)' और 'काग ज के प्रदेश में (संजय कुन्दन, 2000)' काव्य संग्रहों की समीक्षा, इतना कविता-भण्डार सम्पा. प्रभात पाण्डेयजी ने उपलब्ध कराया और यही सिलसिला 2007 तक और आगे भी चलता रहा।

रामदरश मिश्र बेरंग बेनाम चिट्ठियाँ 1962, पक गयी है धूप 1969, कन्धे पर सूरज 1977, दिन एक नदी बन गया 1984, मेरे प्रिय गीत 1985, बाज ार को निकले हैं लोग 1986, जुलूस कहाँ जा रहा है 1989, रामदरश मिश्र की प्रतिनिधि कविताएँ 1990, आग कुछ बोलती नहीं 1992, शब्द सेतु 1994, आम के पत्ते, संग्रहों के कवि रामदरश मिश्र की 'विश्वग्राम' अत्याधुनिक, वैश्वीकरण संकल्पनाओं के खोखलेपन को उजागर करती यह कविता देखिए 'मैंने उन्हें रास्ते में भटकता देख पूछा/ कहाँ से आ रहे हैं?/ पता नहीं/ कहाँ के रहनेवाले हैं?/ पता नहीं/ कब से यात्रा पर हैं?/ पता नहीं/ कहाँ जाएँ?/ विश्वग्राम। विश्वग्राम कहाँ है भाई?/ पता नहीं'। आज भी रामदरश मिश्र मानते हैं 'मैं कविता के साथ गद्य में आया हूँ।' **डॉ. रणजीत** कविता संग्रह इतिहास का दर्द, अभिशप्त आग, खतरे के कगार तक, **कुमार रवीन्द्र** आहत है वन 1984, काव्य नाटक एक और कौन्तेय 1985, चेहरों के अन्तरीप 1987, लौटा दो पगडंडियाँ 1990, पंख बिखरे रेत पर 1992, सुनो तथागत 2002, गाथा आहत संकल्पनाओं की 1998, अंगुलिमाल 1998। कुमार रवीन्द्र मानते हैं कि 'मनुष्य होने की पहली और आखरी शर्त कविता ही है। कविता कोई वस्तु या पदार्थ नहीं है, जो निरर्थक और अनुपयोगी हो जाए।' **निर्मल मिलिन्द** कविता संग्रह-कत्ल का जश्न, आँच में साँच, कागज की खिड़कियाँ। 'अब कविता गोल-गोल चक्कर नहीं काटती/ सीध में निकल जाती है/ राइफल की गोली की तरह/ काल का अतिक्रमण करती है कविता'। निर्मल मिलिन्द मानते हैं, 'पूँजीवादी साम्राज्यवाद के ही एक रूप भूमंडलीकरण के तहत विश्वबाज ार, उदारीकरण, उपभोक्तावाद, बहुराष्ट्रीय निगमों के संजाल के शोषण के विरुद्ध रचनात्मक स्तर पर संघर्ष और मुठभेड़ करती है कविता शायद इसलिए उन लोगों की हिटलिस्ट में है जो इसे खारिज करने और इसकी मृत्यु की विद्वेषपूर्ण घोषणाएँ कर रहे हैं। आज की कविता में प्रकृति और पारिवारिक बिम्बों का महत्त्व इसलिए बढ़ रहा है कि पर्यावरण का त्रासदीय दोहन और पारिवारिक सम्बन्धों का क्रमशः विखंडन हो रहा है अतः आज कविता इनके प्रति मानवीय संवेदनाओं को पुनः अर्थ देना चाहती है।' **डॉ. पद्मजा घोरपड़े** कविता संग्रह ज ख़्मों के हाशिए 1991, पारदर्शी आँधियाँ 1999, संवादों के आकाश 2005, सपनों की राहें और समय का सच 2010। पद्मजा घोरपड़े का कहना है कि, 'संवेदनाओं में घिरा जीवन, संवेदनाओं के हर सूक्ष्म धरातल को जानने का प्रयास करते-करते संवेदनाओं की बैसाखियों के सहारे संवेदनाओं के परे जाना चाहता है। कविता इस चाहने को असीम-अनन्त आकाश देती है। आकाश का यह अतल-असीम व्याकुल करा देने वाला

आकर्षण ज मीन पर टिके पैरों को लगातार आकाश की ओर उड़ान भरने के लिए उकसाता रहा है। यह आकर्षण इतना अधिक गहराता रहा है कि पैर ही आकाश होना चाहते हैं और यह मात्र कविता के माध्यम से ही सम्भव होता है। सो कविता ।' 'ट्यूब लाइट की/ उज्जड़ आवारा सफेदी में/ लिपटी मशीनों की/ मरघटी चीख-पुकार में अतकी/ शैम्पेन ह्विस्की के/ अजगरी जबड़ों से निकली/ रंगीली फूत्कारों में फँसी/ छटपटाहट की कहानी/ बन गया है/ अब/ मेरे बचपन का/ वह पहाड़ी गाँव/ तुम कैसे देख पाओगे/ मेरे बचपन के/ उस पहाड़ी गाँव को?/ तुम्हारे पास/ मेरी आँखें भी तो नहीं है।' **अभिज्ञात** कविता संगह एक अ-दहन हमारे अन्तर, भग्न नीड़ के आर-पार, आवारा हवाओं के खिलाफ, चुपचाप, सरापता हूँ, वह हथेली, दी हुई नींद। 'जाने क्यो अच्छी लगती हैं टूटने की आवाजें/ टूटते जाना उत्सव है/ दरअसल हमारा होना टूटते जाने की एक क्रिया है...'/ अभिज्ञात मानते हैं कि 'कविता लिखने का अनुभव किसी दूसरी दुनिया के साथ अपने को जोड़ने का अनुभव है। मैं अपनी कविताओं के बदले हुए तेवर का साक्ष्य भर होता हूँ।' **हरिहर वैष्णव** एकाएक नहीं होता कुछ भी। **छविनाथ मिश्र** अँगना फूले कचनार 1962, समय दंश 1971, ऋचा गीत 1986, टुकड़ों में बँटा आकाश 1986, कविता में जीने का सुख 1987, ऋतुंश 1995, सुनों कविता मेरा नाम ईश्वर है 1995। **शलभ श्रीराम सिंह** कल सुबह होने से पहले, अतिरिक्त पुरुष, नागरिकनामा 1970, राहे हयात, निगाह-दर-निगाह, अपराधी स्वयं, ध्वंस का स्वर्ग, उन हाथों से परिचित हूँ मैं, उँगली में बँधी हुई नदियाँ। 'सीपियाँ और घोंघें इकट्ठा करती औरत/ पूछती है आख़िर यह समुद्र मरता क्यों नहीं?/ उत्तर देता है सूर्य/ समुद्र जन-मन है उसकी मृत्यु कभी नहीं होती।' **शंकर माहेश्वरी** कणिका, समय का जन्म, ऋतुपर्व, अनीति के दोहे, प्रकृति की लीला मुद्रा। **डॉ. नगेन्द्र चौरसिया** कविता उनके लिए हैं 1984, जीन के लिए 2000। **डॉ. ओम निश्चल** शब्द सक्रिय है। **संयज कुन्दन** कागज के प्रदेश में। **डॉ. विजेन्द्र** त्रास, ये आकृतियाँ तुम्हारी, उठे गूमड़े नीले, चेत की लाल टहनी, धरती कामधेनु से प्यारी, ऋतु का पहला फूल, उदित क्षितिज पर, घना के पाँखी, कविता और मेरा समय। **लक्ष्मीनारायण पयोधि** सोमारू, आखेटकों के विरुद्ध, अन्त में बची कविता, कंदील में सूरज, गमक, हर्षित है ब्रह्माण्ड। **दयैरल** पेड़ अकेला, नहीं कटता। **वंशी माहेश्वरी** पाठशाला, आवाज इतनी पहचानी कि लगे अपनी, पहाड़ों पर जलते शरीर, थोड़ी-सी कोशिश, इतना सब होने के बाद। **नचिकेता** 1970-80 के दशक में आये अति वामपन्थी आन्दोलनों के दौरान एक नयी दृष्टि लेकर नचिकेताजी ने लिखना शुरू किया था। गीत संग्रह आदमकद ख़बरें, सुलगते पसीने, लिखेंगे इतिहास, बाईसकोप का गीत, सोये पलाश दहकेंगे, आईना दर का हुआ, रंग मैले नहीं होंगे (2003)। **सुरेन्द्र रघुवंशी** ज मीन जीतना। **नूर मुहम्मद 'नूर'** ताकि खिलखिलाती रहे पृथ्वी। **ललित शुक्ल** स्वप्ननीड़, समरजयी, अन्तर्गत, सागर देख रहा है, सहमी हुई शताब्दी। **प्रमोद सिन्हा** तलघर (लम्बी कविता), न्याय के कंकावती, देश, कविता प्रसंग। **सिध्देश** मेरा सर्वनाम। **रामकुमार कुम्भज** कच्चे घर के

लिए, जलती हुई मोमबत्तियों के नीचे, मुद्दे की बात, बहुत कुछ याद रखते हुए। **देवदीप** छोटे-छोटे सच, इतना भर नहीं है यह, इस यात्रा से गुज रते हुए। **यश मालवीय** ताकधिनाधिन 1991 (बालगीत), इंटरनेट पर लड्डू 2001, कृपया लाइन में आयें 2001, उड़ान से पहले 2002। **डॉ. नरेन्द्र मोहन** इस हादसे से 1975, सामना होने पर 1979, एक अग्निखंड जगहें बदलता 1983, हथेली पर अंगारों की तरह 1990, संकट दृश्य का नहीं 1993, एक सुलगती ख़ामोशी 1997। 'शोर है पर/ ख़ामोशी के रास्ते/ ख़त्म कहाँ हुए हैं' प्रश्न पूछनेवाले डॉ. नरेन्द्र मोहनजी का मानना है कि 'किसी के लिए हो न हो/ मेरे लिए/ कोई रास्ता नहीं है मुक्ति का/ शब्द के सिवा'। **नीलम श्रीवास्तव** मानते हैं कि 'कविता अन्तर्मन की ईमानदार भाषा है।' कविता संग्रह विक्रान्त, सन्नाटा चुप नहीं है, नीलम श्रीवास्तव की कविताएँ, मोम के घर। **राही शंकर** समय का मसीहा। **प्रमोद तिवारी** वृक्ष की शिराओं में 1978, तुम्हारी भी रीढ़ है 1989। **निर्मल आनन्द** ऐसी ही एक दुनिया 1997। **विष्णुचन्द्र शर्मा** आकाश विभाजित है, अन्तरंग, तत्काल, नमन हैं हिन्दुस्तानी, जानवर तन्त्र, अव्वल तो मैं सबद हूँ, तलाश वसन्त की, समय है परिपक्व है। **डॉ. राज बुद्धिराजा** अनकही सुधियाँ, सप्तपर्णी मन, अभी-अभी साकुरा खिला है 2003। **डॉ. देवव्रत जोशी** जूती रैदास की 2002। **डॉ. विद्याभूषण** अतिपूर्वा, मन एक जंगल है, ईंधन चुनते हुए, आग के आस-पास, कोरस। **राजेन्द्र नागदेव** सदी के इन अन्तिम दिनों में 1999, एक पत्ता थरथराता रहा 1999। **कुबेर दत्त** काल-काल आपात, केरल प्रवास, कविता की रंगशाला। कवि मानते हैं कि 'कविता प्रकृति की आवाज है और इनसान के अस्तित्व की शर्त। कविता मेरे लिए मात्र विज़ुअल रिआलिटी नहीं है बल्कि रियालिस्टिक विज़ुअल की सच्ची पहचान का एक सूत्र है।' **ब्रज श्रीवास्तव** तमाम गुम हुई चीजें 2003। **डॉ. बुद्धिनाथ मिश्र** जाल फेंक रे मछेरे 1982, जाड़े में पहाड़ 2001, शिखरिणी 2004। **विजय राठौर** अँजुरी भर धूप, ऐसे समय में, मेरा और तुम्हारा चाँद, हमें एक ईश्वर चाहिए 2003। **सुरेन्द्र काले** अक्षरारम्भ, बेड नं 6 और सन्नाटे का स्वर। **राजेन्द्र गौतम** बरगद जलते हैं 1998, पंख होते हैं समय के 1989, गीत पर्व आया है 1983। **वीरेन्द्र सारंग** कोण से कटे हुए 1993। **सुरेन्द्र रघुवंशी** ज मीन जितना। **डॉ. विश्वनाथ प्रसाद तिवारी** चीज ों को देखकर 1970, साथ चलते हुए 1976, बेहतर दुनिया के लिए 1985, आखर अनन्त 1991, शब्द और शताब्दी। आलोचना, सम्पादन में रत तिवारीजी का कहना है कि 'अब भी यही सच है कि अभी एक गीत मुझे और लिखना है' **अशोक रावत** 'थोड़ा-सा ईमान' गज ल संग्रह 2003। **सलीम अख़्तर** काली नदियाँ पीले लोग गज ल संग्रह 2003। **विष्णु खरे** एक रूमानी समय में 1970, खुद अपनी आँख से 1978, सब की आवाज के पर्दे में 1994, काल और अवधि के दरमियान 2003। **डॉ. डी. एम. मिश्र** आदमी की मुहर 1989, लहरों के हस्ताक्षर 1991, टैम्पोवाला छोरा 1996, इज्जत पुरम् 2000, मँगरू का नज ला 2001। कवि का मानना है कि 'बेहतर मनुष्य का निर्माण बेहतर कविता के हाथों ही हुआ है'। **फौजदार माली** समय पर हस्ताक्षर।

महेन्द्र रंगा स्मृति में शहर 1999, विरह का व्योग 2001, अगले जनम में अगली बार 2004, यह कैसा समय 2004। **श्रीरंग** यह कैसा समय 2004 **प्रकाश शुक्ल** जहाँ सब शहर नहीं होता 2001। **धर्मेन्द्र पारे** बीसवीं तारीख के आस-पास 1995। **डॉ. दुर्गाप्रसाद झाला** चेतना के स्वर 1963, प्रश्नों की सलीब पर 1991, यात्रा जारी है 2003 **श्रीकृष्ण श्रीवास्तव** भ्रम ही सही 2001 **रमेश दवे** काँच के दरख़्त का डर 1980 **स्वदेश भारती** इक्कीस सुबह और 1974, तपिश मिटती नहीं 1974, आवाज ों के कटघरे में 1974, दूसरा वामाचार 1983, भरे हाट के बीच 1984, कलकत्ता ओ कलकत्ता 1990, त्रासदी के द्वार पर 1991, सागर प्रिया 1992, सीढ़ियाँ चढ़ता सूर्य 1994, सूर्य का आहत मौन 2000, असमय की जर्जर नाव में 2001, अनन्ततः 2001। कवि मानते हैं कि 'कविता हृदय की प्रार्थना है। कविता प्रकृति और मनुष्य से अलग हो ही नहीं सकती। जो कवि कविता को मनुष्य और प्रकृति से अलग करने का प्रयास करते हैं वे अनास्था की धुन्ध में खो जाते हैं। समय उन्हें पीछे छोड़ता चला जाता है। ऐसा कवि अपनी विवेकहीन आस्था से छला जाता है।' 'हर दिन एक काली सुबह/ खड़ी हो जाती है/ मेरे और सूर्य के बीच/ कितना फासला है/ मेरे और प्रभाती सूर्य के बीच' की त्रासदी में जकड़े कवि मन की यह अभिव्यक्ति आम आदमी के मन की अभिव्यक्ति है। **डॉ. ज्ञानचन्द्र गुप्त** कहीं कोई बात हुई होगी 1996, धूप की वापसी 1999। **तेजपाल शर्मा** धूप की छाया 1984, वन्दनवार 2000। **राजेन्द्र प्रकाश वर्मा** जलते सवालों का रेगिस्तान, अँधेरे का आदमी, नहले पर दहला (हास्य व्यंग्य कविताएँ)। घर की खिड़कियों में लगे काँच/ न जाने कब/ और कैसे/ टूट जाते हैं। **शोभनाथ यादव** भस्मासुर की भूमिका 1980, ईश्वर आतंकवादी 1991, अग्निमुखी 1993, अनाम त्रिज्याएँ 1995, दहक उठा गुलमोहर 1996, बोगन बेलिया के फूल 1997, सूअर बाड़ा 2003, जहाँ जले हैं मशाल कोई। 'कब्र से उठता हूँ/ और कब्र में/ फिर दुबक जाता हूँ/ कोफ्त होती है बड़ी/ कि जि न्दा ही क्यों/ दफ ना गया हूँ...' कहनेवाले यादवजी मानते हैं कि 'जब मैं जीवन और समाज से जुड़ी कविताएँ, लिखता हूँ तो मुझे लगता है कि कविता लिखता हुआ मैं अपनी ही हड्डियों पर हथौड़ा मारता हूँ। जब मैं प्रेम, प्रकृति और सौन्दर्य की कविताएँ लिखता हूँ तो मुझे लगता है कि मैं अपनी रूह को लगातार निचोड़ता हूँ या फिर दर्द, खुशी और तितली का एक कोलाज बनाता रहता हूँ।' कहानियाँ उपन्यास, समीक्षा, निबन्ध विधाओं में निरन्तर लिखनेवाले लेखक सूर्यकान्त नागर, रामनिहाल गुंजन, राजकिशोर, राघवेन्द्र तिवारी जैसे कई लेखकों की कविताएँ काव्यम् में प्रकाशित की गयी हैं। **सुधांशु उपाध्याय** समय की ज रूरत है यह (गीत संग्रह 2003) मानते हैं कि कविता और गीत के कृत्रिम विभाजन ने समूची कविता का नुकसान किया है। 'जल गयी रोटी कभी जो/ हम उसे भी जीभ का संवाद देते हैं/ हम धुएँ से जल रही हर आँख को/ बर्फ का पिघला हुआ अनुवाद देते हैं...'। **अनिल गंगल** भविष्य के लिए 1989, स्वाद 2000, एक टिटिहरी की चीख 2001। कवि मानते हैं कि 'मैं स्वयं को एक प्रतिबद्ध

राजनीति और प्रगतिशील जीवन दृष्टि से जुड़े रचनाकार के रूप में पाता हूँ।' **राजेन्द्र वर्मा** चुटकी भर चाँदनी 1997, नव सृजन के स्वर 1998, अन्तर सन्धि 2001। **नईम** कविता लिख सकूँ तो 1965, पथरायी आँखें 1980, बातों ही बातों में 1995। 'दुनिया क्या हुई/ हुए हम भी तो/ लगातार छोटे से छोटे/ सच है होना, यूँ ही होते जाना/ आहिस्ता अपनी पहचानें खोते जाना/ कैसे बतलाएँ हम/ युग के सिक्के भी हुए हैं खोटे से खोटे../ टूट गयी असाध्य सीमाएँ देशों की/ टूटीं क्रमशः कुछ भूगोलों-इतिहासों की/ जोम में मुनाफे के/ पड़े सतत घर बैठे/ टोटे पर टोटे...'। नयीम अपने समय, युग, परिवेश के सन्दर्भ हैं अतः उनकी कविताओं में लगातार कथ्य और शिल्प के बदले हुए तेवर हाजि री लगा देते हैं। **गोविन्द कुमार गुंजन** रुका हुआ संवाद 1998, **नोमान शौक़** अजनबी-सा अन्तों के दरम्यान 1997, जलता हुआ शिकार ढूँढ़ने मे, फ्रिज में रखी शाम। कवि मानते हैं कि 'मैंने प्रेम कविताएँ नहीं लिखीं क्योंकि किसी हीर के दुपट्टे में मेरे नाम की कोई गाँठ नहीं। फिर भी उनकी कलम से ये पंक्तियाँ झर गयी हैं मैंने छुआ/ तुम्हारे अन्तर्मन को/ जो कभी था ही नहीं/ तुम्हारे पास.../...एक टूटी हुई आस की/ रुक-रुक के चलती हुई नब्ज पर/ उँगलियाँ जला रहा हूँ मैं/ रात के अनन्त अँधियारे में...' **प्रेमशंकर रघुवंशी** आकार लेती छायाएँ, पहाड़ों के शंख, सतपुड़ा के शिखरों से, नर्मदा की लहरों से। 'बछड़ा दूध पीता/ तब तक ही पहचानता है माँ को. ..हमारा चाहनेवाला/ जब ज रूरत से ज्यादा/ अपेक्षाएँ करने लगता है हमसे/ तो वह हमारे लिए/ स्वादिष्ट भोजन की तरह होकर भी/ उदरशूल उठाता/ वायुविकारी हो जाता है।' कवि मातने हैं कि 'राघन क्षेत्रों में हरियालीदार पट्टियाँ छोड़कर पर्यावरण को समृद्ध करने से भी ज्यादा सार्थक और समानार्थक हरियाली मानवता के संसार में बिखरने की जिम्मेदारी कविता पर है ताकि आदमी को आदमी की रगड़ और नफ रत के प्रदूषण से बचाया जाता रहे। मेरे कवि को इसी की चिन्ता है।' **गुलज़ार** एक बूँद चाँद 1970, कुछ और नज़ में 1980, पुखराज 1994, मेरा कुछ सामान 1994, त्रिवेणी 2001, रात पश्मीने की (शेर संग्रह)। कवि के रूप में गुलज ारजी का मानना है कि 'एक बात है, नज म हो या अफ साना, उनसे इलाज नहीं होता। वह आह भी है, चीख़ भी, दुहाई भी। मगर इनसानी दर्दों का इलाज नहीं है। वह सिर्फ इन्सानी दर्दों को ममिया के रख देते हैं ताकि आनेवाली सदियों के लिए सनद रहे।' मुझे अफसोस है/ कि मेरी नज म से होकर गुज रते वक त बारिश में/ परेशानी हुई तुम को/ बड़े बेवक त आते हैं यहाँ सावन/ मेरी नज्मों की गलियाँ यूँ भी अक्सर भीगी रहती हैं.../ गुलज ारजी की कविता में मानवीय संवेदनाओं और भावनाओं और वर्तमान की त्रासदियों को शब्दों की गन्धकोषी असीमताओं में बद्ध किया जाता है जो पाठकों को दृश्यात्मक चिन्तन के लिए बोध्य कर देता है। **केवल गोस्वामी** बन्द कमरों की संस्कृति 1972, एक नदी की देहगाथा 1989, उसकी माँ 1995, बीतराग 2004। **कैलाश पचौरी** बहुत कुछ छूट जाता है अक्सर/ जैसे बचपन/ जैसे जवानी/ जैसे कुछ भले लोग/ बेरहमी से छूट जाता है/ बरसों का साथ/ टूटकर गिर जाती है हँसी/ सन्दर्भ के बदलते ही/ प्राथमिकताओं

की सूची में/ कहाँ से कहाँ पहुँचा दिए जाते हैं लोग...।

डॉ. वरुण कुमार तिवारी तीसरी दुनिया के लिए 2002। **स्वप्निल श्रीवास्तव** ईश्वर एक लाठी है 1984, ताख पर दियासाई 1992, 'मुझे दूसरी पृथ्वी चाहिए मैंने बजार से तुम्हारे लिए/ खिलौने और अपने लिए/ दुःख खरीदे।' कवि मानते हैं कि 'ये सारी आकस्मिकताएँ हमारी रचनाओं में दज होनी चाहिए। किसी भी लेखक के लिए बचाव का रास्ता नहीं होता इसलिए स्थितियों से मुठभेड़ होती है।'

अम्बिका दत्त लोग जहाँ खड़े हैं 1987, दमित आकांक्षाओं का गीत 2000 प्लास्टिक की तरह कभी नष्ट न की जा सकने वाली इच्छाओं से/ बरामदों तक भरे हैं बाज र...। **अशोक वाजपेयी** शहर अब भी सम्भावना है 1966, एक पतंग अनंत में, अगर इतने से, तत्पुरुष, कहीं नहीं वहीं, बहुरि अकेला, आविन्यों, अभी कुछ और, समय के पास समय, इबादत से गिरी मात्राएँ, कुछ रफू कुछ थिगड़े। कवि का कहना है कि 'मुझे लगता है कि कविता मे निजता ही सामाजिकता और सार्वजनिकता को व्यक्त करने का मुहावरा हो सकती है। कविता सचाई पर एक अधिक निजी या आध्यात्मिक (अब यह शब्द बड़ा गलत अर्थ रखने लगा है) पकड़ है और वह सचाई को निजी या सार्वजनिक तथा अन्दर या बाहर में बाँटने से इनकार करने का भी नाम हैं।' **रमेश क्षे** काँच दरख़्त का डर। **मधुकर अष्ठाना** वक्त आदमखोर 2004। **गुलाब सिंह** धूल और पाँव 1992, बाँस, वन और बाँसुरी 2004। **घनश्याम मुरारी 'पुष्प'** शंखनाद 2002। **राजेन्द्र जोशी** बुखार में पड़ी धरती 1973, तलाश 1994, खो गया है आदमी 2000, मेरे अक्षर उनके स्वर 2005, मेरे आस-पास 2005। कवि का मानना है कि, 'बाज ार का मतलब/ अब वह नहीं रह गया है।' **सूर्यदेव पाठक 'पराग'** समय का सच 1995, काँटों के बीच 2000, आयीने के पास 2001, दीपक-सा जलना होगा 2001, उड़े परिन्दे 2001, राघव शतक 2002, वामन पग 2002, आलोकित नव पन्थ हो 2003। **भगवान स्वरूप कटियार** जि न्दा कौमों का दस्तावेज , हवा का रुख टेढ़ा है। कवि का मानना है कि 'कविता मनुष्य को जीने का तर्क और मक्सद देती है।' **श्रीप्रकाश मिश्र** मौन पर शब्द 1989। तिनका-तिनका आग 2004। **मदन मोहन 'उपेन्द्र'** उलझी अलकें 1963, किरण भर उजाले को 1973, सवेरा होनेवाला है 1982, बच्चे चुप हैं 1990, सूनी राहों पर 2003, बदल गये दस्तूर (गज ल संग्रह)। यात्रा वृत्तान्त, कहानी, उपन्यास, नाटक, दर्शन में कमल चलानेवाले राजेन्द्र अवस्थी की कविताएँ भी उतनी ही वैचारिक भाव सँजानेवाली हैं। 'जिसे बिन्दी लगाई थी तुमने/ किसी चौराहे पर/ मौसमों की बौछारों को सहने के लिए/ तुम्हें पत्थर की शक्ल में खड़ा कर देगा/ और पूजेगा/ देवताओं की तरह/ मात्र इसलिए/ कि तुमने एक रीतापन तोड़ा था/ सूरज की तरह/ एक बिन्दी लगा दी थी अनजान ही।' **ध्रुवदेव मिश्र पाषाण** बन्दूक और नारे, मैं भी गुरिल्ला हूँ, विसंगतियों के बीच कविता तोड़ती हैं, धूप के पंख, खँडहर होते शहर के अँधेरे में/ वाल्मीकि की चिन्ता/ चौराहे पर कृष्ण। **डॉ विष्णु विराट** फैली पलास के कानन लौ, तारक संग्राम, धूप वन से लौट आयी लाल

परियाँ, हाथ से छूटे कबूतर, समय साक्ष्य है, निर्वसन (खंड काव्य), तमसा के तट, विराट सतसई। **शिशिर उपाध्याय** तुम्हारे लिए, वो घर नहीं रहा। **मनोज शर्मा** यथार्थ के घेरे में, यकीन मानो मैं आऊँगा। **अशोक सिंह** नगाड़े की तरह बजते हैं शब्द, अपने घर की तलाश में। **रमण कुमार सिंह** बाघ दुहने का कौशल। **वीरेन्द्र सारंग** कोण से कटे हुए। **दिवाकर वर्मा** सुन्दर वन, आस्था के स्वर, अब तो खामोशी तोड़ो, युग ने मानदंड खोया है, चन्दन वन में आग। **मयंक श्रीवास्तव** सूरज दीप धरे, सहमा हुआ घर, इस शहर में आजकल। **सुशील सरित** देश तुझे क्या दूँ, चाँदनी के बीज, खुश्बू-ए-गज ल, छः सौ साल बाद। **उत्पल बैनर्जी** लोहा बहुत उदास हैं 2000। **जिलेदार सिंह** माचिस 2001। **राधेश्याम शुक्ल** पंखुरी-पंखुरी झरता गुलाब 1985, त्रिविधा 1990, एक बादल मन 1996। **देवेन्द्र आर्य** खिलाफ जुल्म के, धूप सिर पर चढ़ने लगी, आग बीनती औरतें, किताब के बाहर। 'देह के बाहर देह बिना कायिक प्रजनन/ गोद नहीं बदली/ गर्भाशय बदल गया...।' कवि मानते हैं कि 'कविता मुझे किसी भी तानाशाह से टकराने का जज्बा प्रदान करती है। कविता के आयीने में टाँग रखे हैं मैंने अपने को जाँचने परखने के लिए...मायानगरी के जंजाल से निपटने की मायावी कोशिश है कविताएँ।' **सुरेन्द्र स्निग्ध** पके धान की गन्ध 1993, यात्रा 1995, कई-कई यात्राएँ 1995, सबद-सबद बहु अन्तरा 2000। **अरुण कमल** अपनी केवल धार, पुतली में संसार। **ज्ञानेन्द्र पति** गंगातट। **प्रयाग शुक्ल** इस पृष्ठ पर। **लीलाधर मंडलोई** काल बाँका तिरछा। **परमानन्द श्रीवास्तव** एक अनायक का वृत्तान्त। **रमेशचन्द्र शाह** अनागरिक। **विनय दुबे** फिलहाल यह आस-पास। **गंगाप्रसाद विमल** अलिखित अदिखत। **राजकिशोर** पाप के दिन। काव्यम् में 2005 में प्रकाशित ये युवा कवि हैं **संजय कुन्दन** चुप्पी का शोर, **प्रेम रंजन अनिमेष** कोई नया समाचार, **बोधिसत्त्व** दुःख तन्त्र, **निर्मला पुतुल** नगाड़े की तरह बजते शब्द, **अरुण देव** क्या तो समय, **बसंत त्रिपाठी** सहसा कुछ नहीं होता, **नीलेश रघुवंशी** पानी का स्वाद, **ओम भारती** वह छठा तत्त्व, **आर. चेतन क्रान्ति**-शोक सच, **अष्टभुजा शुक्ल** दुःस्वप्न भी आते हैं, **सन्ध्या गुप्ता** मैंने भी बना लिया घोंसला, **शिरीष ढोबले** उच्चारण, **वीरेन्द्र सारंग** हवाओं! लौट जाओ, **नीलेश** निकासी, पानी का स्वाद, **शिरीष कुमार मौर्य** शब्दों के झुरमुर, **अनिल जन विजय** रामजी भला करे, **संजीव बख्शी** जो तितलियों के पास है, **अमिता शर्मा** शून्य की आँख, **मनोहर वर्मा** काँच घर में हाँफती मछली, **ए. अरविन्दाक्षन** राग लीलावती, **शिवकरण सिंह** मेरी भी सुनो, **हरानन्द** नेपथ्य में अँधेरा, **मधुरिमा सिंह** जाने कब होगा फेरा, **कुलदीप सलिल** आवाज का रिश्ता, **दीप्ति मिश्र** हैं तो हैं, **सुषमा प्रियदर्शिनी** क्या नाम दूँ इसे, **इन्दु तारक** कैसे चुप रहूँ, **रमेश कौशिक** मैं यहाँ हूँ, **संजय** जनतंत्र की जूतियाँ, **तिलक पटेल** घास की जड़ों के पास, **राधेश्याम तिवारी** बारिश के बाद, **वीरा** उतना हरा भरा, **सीता श्रीवास्तव** स्वयं सिद्धा, **उपेन्द्र चौहान** अपनी ज मीन पर, **अनीता श्रीवास्तव** मैं बस इतना जानती हूँ, **अनामिका** खुरदरी हथेलियाँ, **दिनेश कुमार शुक्ला** कथा का हो कविता, **पंकज चतुर्वेदी** एक ही चेहरा, **राजुला**

सिंह परछाई की खिड़की से, **रश्मि रमानी** बीते हुए दिन, **केदारनाथ सिंह** तालस्ताय और साइकिल, **मलय** काल घूरता है, **कैलाश वाजपेयी** हवा में हस्ताक्षर, **सविता सिंह** नींद थी और रात थी, **यतीन्द्र** डयोंढी पर आलाप, **पवन करण** स्त्री मेरे भीतर, **अशोक वाजपेयी** उम्मीद का दूसरा नाम, **कुमार रवीन्द्र** और हमने सन्धियाँ की। **डॉ. ओमप्रकाश सिंह** सर्जना के पंख 1993, गीत मेरे गीत 1995, दीप जलने दो 2002, एक नदी है गीत 2004, इन्द्र 2004।

काव्यम् इस तरह अद्यतन कवि और कविताओं की जानकारी पाठकों, समीक्षकों, इतिहास लेखकों के लिए विस्तृत रूप से उपलब्ध कर देता है। यह निश्चित ही विशेष योगदान है।

कविता के आलेख दर्शाती पत्रिकाएँ

20वीं शती का उत्तरार्ध और 21वीं शती का आरम्भ देखते हुए 'अलाव' ने हिन्दी साहित्य सेवा के साथ हिन्दी कविता को विशेष रूप में अपनी सेवाएँ अर्पित की हैं। कविता अंक (विशेषांक कहना सम्पादक की तात्त्विक भूमिका में नहीं आता) कवियों पर विशेषांक 'अलाव' की विशेषताएँ हैं। कवि, कवि-समीक्षकों से साक्षात्कार, अ-हिन्दी भाषी हिन्दी कवियों की रचनाओं को सम्मान, नये कवियों को तलाशकर उन्हें प्रकाशित करने की सुलझी मानसिकता, कविता क्षेत्र के सकारात्मक, नकारात्मक, विकसनशील और गतिरोधों की खुलकर, निष्पक्ष, तटस्थ रूप से चर्चा करना 'अलाव' की वे विशेषताएँ हैं जो कविता इतिहास में अधोरेखांकित की जा सकती हैं। ख़तरों से खेलते हुए, आर्थिक अभावों से जूझते हुए भी पत्रिका को गरिमामय रूप में प्रदीर्घ काल तक प्रकाशित करते रहना रामकुमार कृषक की 'कृषकीय' अर्थात् सृजनशील प्रवृत्ति का प्रतीक है 'अलाव'।

'अलाव' : कविता में छिपे अलाव को तलाशती साहित्यिक पत्रिका

'अलाव' का प्रथम अंक 1988 में प्रकाशित हुआ जो क्रान्तिकारी कवि अवतार सिंह पाश और पुरुषोत्तम प्रतीक की यादों को समर्पित था। इस अंक में सुखदेव सिंह का लेख है 'पाश जहाँ कविता खत्म नहीं होती।' और यह बात 'अलाव' जैसी पत्रिकाओं के बारे में भी कही जा सकती है। जहाँ कविता को स्थान, आदर और नये दृष्टिकोण से समझने की सहूलियत दी जाती है, वहाँ कविता खत्म नहीं हो सकती। इस अंक में पाश, पुरुषोत्तम प्रतीक, फणीश्वरनाथ रेणु का अनूठा व्यंग्यगीत, हंसराज रहबर, असगर वजाहत, अब्दुल बिस्मिल्लाह, रमेश आज ाद की कविताएँ प्रकाशित हुई हैं। पत्रिका का 'दस्तावेज ' को सँजाने का एक महत्त्वपूर्ण कार्य भी होता है, जिसे 'अलाव' ने अपने प्रवेशांक से ही आरम्भ किया दृष्टिगोचर होता है। सम्पादक रामकुमार कृषक की सूझबूझ, दूरदृष्टि, कविता-प्रेम के कारण 'अलाव' में भी कविता के दस्तावेज सुरक्षित रखे जा सकते हैं, जो आगामी पीढ़ियों के लिए धरोहर स्वरूप प्राप्त हो सकते हैं।

1990 में प्रकाशित 'अलाव' के पंजाब अंक के मुखपृष्ठ पर पंजाबी कवि मिन्दर की कविता की पंक्तियाँ छपी हैं 'मेरे/ कन्धे पर कम्बली थी/ और हाथ में बाँसुरी/ मैं कहीं गया भी नहीं/ मैं सोया भी नहीं/ पर मेरे हाथ में बन्दूक/ और कन्धे पर लाश कौन

रख गया...' सम्पादक की आधुनिक सोच और पंजाब के धार्मिक आतंकवाद के प्रतिरोधी पंजाबी साहित्य का संकेत देनेवाला 'अलाव' का यह विशेष अंक पृष्ठ संख्या में भले ही कम हो, सामग्री चयन, प्रस्तुतीकरण में कहीं भी कम नहीं है। पाठकों को समसामयिकता से जोड़ने और उनकी समझ को मैच्युअर बनाने में सहायता करने का काम 'अलाव' लगातार करता हुआ नज र आता है। पंजाबी कवियों की हिन्दी में अनूदित कविताओं को पाठकों के लिए इकट्ठा उपलब्ध करा देने का यह महत् कार्य है। सामाजिक, प्रादेशिक एकीकरण का काव्यात्मक बौद्धिक स्तर का यह कार्य 'अलाव' के साथ 'युगस्पन्दन', 'भाषा' जैसी पत्रिकाएँ भी कर रही हैं।

1992 में 'अलाव' का कविता विशेषांक प्रकाशित हुआ था। इसे भारतीय कवियों पर केन्द्रित कविता विशेषांक कहा जा सकता है, जिसमें नागार्जुन, शील, शमशेर जैसे वरिष्ठ कवियों के साथ भारत के कोने-कोने में लिखनेवाले उस वक्त के नव कवियों की कविताएँ प्रकाशित हुई हैं, जिनमें से कुछ कवि आज 'नव कवियों, का दायरा लाँघकर काफी आगे बढ़ चुके हैं। पत्रिका अपने एक और लक्ष्य नव कवियों को प्रेरित कर उन्हें गन्तव्य तक पहुँचाने में सहायता करना को सिद्ध करती हुई नज र आती है।

कविता के साथ-साथ 'अलाव' ने काव्यालोचना को भी स्थान दिया। शमशेर, नचिकेता, मैनेजर पाण्डेय आदि के काव्यालोचना पर लेख और 'आलोचना का चक्रव्यूह' शीर्षकान्तर्गत प्रकाशित विद्वानों की चर्चा 'अलाव' के 1993 के इस अंक की विशेषता है। खास तौर से सम्पादक और विद्वान् लेखकों ने 'अभिजनवादी हिन्दी काव्यालोचना' पर जिस गम्भीरता से विचार किया है उससे यह विशेषांक एक दस्तावेज की ही तरह है। 1995, 2000, 2006, 2008 के अंक भी ऐसी ही विशेषता से भरपूर हैं। नागार्जुन और मुक्तिबोध पर विस्तृत प्रकाश डालनेवाले अंक, डायरी-कविता विषयक कुछ नोट्स, शिवशंकर मिश्र (2008), विष्णु प्रभाकर और गीतकार नयीम स्मरण और आदर (2009), 'लोकोत्सव के बाद भवानी भाई को एक खत प्रेमशंकर रघुवंशी डायरी संस्मरण (2009, अंक 15); 'कृत्या' के मार्फत नोर्वे के कवि रति सक्सेना (2009, अंक-17); कविता कोसी, कोसी अंचल की साहित्यिक विरासत, विजेन्द्र अनिल के भोजपुरी गीत (2010) आदि लेख 'अलाव' की विशेषताएँ हैं, जो 'अलाव' के कविता को देखने बहुआयामी दृष्टिकोणों तथा कविता के अनेकविध भारतीय आयामों पर प्रकाश डालती हैं। 2009 में प्रकाशित 'अलाव' का 16वाँ अंक कवि-शिल्पी नयीम पर केन्द्रित है। इस अंक में समीरा नयीम, नन्द चतुर्वेदी, वेदप्रकाश अमिताभ, प्रमोद त्रिवेदी, प्रेमशंकर रघुवंशी, कुबेर दत्त आदि कई साहित्यकारों ने नयीम के व्यक्तित्व एवं कृतित्व पर प्रकाश डालने की चेष्टा की है। वीरेन्द्र जैन के नाम नयीम के पाँच पत्र, नईम के गढ़े काष्ठ शिल्प आदि के द्वारा नईम को समझने का सम्पादक का प्रयास यानी किसी कवि को सृजन के कितने पहलुओं से समझा जा सकता है, यह अंक इसका प्रमाण है। N.P. 1977 में प्रकाशित 'अलाव' का 7वाँ अंक 'कर्मवाली शील' नामक पुस्तक रूप में 1994 में प्रकाशित हुआ है। जनकवि शील के बहुआयामी सृजनशील व्यक्तित्व का यह बहुमूल्य दस्तावेज है।

'अलाव' के 'सम्पादकीय' पर एक नज र डालना सम्पादक और पत्रिका की भूमिका उसके तेवर को समझने में पर्याप्त सहायक सिद्ध होता है। 'जन की स्वतन्त्रता ठगी-ठगी' (1997/ 2004), 'जो हमारा काम्य' (2010), 'रहनुमाई की तलाश' (2009), 'कद से ओछे माप' (2009), 'भूख का भोग' (2009), 'दलितों का धर्म' (2009), 'विफलता के शिल्प में नहीं' (2006), 'भूत का वर्तमान' (2002), 'सूखे कठोर नंगे पहाड़' (2009), 'मैकाले की मोहिनी' (2008), 'सच्चाई को स्वर्गपात्र को ढँकने के खिलाफ' (1993), 'विशेषांक नहीं है यह कवितांक' (1992), 'अलाव की जरूरत' (1988) इत्यादि सम्पादकियों के शीर्षक ही 'अलाव' के अपने लक्ष्य, अपनी भूमिका, अपने तेवर का परिचय देने में समर्थ हैं।

'अलाव' पत्रिका का परिचय 'अलाव' का प्रारम्भिक के घोषवाक्य 'आग बिन रोटी नहीं होगी' के अलावा और दूसरा क्या हो सकता है और उस पर सतत जानेवाला यह घोषवाक्य भी उसकी पहचान बताता है 'लोकोन्मुख साहित्य की पत्रिका भी'। 'अलाव' 18 अंक मेरे सामने हैं। प्रथम दस अंकों तक यह पत्रिका अनियतकालीन थी। 2008 से द्विमासिक है। 'अलाव' ने 1988 से लेकर आज तक अपनी लोकोन्मुख साहित्यिक भूमिका को बिना किसी शोरोगुल से समय और समय के साथ उभरती-मिटती-उभरती विचारधाराओं, वादों के चश्मदीद गवाह की तरह निबाहते हुए अपनी सूझ-बूझ का परिचय दिया है, अपनी टिप्पणियों के द्वारा पाठकों की सोच को सोचने की दिशा देने का प्रयास किया है और 'आग बिन रोटी नहीं होगी' के सच और इसी में छिपी प्रेरणा को सम्प्रेषित किया है। हिन्दी कविता साहित्य के लोकोन्मुख और जनोन्मुख सरोकारों को मिला यह 'अलाव' सचमुच अनूठी पत्रिका है और इस 'अलाव' को सतत जागृत रखने का कार्य करने वाले 'अलाव' के सम्पादक रामकुमार कृषकजी ने अपने कविता-कर्म, साहित्यिक समर्पण के साथ ही अपने और अपने पाठकों के भीतरी 'अलाव' को बुझने नहीं दिया, इससे सुखद और कोई दूसरी सार्थक साहित्यिक वार्ता नहीं हो सकती।

'आज की कविताएँ' पत्रिका का 1996 में सौ अंकों से गुज रता दस्तावेज ी अंक छपकर आया था। मात्र कविता विधा को समर्पित इस लघु मासिक पत्रिका समय के आकाश पर अंकित समकालीन कविता के दस्तावेज थी। कविताएँ, कविता-समीक्षा, कवियों के मन्तव्य आदि से भरपूर सामग्री से युक्त 'आज की कविताएँ' पत्रिका ने कविता-इतिहास सँजोने, सुरक्षित रखने का महत् कार्य किया है। यह पत्रिका किसी भौगोलिक सीमा में बँधी नहीं थी क्योंकि सम्पादक का मानना था कि 'आदमी की संवेदना किसी सीमा में बँधती नहीं। हर दौर कभी तो खत्म हुआ ही करता है, हर कठिनाई कुछ राह दिखा ही देती है, चलकर आये हें, जब इतने लाख बरस इसके आगे भी चलते-चलते जाएँगे' का असीम विश्वास लिए डॉ. गिरिजा शंकर मोदीजी ने इस पत्रिका के ज रिये हिन्दी और प्रादेशिक कवियों की कविता को हिन्दी में अनूदित कर काव्येतिहास को एक प्रकार से रेखांकित किया है।

हिन्दी की अन्य पत्रिकाएँ भाषा, समकालीन भारतीय साहित्य, बया, शीराजा, विषयवस्तु, नयीधारा, सरयूधारा, मधुमती, वागर्थ, आकल्प, साहित्यम, अक्षरा एवं हिन्दी की लगभग सभी साहित्यिक पत्रिकाओं ने कविता विकास, नव-नवीन कविता-प्रवृत्तियों को, नये एवं वरिष्ठ कवियों की कविताओं को स्थान देकर कविता के समकालीन सरोकारों को स्पष्ट किया है और कविता इतिहास लेखन हेतु सामग्री को सुरक्षित रखा है।

कविताओं का समसामयिक स्पन्दन

साहित्यिक पत्रिकाओं के कविता विशेषांक अपनी महत्त्वपूर्ण भूमिका निभा रहे हैं। युग स्पन्दन के सम्पादक की सर्व समावेशक दृष्टिकोण का परिपाक यह है कि 'युग स्पन्दन' के कविता विशेषांक 1990, समकालीन भारतीय कविता विशेषांक 1993, अफ्रीकी कवयित्रियों की कविताएँ 1993, समकालीन मलयालम कविता विशेषांक 2000, समकालीन तमिल कविता विशेषांक 2000, समकालीन तेलुगु कविता विशेषांक 2001, समकालीन कन्नड़ कविता विशेषांक 2002, स्वातन्त्र्योत्तर भारतीय कविता में 'माँ' विशेषांक 2003 एवं समकालीन मराठी कविता विशेषांक (शीघ्र प्रकाश्य) विशेषांकों ने प्रादेशिक, भाषायी सीमा रेखाएँ मिटाने का महत्त्वपूर्ण प्रयास वैचारिक स्तर पर किया है। भाषा भेद, भौगोलिक दूरियाँ आदि के बावजूद भारतीय सोच, भारतीय दृष्टि में पाया जानेवाला समान सूत्र युग स्पन्दन ने पाठकों के सामने रखा है। वरिष्ठ तथा नव कवियों की सोच में पायी जानेवाली समान सोच और समसामयिक सरोकार युग स्पन्दन के इन विशेषांकों के कारण कवि और पाठकों के भाव-चिन्तन के दायरों को पर्याप्त व्यापक बना देते हैं।

उपर्युक्त भाषाओं के कविता-विशेषांकों में प्रत्येक अंक में सम्बन्धित भाषा के लगभग 90 से 100 कवि और उतने ही अनुवादक पाठकों से परिचित हो जाते हैं। जो अन्यथा सम्भव न था। इन विशेषांकों ने 'भारतीय कविता' को हिन्दी के माध्यम से पाठकों के चिन्तन हेतु प्रस्तुत किया है। प्रकृति, पर्यावरण, मनुष्य मन के भाव और समसामयिक परिस्थितियाँ और खतरों से टकराते जन-समूह, परिवेश-समस्याएँ आदि के बाह्य स्वरूप दृष्टिगोचर होनेवाली विभिन्नता में 'भारतीयता' के दर्शन और भारतीय मानस के अद्‌भुत समान चित्र युग स्पन्दन करनेवाले अध्येताओं को और भारतीय मनुष्य जानने की इच्छा रखनेवाले जिज्ञासुओं के लिए इससे बड़ा उपहार और दूसरा नहीं हो सकता। भारतीय भाषाओं की कविता-सोच, कविता नज रिया तथा कविता शिल्प-कला इस तरह यदि हिन्दी भाषा के ज रिये प्रस्तुत होती रहेगी तो हिन्दी कविता की समृद्धि और अभिव्यक्ति सामर्थ्य के लिए भी कई आयाम, दिशाएँ खुल सकती हैं।

हिन्दी फिल्में और प्रादेशिक भाषाओं की फिल्मों में जो अन्तर होता है वही इस सन्दर्भ में रेखांकित करने का मोह हो रहा है। हिन्दी फिल्मों के चौंधियानी वाले सेट्स, तामझाम, रंगीनियत, ओवर एक्टिंग और ओवर संवाद-'डिलिवरी' हावी होने की अदा

प्रेक्षकों को लुभाती तो हैं लेकिन अन्तःसलिला की तरह जीवनानुभवों से भिड़ने के ख़तरे उठाने वाली तामझाम रहित प्रादेशिक फिल्में प्रेक्षकों को अंतर्मुख करती हैं, अपने परिवेश के खुरदरे यथार्थों से जोड़ती हैं, अपने आस-पास से नाता जोड़ने में सहायता करती हैं। ठीक यही बात प्रादेशिक कविताओं में दृष्टिगोचर होती है। हिन्दी फिल्म जगत् को कई बार प्रादेशिक भाषाओं में बनी फिल्मों का रिमेक करने का मोह होता है। उसी तरह प्रादेशिक कविता से यदि हिन्दी कविता परिचित हो जाएगी तो हो सकता है कि हिन्दी कविता में अंतःसलिला स्वरूप प्रादेशिक कविता धारा अपनी गन्ध समाविष्ट कर पाएगी। यहाँ प्रादेशिकता, भाषा, महत्त्वपूर्ण मुद्दा नहीं है कविता स्वभाव को प्रदान किए जानेवाले विविध स्पर्श, रूप, रंग, रस, गन्ध के आयाम, दायरों के क्षितिज विस्तारित कर देने की सोच महत्त्वपूर्ण मुद्दा है। 'युग स्पन्दन' के प्रादेशिक भाषाओं के कविता विशेषांकों ने इस सोच की पुष्टि दी है और भविष्य के हिन्दी कविता को नये आयामों की राहें खोल दी है। यह योगदान भविष्य की भारतीय कविता को दिशा निर्देशन करने वाला है।

❑❑